向知Lumibay
通识系列

谢丹阳 / 著

宏观经济学通识课

Introductory Macroeconomics

掌握经济分析的简单逻辑

中信出版集团 | 北京

图书在版编目（CIP）数据

宏观经济学通识课：掌握经济分析的简单逻辑 / 谢丹阳著. -- 北京：中信出版社, 2020.7（2020.8重印）

ISBN 978-7-5217-1801-0

Ⅰ. ①宏… Ⅱ. ①谢… Ⅲ. ①宏观经济学—通俗读物 Ⅳ. ①F015-49

中国版本图书馆CIP数据核字(2020)第066166号

宏观经济学通识课：掌握经济分析的简单逻辑

著　　者：谢丹阳

出版发行：中信出版集团股份有限公司

（北京市朝阳区惠新东街甲4号富盛大厦2座　邮编　100029）

承 印 者：北京诚信伟业印刷有限公司

开　　本：787mm × 1092mm　1/16　　印　　张：23　　字　　数：276千字

版　　次：2020年7月第1版　　印　　次：2020年8月第2次印刷

书　　号：ISBN 978-7-5217-1801-0

定　　价：68.00元

目 录

PART 2

成也货币，败也货币

PART 3 财政失控，危机四伏

PART 4

经济增长，从长计议

前　言

早在2007年9月，我就在搜狐博客上开设高级宏观经济学讲坛，共28讲。这些资料后被其他网站整理打包以方便学生们下载，因此传播甚广。至今仍时常碰到那些曾经的受益者，有的目前已步入研究岗位并走上讲台。这让我很有成就感。我与贝湾教育科技合作开发音频课程也基于同一理念，即利用网络平台帮助所有渴望学习宏观经济学的人开拓自己的全球视野。萨缪尔森曾经说过，“我不在乎谁制定一个国家的法律，只要我能写它的经济学教科书”。在这里我想说，如果我能够通过这本书来引起大家对宏观经济学的兴趣，那我该是做了一件多么了不起的事。

希望你能和我一路同行并有所收获。我们这就正式开始。

宏观经济学到目前为止只能说是一门学科，还不能说是一门科学。将来大家如果接触到高级宏观经济学，就会发现它在形式上已经很接近科学了，可以推导出一些能被数据证伪的结论。高级宏观经济学里用到的工具，比如动态优化、动态博弈等，都已经非常先进了，但因为这些模型仍然会牵涉到很多非常牵强的假设，所以其结论还没有完全让人信服。从历史上看，时常是正当宏观经济学家们近乎达成共识的时候，世界某地区便突发一场危机，将共识的基础局部地摧毁。尽管如此，我认为我们对宏观经济运行的理解还是在不断加深的，对宏观政策的作用和局限性的认识也更为明了。学习宏观经济学可以帮助你研判宏观大势，辨识经济周期，从而发现机遇避免损失，培养自己对宏观调控政策的预见力。

PART 1

宏观视角，必不可少

第一章 为什么你要学习宏观经济学？

研判宏观大势

2011 年 7 月，国家开发银行香港分行就金融海啸的形势召开了一次内部研讨会，请了三位专家到场。我作为学者和两位金融界人士分别做了报告。我讲了三个观点：第一，美国必将重振十年；第二，欧盟将会徘徊十年；第三，中国需要稳重十年。

先谈美国。金融海啸对美国的打击自不待言，不少观察家预测美国将从此一蹶不振。那么，为什么我说美国必将重振十年？为什么我对美国有那么大的信心？从 2011 年 7 月的情况来看，美国经济的复苏非常缺乏力度。我这里看的是宏观大势，着眼点放在较为长远的因素上。我给出三个理由：第一，美国的人力资本和自然资源依然雄厚，这两大优势并没有因为金融海啸而丧失；第二，美国依然是技术进步的发源地；第三，我仍然看好美国体制上的优势，这里我指的是问责体系和媒体监督。这两者使美国能够快速纠偏而不是去推脱责任。我们看到危机期间，政府高官——财政部部长亨利·保尔森也好，美国联邦储备系统（以下简称美联储）主席伯南克也好，都需要面对国会的质问，而且质问是对媒体公开的。企业高管，比如汽车三巨头的CEO（首席执行官），向国会求救就得经受国会特别委员会的盘问和奚落，这对媒体也是公开的。

当然，我也谈到十年重振必先从重整开始。2011年美国国会与白宫关于国债上限的争论实际上体现了重整的意愿。同时，美国国民消费的习惯也在重整，大家从过去的寅吃卯粮到逐步去杠杆。这些都表现出美国在实实在在地纠错，而不是一味地回避纠错的痛苦。

我之所以说美国将有十年的重振，是因为泡沫破裂后的调整一般都有一个较为长期的过程。比如，德国房地产价格从1998年开始下滑，直至2004年才见底；日本房地产泡沫于1989年破裂，20年后日本经济依旧疲弱；香港地区房地产价格于1997年暴跌，至2003年下半年才开始反弹。

现在回过头来看，美国基本上花了十年实现完全复苏，2019年美国的经济和就业情况已经非常强劲。格林斯潘很早就认为信息技术的发展将极大地提高劳动生产率，但这一大趋势却迟迟未能被数据印证。直到20世纪90年代中期之后，所谓的新经济才开始发力，劳动生产率才开始提高。格林斯潘对大势的直觉是正确的，但在时间点上有偏差。美国目前的风险是特朗普政府凭借强劲的经济形势向多国掀起贸易争端，后续如何发展下面我们另有篇幅讨论。

为什么我认为欧盟将会徘徊十年呢？首先，"欧猪五国"[①]主权债务负担沉重。我们可以将这五个国家的2010年公债负担与1982年的拉美三国[②]的外债负担做对比。"欧猪五国"的公债在2010年达3.9万

① 欧猪五国，指葡萄牙、爱尔兰、意大利、希腊和西班牙，即Portugal、Ireland、Italy、Greece、Spain，简写为PIIGS。——编者注

② 拉美三国，指墨西哥、巴西和阿根廷，即Mexico、Brazil、Argentina，简写为MBA。——编者注

亿美元，占其加总 GDP（国内生产总值）的 86%，而拉美三国在 1982 年的外债总额为 2240 亿美元，占其加总 GDP 的 45%。已知的情况是，1980 年至 1990 年，墨西哥货币每年贬值 38%；1992 年至 1996 年，巴西货币每年贬值 74%；阿根廷也不例外，经历了货币暴跌和持续 10 年以上平均年通胀率超过 300% 的艰苦岁月。“欧猪五国”的调整一定也很痛苦，但毕竟它们采用了欧元作为货币，所以还不至于出现恶性通货膨胀的局面。当然，事情都有两面性。部分学者认为它们应该脱离欧元，从而可以使用汇率贬值这一政策工具来提高出口部门的竞争力。对这种意见我不敢苟同，我认为恶性通货膨胀会对经济运行有毁灭性的打击，必须避免。

其次，从欧盟整体来看，其平均失业率在 9% 以上，公共债务占 GDP 的 80%。过于强劲的欧元使得欧盟国家劳工成本高昂，物价也显著高于其他地区。负债累累的欧洲国家一方面需要偿付债务，政府不得不勒紧裤带，但另一方面，面对萎靡不振的经济，政府又不得不增加开支去刺激经济。因此，政府在勒紧裤带和刺激经济这两个方面之间只能左右摇摆，而这种“徘徊年代”我认为可能需要持续 10 年。实际上，欧洲“徘徊年代”似乎仍未结束。

这次金融海啸源于美国次贷危机，但波及全球。中国自然也受到了冲击。但是 4 万亿人民币刺激计划出台后，2011 年中国通胀率超过了 5%，处理通胀成为中国短期的要务。对此我不否认，但我同时也要指出，从世界经济来看，不存在全球通胀的基础。20 世纪 90 年代以来，相当多的经济体采用了通胀目标体制，有效地控制了通胀。美国和欧洲央行对通胀预期的管理也都比较超前。中国不用在货币政策上紧急刹车，维持适当的货币增长率仍有必要。而从中长期来看，中国的要务乃是处理房产泡沫。直至今日，房产泡沫这一难题仍未解决，因为它涉及方方面面，包括财政可持续性和银行的安危。因此，中国需要稳重 10 年。房产泡沫问题我们接下来会进行专题讨论。我的建议不是去刺破泡沫，而是让房价上涨幅度大幅低于家庭收入上涨幅度。假以时日，房价收入比将回归合理水平。

研判宏观大势主要看历史趋势、发展阶段、地缘政治、国家体制和机制、人力资本、自然禀赋与文化，其中研判那些涉及地缘政治方面的，尤其需要非常丰富的历史知识。在我所接触到的学者当中，在这一方面我很佩服邹恒甫、丁学良二位。对宏观大势的判断需要集中注意力在主旋律上，以分清当下的热点事件中哪些会影响大趋势，哪些只不过是短期的插曲。我举个例子说明一下，这个例子来自俄罗斯前代总理叶戈尔·盖达尔（Yegor Gaidar）于 2006 年发表的演讲。他认为苏联的解体归因于一个事件，即 1985 年沙特阿拉伯宣布大幅增加石油产量，而不再遵行过去的减产保价政策。他这么说的原因是，当时苏联整个经济的运行严重依赖通过石油出口换取黄金和硬通货，从而进口那些必需品，包括粮食。在油价暴跌之下，苏联只能向西方银行大量举债艰难度日，而到了 1989 年，西方银行突然停止了贷款。德意志银行通知苏联政府，其唯一的出路是政治贷款，即苏联只有以政治上让步的方式来换取西方 1000 亿美元的贷款，才不至于挨饿。可以说，随后苏联解体和世界政治格局的重大改变只不过是时间问题。

新兴市场基金是一个趋势性判断的好例子。在 1987 年之前，虽然有一批发展中国家经济在高速发展，但美国散户投资者因为担心其中的风险而不敢参与这些国家的投资。约翰·邓普顿（John Templeton）和马克·墨比尔斯（Mark Mobius）敏锐地看到了其中的商机，通过推出新兴市场基金来分散其中的风险，从而对这一市场的繁荣发展起到了巨大的推动作用。

2011 年年底，我分别在中山大学岭南学院和深圳大学以“中国经济的全球定位”为题做了报告。在这个报告中，我提出了另外三个判断。

第一个是对中国经济增长率的判断，我认为中国经济会从 8% 以上的增长率逐步过渡到 7%、6%、5%……到 2040 年甚至仅有 3% 左右的增长率。尽管如此，中国经济总量将在 2040 年达到 60 万亿美元（以 2000 年美元计），占全球 GDP 的 1/4。第二个判断是中国经济需要从世界工厂转型成为世界知识中心（世界可以有几个知识中心），我将时间点设为 2030 年。第三个判断是人民币将于 2025 年成为世界主要货币之一，最好能进入前三。

这里的第一个判断和 2011 年以后的新常态比较吻合。就第三个判断而言，按照世界各货币在全球交易中所占份额排名，人民币从 2011 年的 20 名开外快速上升，最近几年在第四名与第六名之间徘徊。从趋势上看，人民币到 2025 年坐稳第四名应该没有问题，但与排在第三的英镑之间差距还不小（2019 年人民币在全球交易中所占份额为 2% 左右，而英镑所占份额为 7% 左右）。第二个判断与国家现在强调创新基本一致，但 2030 年转型成为世界知识中心这个时间点是否假想得过于进取呢？

这里补充一个关于宏观大势判断的插曲，2004 年我辞去了在国际货币基金组织的工作，从华盛顿回到香港科技大学。不久之后，一位国际货币基金组织的前同事兼好友也来到了香港，加入了一家欧洲的投资银行。谈到他为什么下了这么大的决心离开美国，他说该投行一位高层的一句话打动了他，“虽然美国依然是全球最重要的经济体，但中国是全球最有活力的国家，那里有更多的机会，你应该到那里去”。这位朋友接受了这一宏观大势的判断，来香港后直接参与了中国过去十多年的金融发展与经济建设，成绩斐然。

最后，媒体上有海量的有关中国形势的判断，我觉得最值得推荐的还是几位从国际货币基金组织归来的中国经济学家。他们既有深厚的学术背景，又有国际机构的历练，再加上在金融第一线所掌握的资讯，自然看问题要高一级。尽管谁也不能先知先觉，但他们的分析在逻辑上是严密的。

欢迎大家讨论。如果我能够通过本书提高大家的独立思考能力和培养大家的批判性思维，那么这就是我最大的快乐。

本书还介绍了一些其他书，一些观点，一些事件，以让大家看到经济学家也是活生生的人，他们有误判的痛苦，也有成功的喜悦。

思考题

高盛的全球经济学家吉姆·奥尼尔（Jim O'Neill）于2001年推出的"金砖四国"（巴西、俄罗斯、印度和中国）也是一个长远趋势的概念。高盛判断"金砖四国"到2050年将发展成为全球最为举足轻重的经济体。这一论断自然引起很大的争议，但它引起的人们对这四个国家的关注也是毋庸置疑的。请问，如果你相信这一结论，那么你或者你的企业该如何布局呢？

辨识经济周期：发现机遇，避免损失

上文我们谈到学习宏观经济学可以帮助我们研判宏观大势。我们说研判宏观大势主要看历史趋势、发展阶段、地缘政治、国家体制和机制、人力资本、自然禀赋与文化。这种判断需要我们集中注意力在主旋律上，要分清当下的热点事件中哪些会影响大趋势，哪些只不过是短期的插曲。

下面我们将注意力集中在中短期的考虑上，集中在当下。美国特朗普政府中有一位对中国抱有很大成见且对贸易理解很狭隘的策略人士，名叫彼得·纳瓦罗（Peter Navarro），他是挑起对华贸易争端的主要鹰派人物。此人是经济学家，早年写过一些学术论文，也出过一些书，但并未太引人注意。我倒是在 2006 年读到他的一本书，叫作 *The Well-Timed Strategy: Managing the Business Cycle for Competitive Advantage*，即《时机：反向思考战胜经济周期》，对企业实践有一定的指导意义。我甚至认为，特朗普将挑起贸易争端的时机选择在美国经济完全复苏之际，也许就是受到了纳瓦罗的影响。纳瓦罗抨击中国的书，以及特朗普的《交易的艺术》（*The Art of the Deal*），大家有时间都应该找来读一读。我们必须做到知己知彼。

纳瓦罗在《时机：反向思考战胜经济周期》这本书中主要谈到以下几点：

第一，关于资本开支和收购策略，公司在繁荣期将要结束时削减资本开支。由于我们无法精准地预测拐点的到来，所以这一削减资本开支的行为可能意味着公司会错过繁荣期最后疯狂的那一段时间，但因此而节省下来的现金将使公司在经济衰退最终出现的时候以低成本扩张，尤其是公司可以吞并那些由于过于激进而遇到麻烦的竞争对手，并为经济衰退结束时的扩张做好准备。他举了一个由于过于进取而遭到惨痛损失的公司的例子——美国的计算机零售商 Gateway（捷威）。1999 年，也就是科网泡沫崩盘的前一年，Gateway 将其计算机零售店从 280 家扩展到 400 家，这使其杂项开支成倍增长。当 2001 年经济衰退来临时，Gateway 留下了大量库存。高昂的管理费用降低了其对戴尔的竞争力，戴尔迅速抢走了 Gateway 的市场份额。另一个经典案例是电信设备制造商 Nortel（北电）。Nortel 在科网泡沫期间为收购付出了沉重代价。大家想一想，在 2000 年的某个时刻，Nortel 占整个多伦多证券交易所市值的 1/3，那是多么庞大的体量。但是，当 2001 年科网泡沫破裂时，这些并购许多都血本无归，Nortel 的净资产中 750 亿美元化为乌有（注：如果大家上网查一查就会发现，Nortel 已于 2009

年 1 月申请破产保护）。

上面说的是两个失败案例。纳瓦罗也举了一个成功的案例，那就是潘石屹。潘石屹于 1992 年果断退出了海南房地产市场，随后海南房产泡沫于 1993 年破裂。潘石屹于 1995 年创立了 SOHO 中国，在亚洲金融危机期间，他在北京积累了土地储备，为 2001 年之后的扩张做好了准备。

大家可能还会注意到另一个成功的案例：马云。在阿里巴巴的香港首次公开募股（2007 年 11 月）取得巨大成功后，马云于 2008 年 2 月宣布“冬天即将来临”并要求员工做好准备应对。这离雷曼破产的 9 月 15 日还有大半年的时间。马云大幅削减资本开支，其节省的现金使阿里巴巴能够在危机当中以有利的价格购买中国万网、搜狗、s.cn，Sinosoft 等公司的股份，并加速其在印度、美国和欧洲国家市场的扩张。

纳瓦罗谈到的第二点是库存管理，他指出企业不要被表面的幻影需求所迷惑。他以思科（Cisco）为例做了说明。当面临供应短缺时，客户会在实际需求为 100 个单位时订购 180 个单位，希望可以分配到 100 个单位。在这 180 个单位的需求中有 80 个是虚幻的。思科没有意识到实际需求和幻影需求之间的差异，也没有留意到经济衰退即将到来的信号。它不明智地继续扩张，结果在衰退到来之际累积了大量库存而卖不出去，不得不在 2001 年减记了价值 20 亿美元的库存。

第三点是关于经济衰退期间的营销。他将必胜客和麦当劳的营销策略做了比较。在 1990 年到 1991 年经济衰退期间，必胜客依然在做广告，但在广告中强调的是家庭套餐的价廉物美，而麦当劳在同一时间削减了广告。结果是这一时期必胜客销售额增长了 60%，而麦当劳的则下降了 30%。在衰退期不是不做广告，而是要懂得如何让广告打动消费者。

最后，他讨论了风险对冲。我们都知道，航空公司的主要成本之一为石油。2004 年，当油价超过每桶 50 美元时，美国西南航空公司的风险对冲率为 80%，它早在石油期货每桶 24 美元的时候就已经锁定了绝大部分成本。相比之下，美国的大陆航空公司的石油对冲率为 45%，对冲价格为每桶 36 美元；西北航空公司的石油对冲率只有 25%，对冲价格为每桶 37 美元；而达美航空公司则完全没有对冲。

我们现在回过头去看，航空公司最差的做法是当油价冲到每桶 150 美元的时候才慌忙去对冲，担心油价会奔向每桶 200 美元。据报道[①]，2008 年中国航空的对冲策略导致其将近 10 亿美元的账面损失，国泰航空公司账面损失 9 亿美元，中国东方航空同样损失 9 亿美元。2016 年 2 月 20 日，在深圳与武汉大学校友会举行的题目是“全球经济金融形势”的座谈会上，我谈道：“美国的经济复苏应毫无悬念，全球的形势也在趋强。在此大背景下，现在每桶 35 美元的油价两年后有可能会冲上每桶 70 美元。”如今果不其然。也许你有兴趣知道我对油价下一步的判断，请继续关注。

可能大家会觉得，虽然纳瓦罗举的这些例子说明了辨识经济周期的重要性，但难在如何辨识。事后诸葛亮容易做，可是当你真正要做决策时总感觉信心不足。决策对了，当然可以把握机遇，决策错了则难免造成重大损失。宏观经济学家判断失误也不在少数，比如 1994 年 11 月克鲁格曼在《外交》杂志上撰文，声称亚洲奇迹其实和苏联的奇迹一样没有什么神秘或可以称道的。所谓的“Asian Tigers”（亚洲虎）只不过是“Paper Tigers”（纸老虎）。大部分经济学家（包括本人在内）应该都不会赞同他的这一观点，但是随后却爆发了 1997 年亚洲金融危机，好几只“小虎”包括韩国、泰国、马来西亚等均未能幸免，克鲁格曼算是赢了一局。2001 年，他在《纽约时报》上刊文指责小布什政

① Air Transport World. Airlines’ Losing Gamble，2009.1.26.

府企图制造紧张气氛以帮助推动国会减税法案。他说数据显示情况没那么糟，结果美国经济在2001年3月见顶并开始下行，直到11月才见底。2008年1月11日，克鲁格曼在自己的博客上称美国将出现甚至已出现衰退，曼昆教授对此不以为然，并在他于1月15日发表的博客上指出克鲁格曼在2001年对美国经济的误判。结果金融海啸下半年如期而至。虽然谁都不能保证自己永远正确，但我还是佩服这些愿意搭上自己的名誉去白纸黑字清晰表达自己观点的学者。

学习宏观经济学会让我们注意到一些关键的数据，同时也让大家理解那些重大事件是如何影响整体经济的，这种影响的整个链条是如何衔接的。通常的情况是，一个事件，比如1985年《广场协议》（Plaza Accord）推动日元升值，是如何影响东亚经济的，包括东亚国家的投资与出口，以及如何在这些经济体中催生泡沫的，而日元在1995年之后的贬值又是如何部分地导致了亚洲金融危机的。再比如，2012年5月22日我在新浪博客上撰文《负利率时期买黄金仍并非总能保值》，当天黄金价格为每盎司1580美元。其中有这么一段：“假设我们抽象地将所有商品分成两类，一类方便储存（如黄金），一类不易储存（如水果）。那么在负利率的环境下，与其接受债券的负实际利率，不如购入黄金并将其储存。但在这种考虑的驱使下，民众对黄金的追逐必然会推高黄金的相对价格。当黄金价格已经被充分推高之后，那些一味认为黄金能保值而继续购买的储蓄者将来难免会感到失望。事实上，黄金价格的进一步上涨将有赖于地缘政治上的突发事件或全球央行释放超出目前市场预期的流动性。从长远来讲，各大央行迟早会收回为处理本轮经济危机而提供的流动性，收回的速度和幅度越出人意料，则黄金价格将跌得越快。黄金价格的波动虽受各种繁杂因素的影响，但其主要影响因素来自市场对原有预期的修正。如果美国的货币政策在2014年后如期逐渐恢复正常，那么黄金价格在跌破每盎司1500美元后的中长期内可能一蹶不振，在 2020 年仍将维持在每盎司 1500 美元以下。”这些我们将在接下来的内容中谈到。

为了能够更准确地辨识经济周期，各国纷纷建立了调查数据库，官方和民间的数据发布也都相当多，其中有一些是左右大市的。经济学家们设计了一系列的领先指标和预警体系，虽不完美但还是对判断和决策有一定的参考价值。

这本书关系到宏观经济运行和政策的方方面面。我们既要明了用于判断与分析的理论依据和内在逻辑，也要利用实际数据形成我们的观点。希望通过这些理论训练和实际操作，我们的判断能越来越明智。

思考题

根据纳瓦罗的观点，请问在经济衰退时期，为了节省资本开支进行低成本扩张，企业应该削减广告支出，减少营销吗？

培养对宏观调控政策的预见力

上文我们谈到学习宏观经济学可以帮助我们辨识经济周期，从而把握机遇避免损失。下面我们来谈谈“宏观调控”这个热点词以及如何利用宏观经济学知识增强我们对宏观调控政策的预见力。

钱颖一在他的书中说，“宏观调控”一词是在 1985 年“巴山轮会议”上正式提出的。该会议顾名思义是在名为“巴山”的游轮上召开的，全称为“宏观经济管理国际研讨会”，出席的外方学者包括诺贝尔奖得主詹姆斯·托宾（James Tobin）和亚诺什·科尔奈（Janos Kornai，钱颖一在哈佛大学的导师之一）等，出席的中方学者包括薛暮桥、吴敬琏、赵人伟等一大批重量级人物，还有当时小字辈的楼继伟、郭树清。

1984 年年底中国经济形势仍然过热，信贷失控、通胀率达 10%。虽然这是一次历史性的会议，但问题并没有解决，通胀率到 1989 年一度突破 25%。

在中国，“宏观调控”是在 1994 年真正获得了今日的名声，当时中国通胀率再次站上了 25% 的关口。这一轮的过热起因可以回溯到 20 世纪 90 年代初，改革处于“姓资”还是“姓社”之争。邓小平在 1992 年的“南方讲话”打破了这一僵局，确立了改革方向：“谁不改革谁下台”以及“发展才是硬道理”。号召一出，经济展现活力。一批年轻官员下海创业，造就了今日的“92 派”企业家，其中代表人物包括陈东升、田源、冯仑、王功权、潘石屹、毛振华等。与此同时，各地投资项目也纷纷密集出台，到 1993 年经济再次明显过热，通胀率由 1991 年的 5% 上升至 15%，而且没有缓和的趋势。朱镕基在 1993 年 3 月任第一副总理，负责日常工作，同年 6 月兼任中国人民银行行长，并于 1994 年推出在财税制度、金融体制、投资体制、企业制度、住房制度、物价体制这六个方面的改革。可以说 1994 年是中国的改革年。在 1993 年至 1995 年期间，一大批立法使中国经济和商业行为有了依据，我这里只能部分地列举几个：1993 年通过的《公司法》《注册会计师法》，1994 年通过的《预算法》《劳动法》《审计法》及《广告法》，1995 年通过的《中国人民银行法》《商业银行法》《票据法》及《担保法和保险法》。大家要知道，每项改革和立法都会触动多方面的既得利益，所以这一切肯定来之不易，其中不乏各方妥协的结果。我认为这也是其中不少立法待日后条件逐渐成熟后被修订的原因。无论如何，这些立法给市场经济打下了非常扎实的基础。

凭着政府的这些改革措施和相应的立法，再加上朱镕基在信贷方面非常坚决的大幅度收缩，通胀率从 1994 年的 25% 降到 1996 年的百分之几。更为难能可贵的是，经济并没有出现硬着陆。尽管有中途下马的投资项目和烂尾楼，但整体经济仍然维持着增长势头，即便到了1996年，GDP实际增长率仍有9.9%。这一轮宏观调控和法制建设可以说是非常成功的，为进一步深化国企改革和建立现代企业制度打下了基础。1994年，中国宏观调控正在进行中。当时金融市场上有两种观点，一种观点认为中国经济会出现硬着陆，即经济会出现崩盘，而另一种观点认为中国经济会出现软着陆，即经济增长会有所下降但仍处于健康水平。香港的一家国际投行的主管持第一种观点，而其手下的一位海归中国经济学家则坚持认为中国经济会出现软着陆，于是向美国总部力陈己见，这样做是要冒很大风险的。随后的发展证明这位中国经济学家更了解中国。

1997年，亚洲出现了金融危机。这一外部冲击对中国的经济发展又是另一场考验，中国需要的是另一番宏观调控对策，包括货币政策和财政政策工具的应用以及汇率政策方面的权衡。后面我们另有章节详细讨论。我希望指出的是，宏观失衡可以是由多种原因造成的，宏观失衡的类别也不尽相同，因此它所需要的宏观调控政策组合也就不同。即便是在发达国家，比如美国，也有可能出现政策两难或者政策失灵的局面。下面我们来介绍两个典型的例子。

第一个是政策两难的例子。20世纪70年代中期，由于第一次石油危机的影响，美国失业率达到8%，而通货膨胀率达到双位数。福特政府宣布通货膨胀为“人民第一公敌”并使用行政手段来控制通胀，这项措施却以失败告终。1979年8月，有着通货膨胀鹰派形象的保罗·沃尔克（Paul Volcker）接任美联储主席，当时失业率虽然已降到6%，但通胀率达11%。控制通货膨胀仍是第一要务，但如果货币政策收紧过严，他又担心失业率重新上升。

收紧货币政策的过程与其说是一门科学，不如说是一门艺术。在沃尔克接手美联储之前，美联储用的是联邦基金市场的利率，也就是银行间隔夜拆借利率，来衡量货币的松紧——降息就是放松银根，加息就是收紧银根。而在沃尔克手上，这一程序被更改为美联储直接控制货币总量而不去关心隔夜拆息的高低，即由价格型调控转向数量型调控。有些书和文章将这一程序更改描写为沃尔克在1979年10月于贝尔格莱德参加国际货币基金组织和世界银行年会时突发奇想的产物，而事实并非如此。根据费尔德斯坦于2013年对沃尔克的采访，其实沃尔克思考这一程序更改已经有一段时间了，而且他在去往贝尔格莱德的飞机上就已告知同行的美国财政部部长米勒（Miller）和美国经济顾问委员会主席舒尔茨（Schultze），这两位听了都不大开心。碰巧的是，德国总理施密特曾要求这三位在去贝尔格莱德之前于德国汉堡碰个头，没想到施密特居然将这三位教导了一个小时，他的意思是美国任由通货膨胀失控是不负责任的做法，他们是怎么回事，该有点儿像样的行动，等等。其实施密特的这些话与沃尔克的想法不谋而合，所以沃尔克心中倒是有点窃喜。

沃尔克在贝尔格莱德开会时提前离场，弄得金融市场一片惊慌以为他要辞职，结果是他在飞回华盛顿后召集了美联储公开市场委员会特别会议，并于周六晚上的新闻发布会上宣布了这一程序改变。其后，金融市场由于不大适应这一新程序，银行间隔夜拆借利率在市场上剧烈波动，一度被推高到20%的边缘。本来沃尔克的想法是，以新的程序传递给市场一个坚决治理通货膨胀的信号，从而使长期利率不至于上涨，因为一般来说长期利率与未来的通胀预期有很强的相关性。长期利率的上涨使沃尔克有些失望，越发糟糕的是，长期利率的大幅上涨使经济衰退得非常严重。在2008年金融海啸发生之前，1982年到1983年期间的经济衰退是战后历史上最深重的一次由政策导致的深度衰退。

相当多的经济学家认为沃尔克用力过猛，按他们的意思他应该遵循“gradualism”，也就是“渐进主义”。但话说回来，当时似乎其他药都不起作用。没有沃尔克的猛药，通胀率可能会朝着 15% 或 20% 奔去，而通货膨胀对经济活动的打击也是猛烈的。好在通胀率迅速降下来了，从 1980 年的 13% 降到 1982 年的 6%，再降到 1983 的 3%。沃尔克的继任们都从这一轮调控中吸取了教训，都坚决将通胀扼杀在摇篮中，即防患于未然（take preemptive action），因为通胀一旦失控将是一个大麻烦。

第二个是政策失灵的例子。2001 年，美国经济增长缺乏动力，增长率下滑。美联储主席格林斯潘连续降低利息 11 次，仍然无济于事。克鲁格曼在他的一本书中专门谈到这一段历史，书名为 *The Great Unraveling: Losing Our Way in the New Century*（《大破解：我们迷失在新世纪》）。在这本书中，他在分析何种原因导致长期利率没有跟随联邦基金利率走低时还有另一个猜测，他觉得也许债券交易商们对格林斯潘的金手指的迷信导致了金手指的失灵。为什么这么说呢？因为债券交易商们觉得格林斯潘能够在一连串减息政策后不久就可以使经济站稳并开始回升，甚至形成另一轮经济繁荣。那时格林斯潘将要调控利率进入加息周期。这一想法却反而使长期利率居高不下，新一轮的经济繁荣也就不可能到来（现在我们回过头去看，格林斯潘在 2002 年和 2003 年各减息一次，而实体经济从 2001 年的 0.5% 的增长水平缓慢复苏，直到 2004 年才恢复到 20 世纪 90 年代末的年增长水平，即 4%。）。他指出，虽然美联储可以控制联邦基金市场的目标利率，但这个银行间隔夜拆借利率只是一个标的。通常而言，金融市场上反映流动性成本的其他利率会对标这一利率，即会随着联邦基金市场利率的升降而起伏。美联储减息时，其他的金融变量也会有所反应，比如股票价格会上涨，美元会趋弱，长期利率也会下降。事实上，投资银行高盛的经济学家就曾利用这些变量编制了一个“金融状况指数”。他们发现，这一指数对未来经济形势的判断有很好的指导意义。按照以往的经验，连续 11 次减息应该能将高盛的“金融状况指数”降低 5 个百分点，而实际情形是只降下来了 0.5 个百分点。造成这一结果的主要原因是长期利率基本没有跟随美联储的一连串减息而下降。而我们知道，长期利率的高低才是真正影响实体经济的因素——长期利率影响到房贷成本，进而直接影响到房地产市场的活跃度。可以说，格林斯潘的货币刺激政策在 2001 年失灵了。

至于何种原因导致长期利率居高不下，克鲁格曼解释说政府的扩展性财政政策可能是罪魁祸首。虽然 2001 年小布什政府的减税政策对经济有一定的刺激作用，但最后政府不得不增加发债。这么一来，长期债务的价格就有下跌的压力，也就意味着长期利率具有上涨的压力。

大家目前可能还不能很顺畅地理解上面的这些解释，没有关系，我们在讨论货币政策的传递渠道时会一条条理清。读完本书你就应该能够判断：经济是否处于失衡？处于哪一类失衡？政府面临的选择有哪些？政府的各种可能使用的政策各有多少空间？比如说，如果政府的债务负担已经很重，那么使用财政手段提振经济的政策空间就很小了。有了对这些问题的答案和分析，我们对政府的调控政策就有一定的预见力。

思考题

长期利率是真正影响实体经济的因素。2001 年美国经济增长率下滑，美联储的货币刺激政策失灵是因为长期利率居高不下。请问，你认为导致长期利率居高不下的可能原因有哪些？

本章要点总结

1 学习宏观经济学的必要性。学习宏观经济学可以帮助大家研判宏观大势，辨识经济周期，从而发现机遇避免损失，培养自己对宏观调控政策的预见力。

2 关于金融海啸对美国、欧洲国家、中国的长期影响，2011 年预判美国将重振十年，欧盟将徘徊十年，中国需稳重十年。从当今视角来看，这一预测与现实趋势基本吻合。

3 研判宏观大势主要看历史趋势、发展阶段、地缘政治、国家体制和机制、人力资本、自然禀赋与文化。这种判断需要我们集中注意力在主旋律上，而不是短期插曲上，我们应从当下热点事件中识别出会影响大趋势的事件。

4 2011 年，“中国经济的全球定位”这一演讲所做的关于中国经济增长率的逐渐下降、中国将从世界工厂向世界知识中心的转型以及人民币国际化进度的预测，均与随后的发展趋势较为一致。

5 经济学家纳瓦罗，作为挑起对华贸易争端的主要鹰派人物，在他于 2006 年出版的书中的观点对我们考察宏观经济的中短期波动以及企业实践有一定的指导意义。他在书中主要讨论的内容包括：企业在经济衰退期来临前的资本开支、收购策略和库存管理，以及企业在衰退期间的营销策略及风险对冲。只有把握时机做出及时正确的决策，企业才能在经济衰退期减小损失，顺利度过。

6 辨识经济周期非常重要，但难在如何辨识。学习宏观经济学可以让我们注意到一些关键数据，同时理解那些重大事件是如何影响整体经济的，以及这种影响的整个链条是如何衔接的。

7 为了更加准确地辨识经济周期，我们可以参考各国官方和民间发布的调查数据，以及经济学家设计的一系列领先指标和预警体系。它们虽不完美，但具有一定的参考价值。

8 “宏观调控”一词是在 1985 年“巴山轮会议”上正式提出的（钱颖一提出），并于 1994 年在中国真正获得今日的名声。当时中国经济明显处于过热状态，通胀率继 20 世纪 90 年代初之后再次站在了 25% 的关口。但凭着政府的一系列宏观调控和法制建设，加上朱镕基在信贷方面大幅度收缩，成功降低了通胀率，并实现了中国经济的软着陆，为进一步深化国企改革、建立现代企业制度打下基础。

9 宏观失衡是由多种原因造成的，其类别也不尽相同，因此所需的宏观调控政策组合也不同。即使是发达国家，也可能出现政策两难或政策失灵。举例说明：

（1）政策两难：1979 年沃尔克接任美联储主席，他为控制美国当时的通货膨胀，把价格型调控转向数量型调控，让美联储直接控制货币总量。结果金融市场的不适应导致了长期利率大幅上涨，经济衰退非常严重。

（2）政策失灵：2001 年美国经济增长乏力，美联储主席格林斯潘连续降息 11 次，但仍无济于事。原因在于，虽然美联储控制了银行间隔夜拆借利率，但这样并没有导致长期利率的有效下降。

第二章 了解宏观经济的预备知识

克鲁格曼的责难与宏观经济学现状

上一章回答了我们为什么要懂宏观经济，这一章开始介绍宏观预备知识，我想先从克鲁格曼的责难与宏观经济学现状谈起。

2008 年发生的金融海啸让绝大多数经济学家颜面尽失，尽管在此之前并非没有人提出过警告。事实上，格林斯潘曾撰写 80 页的工作论文讨论房地产市场的风险，也曾于 2007 年在公开媒体上表示对房地产泡沫的担忧，并声称将来房价的下跌会比大家设想的要严重得多。芝加哥大学商学院的拉詹教授也在 2005 年的一次重要会议上提出警告，称金融体系承担了可能极高的风险水平。我曾于 2006 年 3 月在《21 世纪经济报道》上撰文指出，高居全球风险榜首的当属美国房产泡沫和经常账户赤字的不堪重负。有一点是肯定的，不管我们是否看到房产泡沫破裂的风险，我们谁也没有料到其造成的是如此大的灾难。经济学家到底为什么没有预计到这些？沿用一下克鲁格曼于 2009 年 9

月发表在《纽约时报》上的文章标题“How Did Economists Get it So Wrong ?”，即“经济学家如何错得如此离谱?”[①]

克鲁格曼在文章中批评和嘲讽的对象有两类：第一类是宏观经济学家，诸如麻省理工学院的布兰查德教授，美国财政部前部长、哈佛大学前校长拉里·萨默斯教授，芝加哥大学的卢卡斯教授。他认为，这些经济学家过分沉迷于数学模式在宏观经济学上的应用，将数学表达形式的优美误以为是真理，而没有关注这些理论是否有实际指导意义。第二类是金融学家，诸如芝加哥大学的法玛教授以及两位发明期权定价理论的诺贝尔经济学奖得主（虽未点名，但业内人都清楚是指麦伦·舒尔茨教授和罗伯特·C. 默顿教授）。法玛教授是“有效市场假说”的提出者，克鲁格曼批评他无视金融市场泡沫的存在。期权定价理论的发明者可以说是衍生品市场的推动者。克鲁格曼认为这些衍生品的创新，由于没有受到充分的监管，从而导致了 2008 年金融危机的规模变得史无前例。

克鲁格曼在文章中还点名批评了血气方刚的芝加哥大学科克伦（John Cochrane）教授，他既是宏观经济学家，又是金融学家，撰有颇受欢迎的《资产定价》（*Asset Pricing*）一书。很自然地，科克伦教授不久后正式对克鲁格曼予以回击。科克伦教授在对克鲁格曼的回应中还忍不住指出对方金融知识的缺乏。第一，克鲁格曼将资产定价理论中的 CAPM（资本资产定价模型）与期权定价理论中的 Black-Scholes 模型混为一谈；第二，克鲁格曼将“有效市场”的前提假设理解为平稳的资产价格其实是一种误读。“有效市场”的前提假设本身与资产价格的暴涨和暴跌并不矛盾。由于克鲁格曼的文章中不乏片面的

① 克鲁格曼于 2008 年获得诺贝尔经济学奖，他的研究范围很广，在新贸易理论、国际金融、宏观经济学和财政政策分析、新经济地理理论方面都有杰出贡献。他所应用的模型中同样存在很优美的数学表达。他在《纽约时报》的这篇文章中所抨击的法玛教授于 2013 年获得了诺贝尔经济学奖。

理解和不公平的指责，科克伦教授不无感慨地回击："您过去30年干吗去了？"（Where have you been for the last 30 years？）。2009年，我在韩国的某次会议午餐中与一位芝加哥大学的教授聊起了科克伦教授的回应，她表示了对科克伦教授支持，但同时也承认科克伦教授的用语有点太过了。

克鲁格曼发表在《纽约时报》的这篇文章相当长，其核心思想是对市场不能听之任之，现有的宏观经济学和金融理论对市场中存在的各种摩擦研究不足。① 克鲁格曼扼要地介绍了宏观经济学理论的沿革，在这里我们正好参照一下。下面的介绍有我自己的一些看法，同时也借鉴了科克伦教授的回应以及布兰查德教授最近对宏观经济学前景的判断。

亚当·斯密于1776年出版的《国富论》一般被认为是对此前的经济学理论的一个总结。其中最著名的论断是对市场经济的推崇，书中认为"市场经济"犹如一只"看不见的手"来引导参与者的决策以产生最有效的结果和达到最高的社会福利。其实，《国富论》还可以被看作是宏观经济学的鼻祖。宏观经济学分为两大板块，一块研究经济的长远增长，一块研究经济周期。诺贝尔经济学奖得主乔治·斯蒂格勒，除了对信息经济学、产业组织理论、公共政策等领域做出杰出贡献外，还是一位令人尊敬的经济思想史学家。当年我在芝加哥大学求学时旁听过他的经济思想史课程，我的导师罗默教授也旁听过几节课。斯蒂格勒教授就认为亚当·斯密第一定理就是下面这句话：The division of labor is limited by the extent of the market，即"劳动分工受限于市场

① 克鲁格曼写过大量的专栏文章和畅销书，文笔犀利、下笔之快令人惊叹。从他的这些面向大众的作品中可以看出他的一些倾向：第一，他崇尚稳健的财政政策，反对减税，因此，他对克林顿政府赞赏有加，对小布什政府批评严厉；第二，他觉得金融市场是非理性的；第三，他认为货币政策行之有效。

范围的大小”。他还在 1951 年专门撰文探讨这个定理是否具有普遍性。由于劳动分工和专业化是内生经济增长理论的一个重要部分，作为该理论创始人之一的罗默教授将此理论根源一直追溯到亚当·斯密。因此，我们称亚当·斯密为宏观经济学创始人并不为过。

当然，通常人们提起宏观经济学，关注的对象主要是经济周期。从这个意义上来说，凯恩斯的地位是毋庸置疑的。凯恩斯在 1936 年出版的杰作《就业、利息和货币通论》(简称《通论》)奠定了他在这一领域的领导地位。在 1929 年至 1933 年的大萧条发生之前，经济学可以说是继承了“国富论”衣钵的新古典主义经济学家（Neoclassical Economists）的天下。这些新古典主义经济学家包括威廉·斯坦利·杰文斯、卡尔·门格尔、瓦尔拉斯和马歇尔等。[①] 虽然他们也承认市场失灵的情况，比如“外部性”的存在，但他们对市场体系总体而言还是抱有信仰的，即市场不均衡的局面是短暂的，市场价格会进行调整并促使新的均衡的出现。然而，这种信仰被 1929 年至 1933 年的大萧条打破了。可以说，大萧条造就了凯恩斯理论的诞生。凯恩斯质疑自由市场经济可以在没有监管者的情况下运作，他对金融市场尤其不屑。他认为金融市场充满投机并易受“动物精神”支配。他自己涉足金融市场的过程也充满了大起大落，虽然大家谈论比较多的是他如何在大萧条之前从股市上全身而退，但却很少有人知道他在 20 世纪 20 年代曾一度在外汇交易上几乎破产。大家可以想想，连凯恩斯这位在国际金融界举足轻重的人士都不能在外汇交易上稳操胜券，这足以说明外汇交易市场的复杂性。凯恩斯本人可能将他的失败归咎于市场的非理性。根据他对消费、投资、就业及财政和货币政策的研究，他得出的结论

① 马歇尔在 1890 年出版的《经济学原理》一书，取代了此前流行的约翰·斯图尔特·穆勒（John Stuart Mill）的《政治经济学原理》。该书第一次画出需求曲线和供给曲线并引入不少新的概念，比如消费者剩余和需求弹性。

是：经济周期中有效需求不足和失业率的高企可能会持续相当长的时间，因此在这种情形下政府的积极干预非常必要。

凯恩斯的这一理论吸引了大批的青年学者，不仅在他所在的英国如此，在美国也是一样。萨缪尔森和托宾这两位诺贝尔经济学奖得主回忆，他们当时有专门研读这本著作的学习小组。《通论》写得非常晦涩难懂，只有通过学习小组和激烈的争论才能搞清楚凯恩斯的真实想法。[①] 实际上，有些学者认为由于这本书包含了很多非常具有开创性的思想，就连凯恩斯本人在具体问题上也不能确定自己到底持有什么样的观点。比如，在衰退和萧条阶段，政府能否通过增加货币供应来提振经济？凯恩斯的答复经历过早期的否定和后期的肯定。这一问题之困难，即使到今天经济学家仍然是众说纷纭。

到了20世纪60年代，经济学家尤其是以萨缪尔森和托宾为首的新古典综合派取得了话语权。所谓新古典综合派就是凯恩斯的政府干预元素与新古典主义的市场调节理论结合的产物。如果只是轻微的波动，可以由市场调节来解决；如果市场受到大的冲击，政府应当通过财政与货币政策进行积极干预。这些经济学家认为他们已经在很大程度上打破了经济衰退的魔咒，操作层面的体现是菲利普斯曲线（Phillips Curve）的应用。菲利普斯曲线概括了通货膨胀与失业率的负相关关系，因此如果经济走向衰退，即在失业率偏高的情况下，只需容忍稍高一点的通胀率就可以改善失业率，反之亦然。20世纪60年代可以说是菲利普斯曲线功成名就的黄金时代。但是好景不长，20世纪70年代的两次石油危机对美国乃至全球经济造成重创，菲利普斯曲线也明显失灵。20世纪80年代初期美国出现了滞胀，即高失业率与高通胀率

① 诺贝尔经济学奖得主卢卡斯在一次采访中说他读不了凯恩斯的《通论》，言外之意是这本书逻辑上不够严谨。

并存的局面。这一局面的出现宣告了菲利普斯曲线时代的终结。其实芝加哥大学的弗里德曼教授早就宣称，如果政府利用菲利普斯曲线对经济进行干预的话，人们会对通胀形成新的预期，最终结果将是需要越来越高的通胀才能维持对经济的刺激作用，菲利普斯曲线因而就是不稳定的了。滞胀正验证了这一断言。

20 世纪 70 年代至 80 年代中期，一批年轻的经济学家包括卢卡斯、萨金特、基德兰德、普利斯哥特、巴罗等以更为严格和科学的方法探讨了经济周期的原因、特点、政府的对策。这批经济学家被称为第二代新古典经济学家或新新古典经济学家（New Classical Economists）。他们用的这些方法包括引入“理性预期”概念、一般均衡框架、动态优化工具、经济决策者的目标函数以及刻画企业生产函数，因此理解这些研究工作归属于高级宏观经济学的范畴，但其中的一些思想经过简化处理，也已纳入初级和中级宏观经济学课本。20 世纪 80 年代后期，凯恩斯的追随者借鉴了第二代新古典经济学家的严谨的数学方法，但在模型中引入了凯恩斯理论中的关键元素，比如价格刚性和金融市场的不完备性。这一批研究被统称为新凯恩斯随机动态一般均衡模型，也称 DSGE 模型。[①] DSGE 模型虽然还不够完美，在 1997 年亚洲金融危机和 2008 年金融海啸中都凸显了许多不足之处，但已受到世界各大央行的关注。这两次危机促使经济学家们对此类模型进行了一轮又一轮的修订，但我觉得这类模型还存在根本性的问题。布兰查德教授在他 2018 年的一篇前瞻性文章中指出，过去我们希望用一套模型来解决所有问题的企图是错误和徒劳的。他认为应该有 5 套不同的模型，即纯理论模型、包含更现实的市场扭曲的 DSGE 模型、政策类模型、中

① 瓦尔拉斯早在 1874 年就建立了一般均衡理论，他被熊彼特尊为最伟大的经济学家。当然，19 世纪的瓦尔拉斯所提出的理论在严谨程度上无法与 20 世纪 50 年代的 Arrow-Debreu-McKenzie 理论相提并论。

初级宏观中的 IS-LM 等描述性教学类模型和预测类模型，以分别满足不同侧重点的需要。而我更倾向于认为宏观经济学需要一个根本性的革命，这一革命目前在时机上还不成熟，但随着计算能力的提高、大数据的积累以及机器学习方面的进步，将来我们对经济人的刻画可以更为细致，比如我们可以纳入行为经济学中的各种元素和更复杂的风险偏好异质性，这可以帮助我们对宏观经济做出更为准确的判断，对宏观经济政策的效果做更为逼真的模拟。

思考题

基于严谨的数学方法，20 世纪 80 年代后的宏观经济学产生了新进展。请问，随机动态一般均衡模型引入的凯恩斯理论关键元素是什么？

国际货币基金组织第四条款磋商报告

现在我们来介绍一些宏观经济学概念。我准备借用一下国际货币基金组织工作人员在结束对中国的 2018 年第四条款磋商访问后发布的新闻稿来帮助大家看看哪些是常用的概念和应关注的问题。[①] 新闻稿全文如下。

---

① 国际货币基金组织工作团队（Mission Team）结束对一国的第四条款磋商访问之后，初始报告会经过国际货币基金组织内部六个部门的审阅以提出修改意见。修改后的报告交由该国的执行董事会办公室提意见，最后提交正式报告给董事会办公室。董事会办公室汇总 24 位执行董事的意见后出具初步书面意见，请工作团队书面回复。最后开董事会走程序。董事会整个过程异常严肃，所有内容都会由两名速记员打字记录。由于会前充分沟通，所以会上不会有太大的意外，但执行董事仍然有可能会提出新的问题，工作团队需要作答。会后发布的决定就是纲领性的文件，包含了各方意见，是相互妥协的产物。工作团队去小国家有时会有机会和副总理、财长、央行行长直接对话和商讨，但与大国磋商时一般与司长对接，更高层会出席一些简短的礼节性的会晤和参加开幕、闭幕、晚宴等环节。

国际货币基金组织工作人员结束对中国的2018年第四条磋商访问（2018年5月29日）

代表团访问结束后的新闻发布稿包括国际货币基金组织工作人员小组在访问一国后就初步讨论结果所做的陈述。这份陈述的观点是国际货币基金组织工作人员的观点，不一定代表国际货币基金组织执董会的观点。根据代表团访问的初步结果，工作人员将撰写一份报告，报告在得到管理层批准后将提交国际货币基金组织执董会讨论和做出决定。

• 中国经济增长在2017年有所加速，预计2018年仅会略有减弱，增速降至6.6%，到2023年将逐渐放缓至5.5%左右。

• 国际货币基金组织工作人员欢迎中国当局更果断地将政策重点从高速度增长转向高质量增长的战略。这将使经济增长给中国人民带来更大惠益，同时使经济增长更可持续。

• 在众多领域加快改革步伐，将极大地促进实现这一目标。这些领域包括，淡化经济增长目标，进一步控制信贷增长，促进消费，让市场力量发挥更有决定性的作用，深化开放进程，以及推进政策框架的现代化改革。

国际货币基金组织亚太部门助理主任詹姆斯·丹尼尔先生率领的代表团于2018年5月17日至30日访问了北京和深圳，开展了关于中国经济的年度第四条磋商讨论。代表团与来自政府和中国人民银行的高层官员、私营部门代表和学术界人士进行了极富建设性的坦诚讨论，就经济前景、改革进展和挑战以及政策应对措施交换了看法。

国际货币基金组织第一副总裁大卫·利普顿先生参加了最后的政策讨论，并会晤了副总理刘鹤、中国人民银行行长易纲、财政部部长刘昆、中国银行保险监督管理委员会主席郭树清、中国证券监督管理委员会主席刘士余等高层官员。

在访问结束时，利普顿先生发表了以下声明：

中国经济表现良好，改革取得很大进展。我们过去两周讨论的重点是，当局旨在实现高质量增长目标的进展情况和改革议程，以及在关键领域加快改革的重要性。

2017 年，在全球贸易周期性回升的带动下，中国经济增长自 2010 年以来首次加速。预计这一强劲增长势头在 2018 年仅将略有减弱。国际货币基金组织人员预测 2018 年全年的增长率为 6.6%，经济增速到 2023 年将逐渐放缓到 5.5% 左右。

一些关键领域的改革取得了进展：金融部门降风险的工作加快实施，在广泛领域采取了果断措施；信贷增速放缓；削减过剩产能继续取得进展；控制污染工作力度加大；开放进程不断推进。

我们欢迎中国当局更果断地将政策重点从高速度增长转向高质量增长的战略。特别是，从依赖债务的过度投资转向消费，将使经济增长持续下去，人民生活水平不断提高，环境更加清洁，风险显著减少。我们非常支持这一政策重心，鼓励当局为此付出坚持不懈的努力。

为了在全球化改善过程中发挥有效、可信的领导作用，中国应继续解决那些仍在困扰自身经济、影响贸易和跨境资本流动的扭曲问题。让受保护的部门和企业面对更多国内外竞争，确保一个公平竞争的环境，加强对知识产权的保护，这些措施将使中国受益。我们鼓励各方合作来缓解贸易矛盾，加强多边贸易与投资体制。

为了实现高质量增长的目标，需要在现有改革议程基础上，利用当前的增长和改革势头，采取“未雨绸缪”的措施。具体而言，这需要：

• **坚持贯彻已阐明的政策意向，淡化增长目标，将重点放在高质量增长上**。经济的再平衡调整很可能意味着总体增长将有所减缓。不应抗拒这种情况，例如，通过信贷刺激投资，这会使债务问题恶化，损害未来的经济增长。

• **继续控制信贷增长**。信贷增速虽已放慢，但依然过快。为了进一步减缓信贷增长，需要减少公共投资，进一步约束国有企业借款，并控制家庭债务的快速增长。

• **进一步促进消费**。中国需扩大政府社会支出，例如，在医疗、教育和社会转移支付方面的支出，并通过所得税、房产税和碳排放税等累进性的绿色收入来源为这些支出提供资金。

• **让市场力量发挥更具决定性的作用**。这意味着，削弱公共部门在许多行业的主导地位，向私营部门开放更多市场，以及确保公平竞争。代表团对充满生机、繁荣发展的深圳市的访问突显了私营部门的重要性，因为在深圳，带动中国在电子商务、金融科技和高科技消费品等前沿行业处于全球领先地位的是私营企业，而不是公共企业。

• **加快对外开放**。中国在过去四十年里不断融入全球经济，从世界上最贫穷的国家之一，成为现在的中高收入国家及世界第二大经济体。但中国的贸易和投资制度依然相对受限。加快开放不仅有利于中国实现自身高质量增长的目标，也能使全球经济受益。最近在化解贸易矛盾方面所做工作值得欢迎，应继续寻求通过谈判达成能够增强全球经济的解决方案。

• **推进政策框架的现代化改革**。金融部门改革最近取得了显著进展。应继续推进这方面的工作，例如，确保新的金融监管体制结构取得成功。货币政策应继续在更大程度上关注价格而非数量，汇率灵活性应继续提高。中央政府应更多分担地方政府的支出责任，同时提高地方政府筹集自身收入的能力。中国的宏观经济数据相对薄弱，提高数据质量也将改善政策制定。

“一带一路”倡议是一项值得欢迎、具有潜在变革性的倡议。建立总体框架，开展有效协调，适当关注伙伴国的债务可持续性，这些措施将促进这项倡议的成功实施。

鉴于中国过去几十年的成功改革以及当局的坚定承诺和决心，我们相信中国能够实现经济的再平衡调整，转向可持续的增长模式。我们祝愿当局的工作取得圆满成功。

我们感谢北京和深圳当局在我们访问期间组织的出色讨论、精心安排和热情接待。

基金组织信息交流部

先给大家介绍一下什么是国际货币基金组织第四条款磋商。国际货币基金组织与成员国的协定叫作 Articles of Agreement，共涵盖 31 项条款，比如第一条款是宗旨；第二条款是成员；第三条款是份额和出资；第八条款是一般义务，其下第 5 小点是信息提供，即成员国有义务提供诸如持有的黄金、外汇储备、进出口额、国际投资头寸、国民收入等信息。所以大家如果需要成员国的宏观经济信息，都可以上国际货币基金组织的网站上去查询，一律免费。

这份协定中最有影响力的是第四条款“Obligations Regarding Exchange Arrangement”，翻译过来就是“有关交换安排的义务”。这是什么意思呢？我们知道，在二战行将结束之际，44 个同盟国在美国新罕布什尔州（New Hampshire）布雷顿森林举行会议商讨战后重建国际金融秩序，因此战后国际金融秩序得名布雷顿森林体系。在该体系下同盟国建立了两大国际金融机构：国际货币基金组织和世界银行。

世界银行提供中长期信贷来促进成员国的经济复苏。国际货币基金组织负责向成员国提供短期资金借贷，目的是为了保障国际货币体系的稳定。由于这一功能性需求，国际货币基金组织需要了解成员国的国际贸易、国际投资、外汇储备等情况，以及成员国对短期资金借贷的必要性和安全性等，所以国际货币基金组织与大部分成员国每年都有第四条款磋商。现在的第四条款磋商涵盖的范围越来越广，甚至包括各种改革的推进，可以被当作是一个国家的近期体检报告以及未来治疗计划。①

我们不妨看一下 2018 年国际货币基金组织工作人员与中国就第四条款磋商报告的主要内容。第一点是关于经济增长，请记住，除非明确指出，否则任何时候我们谈到的经济增长指的都是剔除了通货膨胀的实际经济增长。“中国经济增长在 2017 年有所加速，预计 2018 年仅会略有减弱，增速降至 6.6%，到 2023 年将逐渐放缓至 5.5% 左右。”这与我在前文谈到的中国经济增速逐步下行的判断是一致的。

在第二点中，国际货币基金组织肯定了中国从“高速增长”向“高质量增长”的转变。

第三点其实是在提希望，希望中国继续在几个方面进行改革，包括“淡化经济增长目标，进一步控制信贷增长，促进消费，让市场力量发挥更有决定性的作用，深化开放进程，以及推进政策框架的现代化改革”。

大家注意，国际货币基金组织报告里的每句话、每个字都是精挑细选的。“让市场力量发挥更有决定性的作用”实际上是在委婉地批评中国近年“国进民退”的现象。“深化开放进程”指的是什么？是否意

① 国际货币基金组织在布雷顿森林体系分崩离析之后功能发生了变化，它现在除了给成员国提供过渡性贷款之外，还有提供金融救助、技术援助、第四条款磋商以及发布年度世界经济展望、金融稳定评估等服务。

味着服务业的进一步开放？还是指资本账户的进一步开放？在读到新闻发布稿的细节部分时，我们发现国际货币基金组织是希望中国解决“影响贸易和跨境资本流动的扭曲问题”和“加强对知识产权的保护”。

那么“政策框架的现代化”又指的是哪些呢？细节部分提到，“确保新的金融监管体制结构取得成功。货币政策应继续在更大程度上关注价格而非数量，汇率灵活性应继续提高。中央政府应更多分担地方政府的支出责任，同时提高地方政府筹集自身收入的能力。中国的宏观经济数据相对薄弱，提高数据质量也将改善政策制定”。这里提到“汇率灵活性应继续提高”，我们知道那一段时间人民币在贬值，国际货币基金组织并不是希望人民币继续贬值，而是希望看到双向浮动。“更多分担地方政府的支出责任”是在说地方政府负担太重，收入大头在中央，而支出大头在地方，这种收支结构难以持续。

我们之所以要细读这些内容，是因为国际货币基金组织工作人员的报告事实上是和中国官方协商的结果，尤其是如果最后写进国际货币基金组织董事会通过的意见当中，那么这基本上预示着改革下一步的努力方向。所以我特别感兴趣的是报告中的“提高地方政府筹集自身收入的能力”这一句。怎么筹集？除了进一步扩大地方政府独立发债，难道还有什么新招？总之，我们应关注这些。

在赞扬中国“一带一路”倡议之后，大家要注意这一句，“适当关注伙伴国的债务可持续性”。这绝对不是一句空话。大家想，这些伙伴国拿了中国的贷款在中国企业的帮助下上马基建项目，如果债务不可持续怎么办？国际货币基金组织如果出面救助的话，等于是拿了国际社会的资金在替它们还中国的钱，这需要美国同意，因为美国是国际货币基金组织的最大出资国，拥有 16.51% 的投票权，中国拥有 6.08%。事实上，美国国务卿蓬佩奥在 2018 年 7 月 30 日警告说，国际货币基金组织提供给巴基斯坦政府的任何潜在救助资金，都不应该被其用来偿还中国的贷款。美国16名参议员（其中14名共和党人、2名民主党人）于2018年8月3日联名签署了一封致美国财政部部长梅努钦和蓬佩奥并抄送美国国防部部长马蒂斯的信，提醒美国政府注意中国“一带一路”倡议对发展中国家带来的债务风险，并要他们研究一下国际货币基金组织对这些国家救助的态度。国际货币基金组织报告里的这句话其实是在警告中国不能有一厢情愿的设想。

下面，我们来看看国际货币基金组织的这份报告里用了哪些宏观经济概念。

1. 实际经济增长：也就是实际GDP增长。GDP就是国内生产总值，定义为一个国家在一段固定的时间内（通常是一年或一个季度）新生产的所有最终产品和服务的市场价值总和。计算的重要原则是：避免重复计算，不计算资产增值，不计算本国企业在国外生产的商品和服务。为了避免重复计算，我们有两种办法。一种是只计算最终产品，比如计入橘子汁的市场价就不再计算它在制造过程中所使用的中间品，包括橘子、销售服务等。另一种办法是计算每个环节的附加值，然后将所有附加值累计得到GDP。为什么不计算资产增值呢？比如说最近房价上涨得厉害，但房子的价值在几年前首次出售的时候已经计入了那一年的GDP，今年出售该房所获得的资产增值部分并不涉及今年的生产过程，所以我们不计入今年的GDP。但是今年帮助你出售该房的房产经纪人所获得的佣金应计入今年的GDP，因为那是他今年提供销售服务的市场价值。

2. 通货膨胀：一般指消费篮子价格指数增长率[①]，其他通货膨胀概念包括GDP平减指数、生产者物价指数、零售价格指数以及批发价格

① 消费篮子中的物品或服务是否会修订？会的，但不大频繁。比如20年前手机和上网费用不会在消费篮子里，如今肯定应该包括进去。

指数等指数的增长率。

3. 信贷：狭义理解的话，指的就是银行贷款。

4. 贸易：特指国际贸易，也就是居民与非居民就物品和服务所开展的交易。

5. 资本账户开放：又叫作资本项目开放。资本账户其实是“资本与金融账户”的简称。中国人民银行副行长、国家外汇管理局局长潘功胜于 2018 年 6 月 14 日在陆家嘴论坛的发言指出：“按照国际货币基金组织 7 大类 40 项标准，我国资本项目已具有较高的可兑换程度。具体而言：直接投资，包括外商直接投资（FDI）、对外直接投资（ODI），已实现基本可兑换；证券投资形成了以机构为投资者的制度，如合格境外机构投资者（QFII）、人民币合格境外机构投资者（RQFII）、合格境内机构投资者（QDII）、人民币合格境内机构投资者（RQDII），同时形成了互联互通机制，如以‘沪港通’‘深港通’‘债券通’为主的跨境投资渠道；债务融资项在全口径宏观审慎政策框架下自主融资。不过，目前我国资本项目中仍然存在少数不可兑换或可兑换程度较低的项目，如非居民在境内发行股票、衍生品。一些可兑换项目的汇兑环节便利性仍有待提高，如集合类证券投资（如基金互认）仍存在总额度管理等限制。还有一些可兑换项目的交易环节便利性不高，如直接投资、外债在交易环节仍有备案或审批管理。”

6. 投资：宏观经济学理论或模型所说的投资概念与大家日常听到的投资这一术语在意义上是不一样的，大家一定要认识到这一点。宏观经济学里谈的投资指的是当年实际生产出的投资物品，比如厂房、机器设备、房地产和基础建设。它不包括大家熟悉的金融投资，比如股票投资和债券投资。宏观经济学里的投资是 GDP 构成的一部分，也就是大家常说的“三驾马车”——消费、投资和净出口之一。

思考题

GDP 是指一个国家在固定的一段时间内（通常是一年或一个季度）新生产的所有最终产品和服务的市场价值总和。请问计算 GDP 的重要原则有哪些?

解读国际收支平衡表

国际收支平衡表记录的是居民与非居民的经济、金融交易。国际货币基金组织要求成员国根据它的手册编写和汇报，这样便于数据收集和横向比较。手册现行版本为第六版，有 371 页，可以想象它有多么具体、多么复杂。我们当然没有必要知道所有细节，但编制该表的基本原则还是应该了解的。

该表分为三个部分（可参见附录）：经常账户、资本与金融账户以及净误差和遗漏。它以美元或国际货币基金组织的特别提款权（Special Drawing Rights，缩写为 SDR）为单位。我们在下面的讨论中用美元，更直观一点。

先讲第一部分，经常账户。在经常账户的记录中，任何时候资金流入到本国居民手中，记为正号，流出则记为负号。经常账户包括三项：（A）物品和服务的出口和进口；（B）雇员所得和投资收益；（C）个人转移。

（A）物品和服务的出口和进口：这一项很容易理解，不必多言，出口记为正号，进口记为负号；（B）雇员所得和投资收益：本国居民从非居民那里获得的雇员所得或投资收益记为正号，本国居民支付给非居民的雇员所得和投资收益记为负号；（C）个人转移：大家不要误会“转移”这个词，“转移”就是馈赠的意思。举个例子，假设你有两个孩子在美国，大女儿在工作，小儿子在读书。大女儿给你寄的1万美元爱心汇款记为正号，即正的“个人转移”；你给小儿子寄去的5000美元生活费汇款记为负号，即负的“个人转移”。A、B、C三项加起来就是经常账户余额，余额为正说明经常账户盈余，为负表示经常账户赤字。

下面介绍第二部分，资本与金融账户。其中重要的是金融账户，资本账户很小，基本可以忽略不计，主要是实物资本转移。同样，这里“转移”也是馈赠的意思。

在金融账户的记录当中，任何时候本国居民在与非居民交易过程中增加资产，记为负号，增加负债，记为正号。这里的增加资产包括增加非储备资产和储备资产。非储备资产包括海外直接投资、证券投资和其他投资。比如万达在2012年出资26亿美元收购美国AMC的100%股权，那么我们就可以在2012年中国的国际收支平衡表中的金融账户直接投资的资产项下计入“-26亿美元”。增加资产，记为负号。

可能有人会问，我们怎样区分直接投资和证券投资呢？对外直接投资指的是居民在另一经济体所投的企业中拥有全部或控股股权，在运作上能影响或决定其关键策略和方向。而对外证券投资指的是居民拥有所投企业少量股权或仅持有债券，不参与决策。

非储备资产包括的其他投资主要指货币、存款、贷款和贸易信贷。

那么，储备资产包括哪些呢？它主要包括外汇储备，还有黄金、特别提款权以及在国际货币基金组织中的头寸。再强调一次，增加资产，记为负号！所以中国外汇储备如果今年有增加，那么增加100亿美元就记为“-100亿美元”。可能有人觉得这很奇怪，下面我来讲讲国际收支平衡表的设计原理。

国际收支平衡表的填写采用的是复式记账法，也就是说居民与非居民间的每一笔交易都有两个记录，一正一负，加起来等于零。我们来看一个例子（情形 1），假设有一家中国企业出口一批冰箱到美国，获得 5000 万美元收入，先假设这笔钱对方打到这家企业在一家美国银行的账上，那么国际收支平衡表的记录则如表 2–1 所示。

表 2–1　情形 1 下国际收支平衡表的记录

经常账户	
物品出口	+5000 万美元
资本与金融账户	
非储备资产	
其他投资	
资产	
货币和存款	–5000 万美元

如果这笔钱通过结汇等过程最后形成中国的外汇储备（情形 2），那么最终国际收支平衡表上的“–5000 万美元”就从表 2–1 中“货币和存款”移到了另一处，如表 2–2 所示。

表 2–2　情形 2 下国际收支平衡表的记录

资本与金融账户	
储备资产	
外汇储备	–5000 万美元

这里的“–5000 万美元”指的是外汇储备增加了 5000 万美元。

如果没有其他复杂情况存在，那么由于国际收支平衡表使用的是复式记账法，所以经常账户加上资本与金融账户应等于零。但实际情况是，上面两项加起来很难刚好等于零。于是只有用第三项，即净误差和遗漏来平衡。这个第三项一般比较小，属于正常遗漏或由于汇率变动以及各部门采集口径不一致甚至采集时间窗口不同所带来的差别。但偶尔，或者在某些国家，这一项会很高，原因是多方面的。地下钱庄和热钱的跨境流动，以及虚高发票或压低发票等非法行为都可能导致净误差和遗漏项很大。中国的情形就是这样的，这与中国资本项目没有完全开放有一定关系。附录中的表格显示，中国在2017年的净误差和遗漏项为“–1599亿特别提款权”。这是什么意思？是热钱流入还是资金外逃？这里显示的应是资金外逃。换句话说，如果大家都按规矩申报的话，这“–1599亿特别提款权”应该体现为某种形式的资产增加，不管是储备资产还是非储备资产，而实际上因为某些不透明行为的存在，这“–1599亿特别提款权”等价的资金支出了，但在记录上无迹可寻。余永定老师的团队在财新网上有一篇文章，该文发表于2017年9月22日，题目就叫作“解读中国的资本外逃”。余老师分析得很详尽，他对资本账户的进一步开放一直持谨慎态度，警告开放过快的风险。文章虽有点长，但还是推荐大家有空读一读。有一点提醒大家注意，余老师用的是国际货币基金手册第五版，我这里用的是第六版。第五版里储备资产变动是一个独立的部分，因此国际收支平衡表共由四个部分组成，第六版中储备资产并进了资本与金融账户。

国际收支平衡表到底有什么用处？第一，通过这个表格我们可以明了本国国际贸易是盈余还是赤字。第二，此表可以告诉我们本国的贸易依存度，即“出口＋进口”占GDP的百分比。如果贸易依存度很高的话，那么外部的冲击对本国的影响就比较大。当然，如果贸易依存度很低，那就说明本国开放度太低，也不可取。第三，如果经常项目出现赤字，并且赤字占GDP超过4%，那么经济是否可持续就成了一个问题。第四，如果经常项目出现赤字，一般也就意味着该国资本与金融账户必须盈余，也就意味着该国是依赖负债的增加来维持本国收支平衡的。这就容易转化为债务危机，尤其是当这些债务中有很多是将要到期的短期债务时。第五，通过国际收支平衡表我们也可看出本国货币是有升值压力还是有贬值压力。如果经常账户常年赤字，外汇储备逐年减少，净误差和遗漏又显示资本流出，那么汇率贬值是大概率事件。

思考题

非储备资产包括对外直接投资、证券投资和其他投资。请问，你认为对外直接投资和证券投资的区别包括哪些？

本章要点总结

1 2008 年的全球金融危机不仅造成了灾难性的后果，还让经济学家饱受质疑。诺贝尔经济学奖得主克鲁格曼在 2009 年撰文指责了宏观经济学家和金融学家，其核心思想是：我们对市场不能听之任之，现有的宏观经济学和金融理论对市场中的各种摩擦的研究存在不足。

2 宏观经济学分为两大板块，一块研究经济的长远增长，一块研究经济周期（短期波动）。

3 宏观经济学的历史沿革：1929 年至 1933 年的大萧条打破了新古典主义对自由市场和价格有效的信仰，并推动了凯恩斯理论的诞生。到 20 世纪 60 年代，新古典综合派取得话语权，它强调政府干预与市场调节相结合的重要性。20 世纪 70 年代的两次石油危机和 20 世纪 80 年代初的美国滞胀使菲利普斯曲线失灵，凯恩斯主义的总需求理论衰落，从而让我们迎来了第二代新古典经济学家的兴起，这批经济学家引用更严格和更科学的方法探讨了经济周期理论，推进了宏观经济学的进一步发展，尤其是催生了新凯恩斯随机动态一般均衡模型的开发。

4 宏观经济学还需要一次根本性的革命。随着计算能力的提高、大数据积累以及机器学习方面的进步，将来我们可以对宏观经济做出更为准确的判断，对宏观经济政策的效果做出更为逼真的模拟。

5 在二战即将结束之际，44 个同盟国为重建国际金融秩序而建立了布雷顿森林体系，并在该体系下成立了两大国际金融机构：世界银行和国际货币基金组织。国际货币基金组织负责向成员国提供短期资金借贷，因而需要了解成员国的一系列宏观经济状况，所以国际货币基金组织与大部分成员国每年都有第四条款磋商。

6 第四条款磋商内容涉及各种改革的推进，可用于了解一国的近期情况和未来计划。2018 年国际货币基金组织与中国的第四条款磋商报告指出中国经济增速将放缓，中国应推进政策框架现代化、提高汇率灵活性和注意“一带一路”伙伴国债务可持续性等值得我们关注的问题。

7 学习宏观经济学首先应该了解一些常用的宏观经济概念，并明确其定义和计算方式。这些常用的宏观经济概念主要包括实际经济增长、通货膨胀、信贷、贸易、资本账户开放、投资等。

8 国际收支平衡表记录的是居民与非居民的经济、金融交易。该表分为三个部分：经常账户、资本与金融账户以及净误差和遗漏。它以美元或国际货币基金组织的特别提款权为单位。

9 在经常账户的记录当中，任何时候资金流入到本国居民手中，记为正号，流出记为负号。经常账户包括三项内容，即物品和服务的出口和进口、雇员所得和投资收益、个人转移。三项相加即为经常账户余额，余额为正说明经常账户盈余，为负则表示经常账户赤字。

10 在资本与金融账户的记录中，重要的是金融账户。在金融账户的记录中，任何时候本国居民在与非居民交易过程中增加资产，记为负号，增加负债，记为正号。增加资产包括增加非储备资产和储备资产。

11 国际收支平衡表的填写采用的是复式记账法，也就是说居民与非居民间的每一笔交易都有两个记录，一正一负，加起来等于零。但在实际情况中，经常账户加上资本与金融账户很难刚好等于零，因此用净误差和遗漏项来平衡。

第三章 宏观模型初步：封闭型经济体分析

物品市场均衡

最简单的宏观模型就是封闭型经济体中的IS-LM模型[①]。封闭型经济体的意思是不考虑国际贸易和国际金融，因此也不包含任何有关汇率的讨论。这个模型的初始形态是由约翰·希克斯（John Hicks）以及阿尔文·汉森（Alvin Hansen）在20世纪30年代根据凯恩斯的理论开发的。可以说，正是因为这一模型简单明了，才使晦涩难懂的凯恩斯理论得以广为传播并被接受。

IS曲线刻画的是物品和服务市场的均衡条件。物品和服务市场我

① 克鲁格曼对简单的IS-LM情有独钟。从他发表在《纽约时报》上的对经济学家的谴责文章中就可以看出来，他希望我们回到凯恩斯的怀抱。克鲁格曼在他的博客中提到，时任美联储主席的伯南克只要动动笔，将利率下调，他想要多高的总产出都能做到。

们简称为物品市场。LM 曲线刻画的是货币与金融市场的均衡条件。[①]我们都知道，经济体中有很多变量，要想以平面图去描述均衡条件，就需要先选择两个变量作为平面图的横轴和纵轴。我们选择总收入为横轴变量，名义利率为纵轴变量。那其他变量如何处理呢？有两种处理办法，要么我们将该变量用总收入和名义利率的函数来替换掉，要么假设它是外生的和固定的，比如政府的税收政策或公共开支。总之，求解经济体的均衡点就等价于求解多变量方程组。而所谓的 IS-LM 模型就是先将所有这些方程组简化成两条关于总收入和名义利率的方程，即平面图上的两条曲线。一条叫作 IS 曲线，另一条叫作 LM 曲线。

我们先讲 IS 曲线的构造。

我们用字母 Y 代表总收入，用字母 Z 代表总需求。总需求 Z 由三个部分组成，第一个组成部分是消费，我们用 C（Consumption）来表示。消费其实取决于很多因素，但这里我们将这些因素简化成仅仅取决于可支配收入。可支配收入等于总收入 Y 减去所交的税 T（Tax），即 $Y-T$。$Y-T$ 越大，那么 C 越大，这一点应该没有争议。换句话说，C 写成 $Y-T$ 的函数，$C(Y-T)$ 是个增函数。当然，这也说明，如果缴税负担不变，那么 Y 越高，C 也越高。

总需求 Z 的第二个组成部分是什么呢？是投资，我们用大写字母 I 来表示，即单词“Investment”的第一个字母。投资取决于哪些因素呢？我们说投资取决于总收入，总收入越高，投资越高。这个逻辑链条是怎样的呢？总收入越高，全民购买力越强，所以企业的销售额越高。销售额越高，企业的投资意愿也会越强烈。因此投资 I 也是总收

① IS 和 LM 这两条曲线的名字源自哪里？IS 曲线除了用我们接下来要介绍的 45° 线和总需求曲线相交来导出外，也可以用“投资等于储蓄”（Investment=Savings）来导出，故名“IS”。LM 曲线讨论的是流动性和货币（Liquidity and Money），故名“LM”。

入 Y 的增函数。投资不仅取决于总收入 Y，还取决于名义利率，我们用小写的 i（interest rate）来表示，这一点我们暂时放一放。目前我们只强调投资 I 也是总收入 Y 的增函数。

总需求 Z 的第三个组成部分是政府支出 G，暂时假设 G 是固定的。

如果将总需求 Z 用一个数学表达式来概括，那它就是 $Z=C+I+G$。因为 C 和 I 都是总收入 Y 的增函数，而 G 假设是固定的，所以总需求 Z 也是总收入 Y 的增函数。

下面我们来做图，建议你拿出笔来。

先画横轴，横轴代表的是总收入 Y。纵轴我们留给了总需求 Z 和总产出 GDP。也就是说，我们画出两条曲线，一条描述总需求 Z，一条描述总产出 GDP。描述 GDP 的这条线容易画。为什么？因为在一个封闭型经济体中总产出 GDP 就等于总收入，所以 GDP 这条线画出来就是 45° 线。

总需求 Z 这条曲线又该怎样画呢？

前面我们已经证明总需求 Z 是总收入 Y 的增函数，所以画出来就是一条向上倾斜的曲线。向上倾斜的曲线也有多种画法，我们这里假设它的倾斜度要比 45° 低，即这条总需求 Z 曲线比 GDP 曲线更平缓。这个假设是有实证数据支持的，但这里不用讲得太细。

那么这条向上倾斜且较为平缓的总需求曲线应该画成直线还是弯弯的曲线呢？理论上来讲，肯定应该是弯弯的曲线，但很多教科书都倾向于画条直线了事。我很赞成这一简单做法，因为毕竟 IS-LM 模型只是所谓的玩具模型（toy model），能说明问题就好，不必那么纠结准确性。如果你就是喜欢曲线美，那又另当别论。

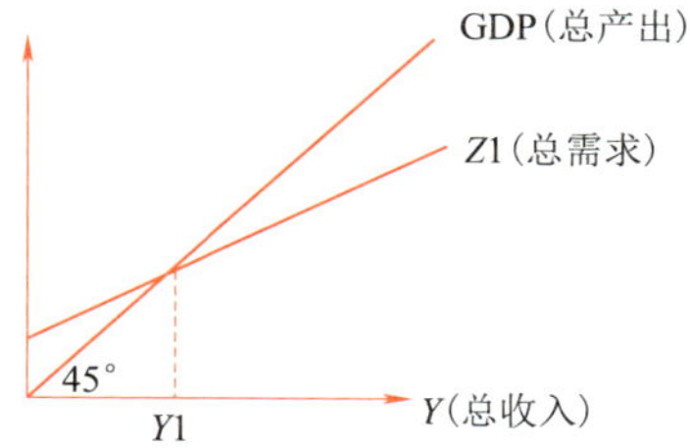

图 3-1　情形 1 下的总产出与总需求

一个需要注意的问题是，这条总需求曲线的位置取决于利率的高低。假设我们画出来的是总需求曲线 Z1，也就是情形 1，此时假设利率等于 5%。那么总需求曲线 Z1 和总产出 GDP（也就是那条 45° 线）相交于一点。这一交点就是物品市场的均衡点，交点所给出的横坐标就是均衡总收入 Y1。我们可以从图 3-1 中看出在情形 1 下，总收入 = 总需求 = 总产出，都等于 Y1。

换句话说，这样我们得到了以下关于情形 1 的结论：当利率等于 5% 的时候，均衡总收入等于 Y1。当然也可以说，当利率等于 5% 的时候，均衡总产出等于 Y1 或者说均衡总需求等于 Y1。

有了这个基础，那么我们可以进一步来问：如果情形 2 出现，即利率等于 3% 时，新的均衡点在哪里？ Z2 这条总需求曲线是在 Z1 的上方还是下方？按照我们在前面的叙述，如果利率变成了 3%，比情形 1 的 5% 要低，那么总需求的哪一项会改变呢？是如何改变的呢？

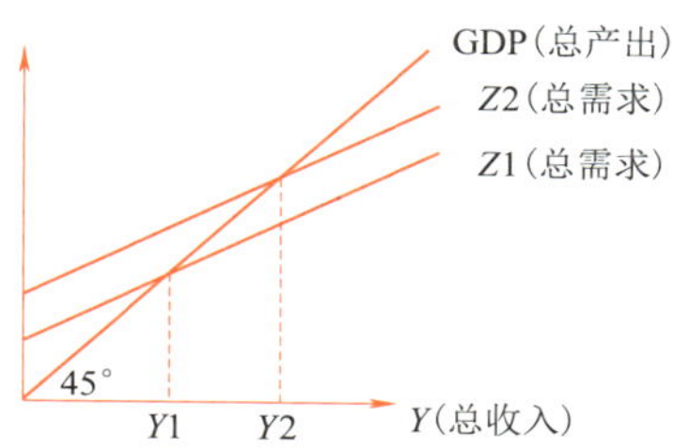

图 3-2　情形 2 下的总产出与总需求

我们说 Z2 一定会在 Z1 的上方，如图 3-2 所示。为什么这么说呢？因为利率越低，融资成本越低，所以投资需求会上升，也就是说总需求 Z 的第二项会上升，当然总需求也就会上升。请注意 Z1 和 Z2 这两条曲线的相对位置。

如此一来，总需求 Z2 与 GDP 这条 45° 线的交点所给出的总收入 Y2 一定比 Y1 要大。

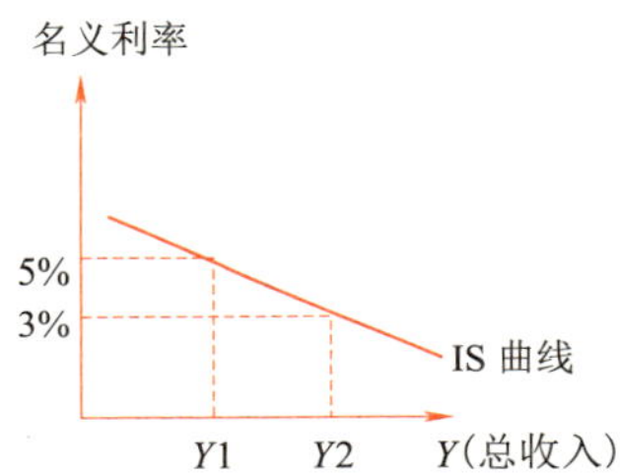

图 3-3 IS 曲线

于是我们得出以下结论：当利率下降时，均衡总收入增大。我们将这句话用图 3-3 来表示。在图 3-3 中，横轴仍然是总收入 Y，纵轴我们放上名义利率 i。我们已经得到情形 1 和情形 2 这两种情形下的均衡点，在情形 1 中均衡总收入 Y1 对应的利率是 5%，在情形 2 中均衡总收入 Y2 对应的利率是 3%。我们将两种情形下的均衡点分别在图 3-3 中标出，同时将这两个点连起来并且向两个方向延伸就得到一条刻画物品市场均衡的曲线——IS 曲线。

显然，IS 曲线是向下倾斜的。用文字来描述的话就是：利率越低，物品市场均衡总收入 = 总产出 = 总需求，就越高。注意，这条曲线上的每一个点都代表一种可能的均衡情形，除了标明的情形 1、情形 2，还有情形 3、情形 4、情形 5，等等。整个经济具体会处于哪一种情形还要看货币和金融市场的均衡曲线 LM。这两个不同市场的均衡曲线的共同交点将是短期整体均衡点。

大家肯定会问，学会 IS 曲线有什么用？我们可以用它来分析特朗普减税对美国经济的影响，也可以用它来分析中国在 2008 年推出的 4 万亿人民币的刺激计划对中国经济的影响。我们先来分析特朗普减税会如何影响美国 IS 曲线的移动。这里我们继续假定这个经济体是个封闭型经济体。

假设减税前的缴税负担为 T=80 个单位物品。这时，当名义利率为 5% 时，均衡总收入 = 总需求 = 总产出 =$Y1$。减税以后，新的缴税负担为 T'=65 个单位物品。人们的可支配收入上升，于是消费需求上升，从而总需求曲线 $Z1$ 上升到 $Z1'$，因此均衡总收入增加到 $Y1'$，如图 3–4 所示。

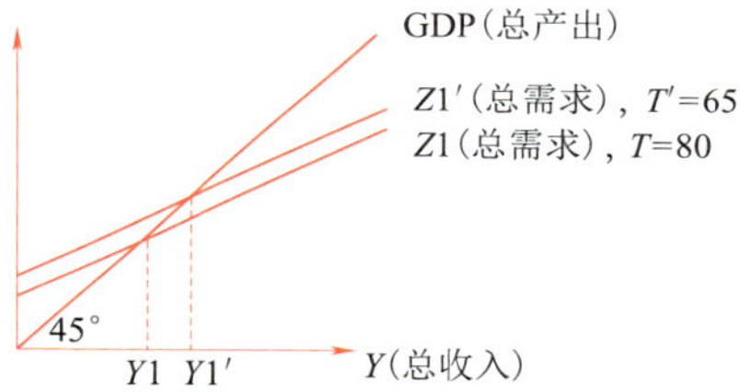

图 3–4　减税前后的均衡点变化

类似地，当名义利率为 3% 时，减税前总产出为 $Y2$，减税后会增加到 $Y2'$。同样的结果可以推及情形 3、情形 4、情形 5 等情形。将这些情形下的新的均衡点连起来就得到新的 IS 曲线，我们叫它 IS′，如图 3–5 所示。我们能够很容易地看出，IS′在 IS 曲线的右侧。

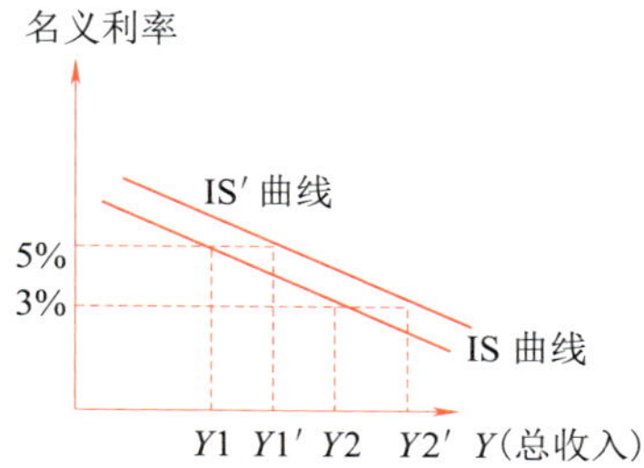

图 3–5　减税前后 IS 曲线的变化

对中国四万亿人民币刺激计划的分析与上面的分析十分类似，只不过讨论的对象从缴税负担 T 的变动换成政府支出 G 的变动。结论是这项刺激计划同样会导致 IS 曲线向右移动。所以减税和增加政府开支可以统称为扩张性财政政策。扩张性财政政策在短期内刺激经济效果是比较明显的，但从长期而言，面临政府可持续性的问题。我们将来讨论财政政策时会进一步探讨。

思考题

假设其余情况不变，政府购买水平提高，请问 IS 曲线将会产生怎样变化?

金融市场均衡

LM 曲线刻画的是货币和金融市场的均衡状态。大家会发现我们在讨论中做了很多简化的假设。比如，我们假设只有两种金融资产供人们选择，一种是货币，而且货币不产生任何利息，另一种是债券，债券产生利息而其息率就是名义利率。在实际生活中，金融产品有很多种，如短期债券、长期债券、优先债券、次级债券、中央政府债券、地方政府债券、银行理财、网络贷，还有股票、期权等，不一而足。其中风险与回报各异。我们暂时全都不加考虑。我们假设人们只面临两种选择：不生息的货币 M（Money）和名义利息为 i 的债券 B（Bonds）。如果名义利息一般大于零，那么为什么我们会持有货币呢？我们的第二个假设就是货币可以被用来完成物品或服务的交易，而债券没有这个功能。你不能拿着债券凭证去支付理发或者打车费用。微信支付、支付宝和余额宝等金融服务的进一步发展对我们这种简化可能是一个挑战，但即使到那个时候我们还是可以假定流动性强的金融产品（不妨仍叫作 M），其利息或者回报率虽不等于零但低于那些高风险低流动性的金融产品（不妨仍叫作 B）。这样的话，影响人们选择的决定性因素就是这两种资产经过风险调整后回报率的差别。

在我们前面的简单假设下，人们对货币和债券的需求将受哪些因素影响呢？首先，如果物品市场名义交易量大的话，那么人们需要持有更多的货币去完成这些交易；其次，如果债券利率高的话，那么人们会持有较少的货币，无非是麻烦点，需要他们在支付的时候去银行或用网上银行转账。估计读者当中很少有人持有债券，那就将债券想象成银行理财产品吧。这么一分析，那我们可以将货币需求写成 MD（Money Demand），MD= 名义总收入（$\$Y$）× 名义利率的某个减函数，即：

$$\text{MD} = \$Y \times L(i)$$

换句话说，如果名义总收入增加了 20%，那么货币需求也会增加 20%，因为人们需要更多的货币去完成增加的交易额。如果利率上升，那么持有货币的机会成本增加了，所以人们对货币的需求减少了，转而持有更多债券或理财产品。

有了货币需求函数，如果再有对货币供给或者货币政策的描述，那么我们就可以确定对货币市场均衡的刻画。因为金融资产只有两种存在方式，要么是货币，要么是债券，所以货币市场均衡也必然导致债券市场的均衡，也就是货币与金融市场都达到均衡。

不管是阿贝尔和伯南克的多个版本的《宏观经济学》，还是布兰查德的《宏观经济学》的前六版，过去的教科书倾向于假设中央银行以货币供给量（Money Supply，缩写为 MS）为政策变量，但布兰查德在他的《宏观经济学》的英文第七版中，采用了中央银行以利率为政策变量的假设。从货币政策历史上看，央行既有使用价格型政策（货币市场上的价格或融资成本就是利率）的时候，也有使用数量型政策（货币供给量 MS）的时候。我们在介绍沃尔克在处于两难境地的时候就提到他决定从价格型调控转向数量型调控。格林斯潘在 1987 年接手美联储主席后以及他的继任者们都是在使用价格型调控，也就是直接控制利率水平。

如果央行采用数量型货币政策，也就是说央行固定货币供应量，而让利率根据货币市场需求去决定。在这一框架下，刻画货币市场的 LM 曲线就会是向上倾斜的曲线，这条曲线与向下倾斜的 IS 曲线的交点就是短期均衡点，而这个均衡点的总收入和名义利率使物品市场和货币市场同时达到均衡。

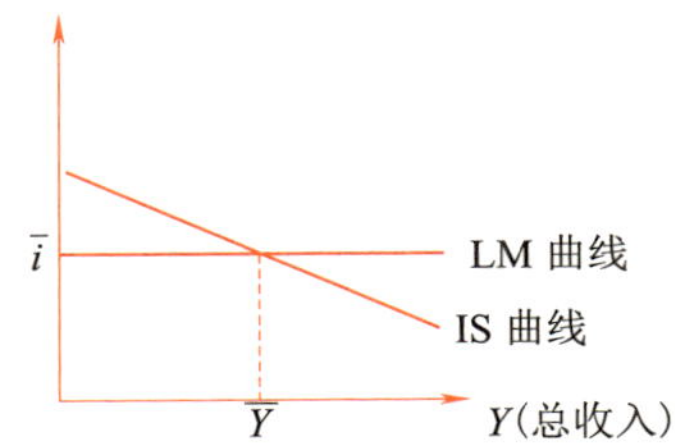

图 3-6 简单的 IS-LM 模型

我自己经过权衡，决定还是采用布兰查德的《宏观经济学》英文第七版的框架[①]（画出来如图 3-6 所示），即假定央行采用价格型手段，直接控制利率。所谓直接控制利率，就是央行一旦宣布了它的利率目标，比如联邦基金利率目标，它就会通过在市场上投放或回收货币供应来

① 布兰查德在他的《宏观经济学》英文第七版中引入水平的 LM 曲线确实使后续的讨论简化很多。其实，戴维·罗默（David Romer）——《高级宏观经济学》一书的作者，于 2000 年发表过一篇文章叫作 Keynesian Macroeconomics without the LM curve（《不带 LM 曲线的凯恩斯宏观经济学》）。在那篇文章的第一部分，他就将传统的向上倾斜的 LM 曲线丢弃，而代之以一条水平的直线，他称之为 MP 曲线。MP 指的是货币政策（Monetary Policy）。所以布兰查德的做法与戴维·罗默的一模一样，只不过布兰查德坚持把这条水平直线叫作 LM。

调节市场，从而使市场利率与其目标相符。如果市场上对货币需求旺盛，利率有走高的趋势，那么央行就投放一些货币到市场上，让利率回归到央行的目标利率。反之，如果市场上货币需求减退，利率有下跌的趋势，那么央行可以回收部分货币来减少市场中的货币供应以维持其目标利率。布兰查德认为，这一框架更符合当前各国央行的做法，我也深表认同。而且，这样一来，LM 曲线变得异常简单，就是一条水平的直线。水平线的位置就是央行宣布的目标利率，不妨叫作 $\bar{i}$。

这条水平的 LM 曲线与向下倾斜的 IS 曲线有一个交点。这个交点的横坐标给出物品市场的均衡总收入，均衡总收入 = 总产出 = 总需求。纵坐标就是 $\bar{i}$，即央行所宣布的目标利率。

你如果作为央行的主席想要增加总产出，应当怎么做？

减息。只要将利率降下来，总产出就增加了。[①] 没错，很简单而且短期还挺有效，但从中长期来看呢？会不会带来通货膨胀？我们这个模型在中长期是否需要稍加修改呢？这个问题我们后面再谈。

思考题

请问，当央行采取价格型货币政策时，如果市场对货币需求旺盛，利率有走高的趋势，那么你认为央行会增加货币供应量吗？

改良版新古典综合学派均衡分析

根据前面我们构造的 IS 曲线与 LM 曲线，这两条曲线的交点就

① 从简单的 IS-LM 模型来看，减息确实能增加总产出，但实际情况是市场并不是只有联邦基金利率。联邦基金利率只不过是银行间隔夜拆借利率，它降下来不代表长期利率会跟着降下来，我们前面曾提到过这一情况：格林斯潘在 2001 年连续减息 11 次，都没能带动长期利率下降。

是短期均衡点。在这一点上，物品市场达到均衡，且货币与金融市场也达到均衡。我们利用这一模型可以讨论特朗普减税的宏观影响以及2008年中国4万亿人民币刺激计划的宏观影响。我们得到的结论是这两项财政政策都具有提振本国经济的作用，而作用的机制是促使IS曲线右移。

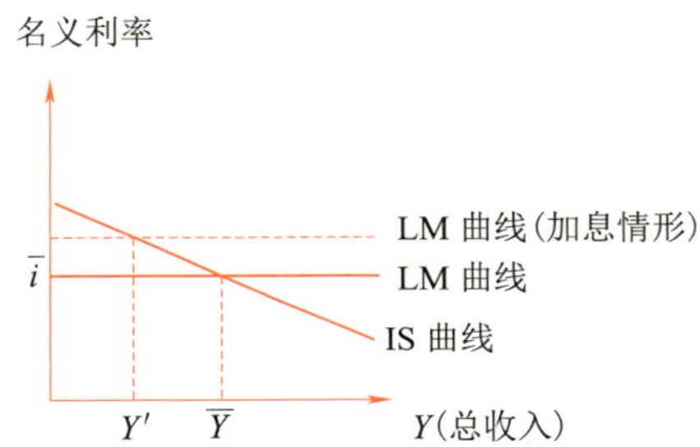

图 3–7　加息情形下 LM 曲线的变化

通过这个IS-LM模型，我们还能看到货币政策的短期效果：加息推动LM曲线上移从而可以为过热的经济降温，总产出会下降（图 3–7）；减息推动LM曲线下移从而可以刺激经济，总产出会增加（图 3–8）。

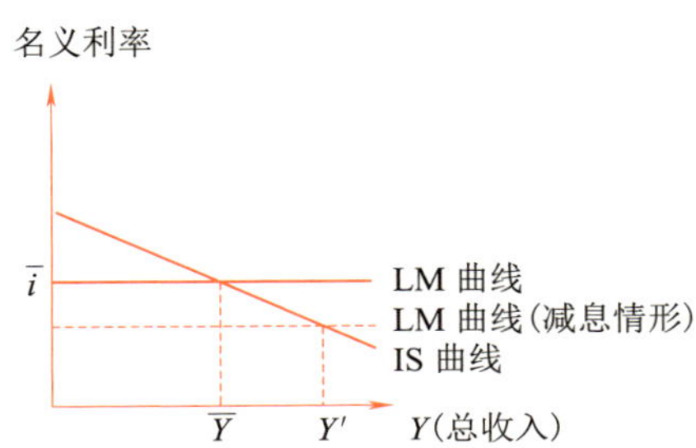

图 3–8　减息情形下 LM 曲线的变化

问题是，央行怎样才能引导市场利率走低呢？除了宣布目标利率下调之外，央行还得以实际行动，即通过向联邦基金市场或银行间市场投放货币，才能引导市场利率下行。具体怎么投放，我们将来讨论货币政策的执行程序时再专门讲解。

财政政策可以和货币政策组合使用吗？可以的。比如十几年前中国在面对百年不遇的全球金融海啸时，就推出过4万亿人民币财政刺激政策和降低利息的货币政策。这叫双管齐下，朝着一个方向努力。

有没有什么情形是需要财政政策和货币政策背道而驰，一紧一松的呢？大家可能会说，那样效果不就抵消了吗？还有什么用？

我们来看下面的一个假想情形。假设到了2025年美国新一届政府发现，经过特朗普的减税和政府在基建上的巨大投入，美国政府已经债台高筑无法维持，此时只有财政从紧，要么加税，要么减少政府开支，或者两者同时进行。这么一来IS曲线向左移动，经济会下滑。为了避免经济下滑，可以用货币政策来补救，即央行减息，推动LM曲线下移，从而使经济总量恢复到正常水平。这就是一个“紧财政，松货币”的有意义的组合。实际上，20世纪90年代，美国总统克林顿在经历了政府因为缺钱而不得不一度关门之后开始紧缩财政，格林斯潘则通过一系列减息与他配合上演了一段“紧财政，松货币”的双簧。

在我们的模型当中，由于我们没有明确地引入时间和动态方面的考虑，一切看起来似乎都是立竿见影的。现实情况却不是这样。有时，在减税之后虽然可支配收入上升了，但消费要过个一年半载才上升。货币政策的影响也时常需要一到两年的时间才能显现，大家要做到心中有数。

上一节的最后我提了几个问题，是关于经济政策对经济中长期的影响的。经济学家对这些问题至今都没有确切的回答。1936年凯恩斯的著作在诞生之后，经过了约20年的发展，其间经过萨缪尔森、莫迪格里亚尼、托宾、索洛等诺贝尔奖得主的工作，至20世纪50年代中期渐渐形成一定的共识，这一共识被称为新古典综合派宏观经济学，更准确一点的话应该叫作新古典—新凯恩斯综合派。所谓综合是指将凯恩斯元素引入新古典的框架中，新古典框架是假设经济人能够面对经济环境、经济形势、技术水平与个人偏好并做出理性决策，凯恩斯元素主要包括诸如价格刚性、工资刚性等市场扭曲。这一共识维持了大约 20 年，在 20 世纪 70 年代中期由于石油危机所导致的滞胀而渐渐被打破。下面给大家介绍的是布兰查德的《宏观经济学》英文第七版中的改良版新古典综合派模型，被称为 IS-LM-PC 模型。PC 在这里代表菲利普斯曲线，也就是我们提到过的刻画失业和通胀的权衡关系的曲线。滞胀，或者说高失业率和高通胀的同时出现，证明原始的菲利普斯曲线是不稳定的，所以这里介绍的 PC 曲线是改良版的。

改良模型成功与否的一块试金石就是它能否很好地解释滞胀局面的存在。我们拿 IS-LM-PC 模型试一试。一般认为，20 世纪 70 年代的石油危机导致了美国的滞胀。布兰查德认为，虽然 IS-LM-PC 模型中没有专门提到石油，甚至都没有进口变量，但我们可以将石油危机做如下理解：企业需要多支付石油费用，因此只能降低工人实际工资。而要想工人接受这一工资，只有增加失业率（失业大军的存在使资本方对工薪有更大的话语权）。布兰查德的结论是自然失业率会增加，因此自然总产出 Y_n（n 为 natural，自然的）会减少。这样一来，石油危机前的短期均衡点如果和原来的自然总产出一致，那么现在就在新的 Y_n 的右边了。因此，根据 IS-LM-PC 模型，通胀升温的压力持续，通货膨胀率持续走高。沃尔克领衔的美联储大幅收紧货币，目标实际利率 $\bar{r}$ 大幅上升，$\bar{Y}$ 不断下跌，一度跌破 Y_n，最后慢慢回升至 Y_n 达到中期均衡。注意，根据改良的菲利普斯曲线，$\bar{Y}$ 只有跌破 Y_n 才能使通胀率下跌。总结一下布兰查德对滞胀的看法，即高失业率并不是周期性的，而是因为石油危机所带来的供给冲击使自然失业率高企，通胀持续是因为短期均衡总需求高于自然总产出。

改良版的菲利普斯曲线有如下几个特点：第一，经济当中存在一个自然失业率，自然失业率不随经济周期变化，但可以随着大的结构性的冲击而改变。第二，与这个自然失业率对应的总产出，我们叫作自然总产出 Y_n。第三，当总需求等于自然总产出，通胀压力（通胀压力＝本期通胀－上期通胀）等于零，换句话说，通胀率处于稳定状态；当总需求超过自然总产出，那么总需求越高，通胀升温压力也越大；当总需求低于自然总产出时，总需求越低，通胀降温压力越大，即通胀率下降得越快（图 3–9）。

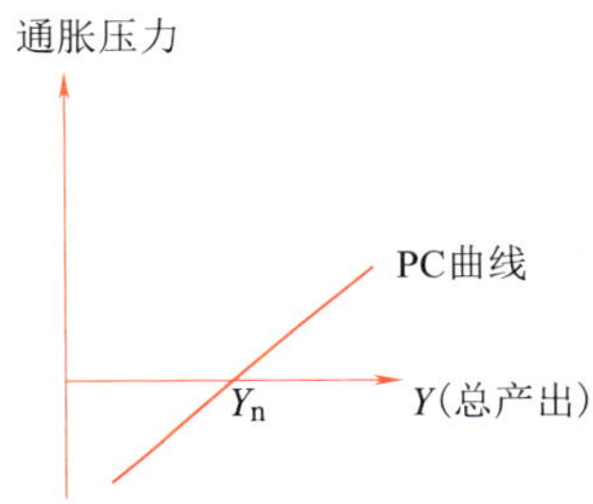

图 3–9 对总需求与通胀压力的刻画

因为在中长期宏观经济的分析中，通货膨胀会有所变化，所以我们不能仅仅只考虑名义利率。我们需要引入实际利率[①]的概念，并且将 IS-LM 曲线的纵轴由名义利率改为实际利率。实际利率等于名义利率

---

① 不难理解，实际利率＝名义利率－预期通胀率，但大家可能会问预期通胀率从哪里可以得到呢？有下面几个渠道：第一，投资机构有自己的预测，我们可以考虑综合多家机构的预测来获得预期通胀率；第二，通过问卷调查数据获得；第三，通过债券市场交易数据，看长期利率与短期利率的价差来获得，长期债券受通货膨胀的侵蚀风险更大，如果该价差扩大，显示市场参与者预计通胀升温；第四，如果该国同时发行通胀挂钩债券，那么我们可以比较这类债券和通常债券的市场价格得到投资者对通胀的预期。关于发行通胀挂钩债券的提案，可以参见美联储罗伯特·赫策尔（Robert Hetzel）在 1990 年发表的文章 Maintaining Price Stability: A Proposal（《维持价格稳定：一个提议》）以及在 1992 年发表的文章 Indexed Bonds as an Aid to Monetary Policy（《指数化债券作为货币政策的辅助手段》）。

减去预期通胀率。经济学家认为影响一家企业投资决策的不是名义利率，而是实际利率。比如中国的名义基准利率是 4.35%，假设通胀预期是 2.35%，那么实际利率就是 2%。阿根廷正处在经济危机当中，其名义基准利率是 60%，通胀预期为 36%，那么实际利率就高达 24%。

改变纵轴之后，IS 曲线位置可能会变但形态不变，仍然向下倾斜。形态不变是因为投资与实际利率的关系没变，仍然是实际利率越低，融资成本越低，所以投资越高，总需求越高。因此，IS 曲线仍向下倾斜。

LM 曲线的位置和形态呢？布兰查德在他的《宏观经济学》英文第七版中认为，我们仍然可以假设央行能直接控制某个目标实际利率，记为 $\bar{r}$。r 这个字母在经济学界一般代表 real interest rate，即实际利率，这样的话，LM 曲线形态也没有变，还是一条水平直线。水平线的位置处在 $\bar{r}$。换句话说，央行在了解预期通胀率的情况下，总是可以宣布一个目标名义利率使得目标实际利率等于 $\bar{r}$。打个比方，沿用前面我们假设的中国通胀预期为 2.35%，如果中国人民银行希望实际基准利率为 1.85%，那么它可以宣布新的名义基准利率为 4.20%，因为 1.85%+2.35%=4.20%。

做好这些准备工作后，我们可以画出新的 IS-LM 曲线（如图 3-10 所示）。IS 曲线和 LM 曲线的交点的横坐标 $\bar{Y}$ 就是短期的均衡点。这个均衡点 $\bar{Y}$ 与自然总产出 Y_n 的相对位置决定了中长期产出与通胀的走势。

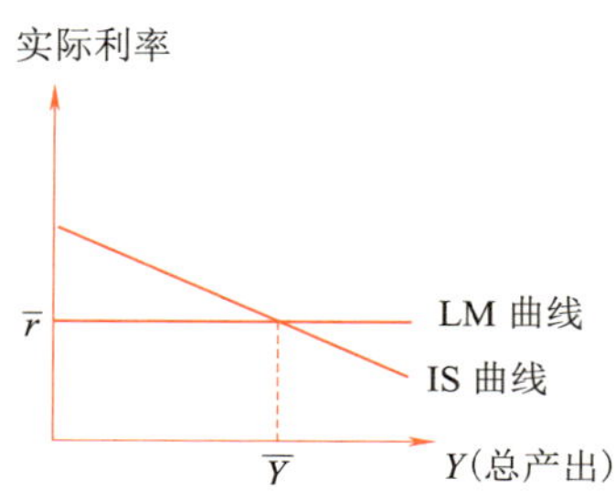

图 3-10 IS-LM 模型中的短期均衡点

假设 $\overline{Y}$ 大于 Y_n，也就是说短期均衡总需求和总产出大于自然总产出。按照我们改良的菲利普斯曲线，这时有通胀升温压力，如图 3–11 所示。

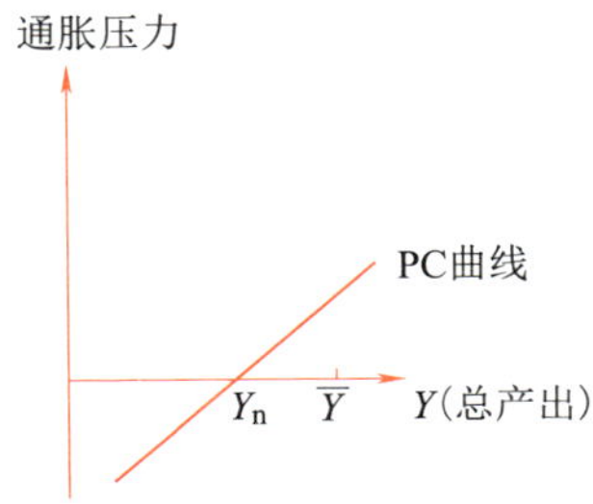

图 3–11 $\overline{Y}$大于 Y_n 时，有通胀压力

如果政府继续维持同样的目标实际利率和同样的财政政策，那么均衡总需求和总产出不变，但通胀会持续升温，我们就处于所谓经济过热的情形当中，比如 2006 年的中国。不断上升的通胀率毕竟是令人厌恶的现象，所以央行迟早会开始加息，推动 LM 曲线上升，均衡总需求和总产出 $\overline{Y}$ 也会朝着自然总产出 Y_n 的方向移动。最终当 $\overline{Y}=Y_n$ 时，通胀压力全部释放，通胀率不再改变，中长期均衡出现。

可能大家会说，如果央行了解 IS 曲线和自然总产出的准确位置，一步就可以将实际利率调整到刚好使短期均衡 $\overline{Y}=Y_n$，立刻就稳住了通胀率，难道不是吗？

理论上是这样，但在实际操作中，谁也没有把握 IS 曲线和自然总产出的准确位置到底在哪里，我们只能用市场数据去推断。而市场中的数据是包含很多噪声的，甚至是互相抵触的，所以只有当多方面的数据都指向同一个判断的时候，我们才有比较大的信心。这也是央行在做决策时需要各种类型和各个地区的数据，而且在加息或减息时都采取一种边走边看的渐进模式的原因。

假如经济出现过热，即总需求大于自然总产出，通胀持续升温，而政府又不想使用货币政策手段，仍然盯着原有目标实际利率 $\overline{r}$，这时什么样的财政政策能帮助经济达到中长期均衡呢？

答案是收缩性的财政政策，即加税或者减少政府支出。收缩性财政政策将使 IS 曲线向左移动，从而将短期均衡总需求和总产出 $\overline{Y}$ 朝着自然总产出 Y_n 的方向移动并最后与 Y_n 会合。

最后，我们看看另一种情形，即短期均衡总需求和总产出 $\overline{Y}$ 不是过高，而是过低，即 $\overline{Y}$ 低于 Y_n，也就是说经济处于疲弱增长甚至衰退的情形，比如 2017 年 7 月的巴西。当时巴西的 GDP 第二季度增长率仅有 0.4%，虽然好过 2016 年的负增长，但仍低于它的潜在增长率。同时，失业率在 12%，高于历史平均值。政府债务占 GDP 的比重从 2011 年的 51% 大幅上涨到 2017 年的 70%，央行基准利率为 10.25%，通胀率从 2016 年初的 9% 下降到了 3.8%。我们应该怎样分析这一经济形势？政府有哪些可选策略？中长期有何打算？我的判断是：在财政政策的刺激下，经济有所复苏，但增长仍很疲乏，再加上相当高的失业率，宏观政策上需进一步刺激。财政政策空间已经越来越小。好在通胀率还处于低位，可以继续减息。从 10.25% 基准利率来看，减息空间还比较大。但是 2016 年初的 9% 的通胀率意味着这一轮减息需要审慎进行，弄不好又回到 2016 年那两难的滞胀局面。怎样解释巴西这一滞胀局面的出现？我的观察是结构性和供给冲击的问题，也就是说，政府的行为以及油价收入的起伏动摇了市场和投资者的信心，从而造成经济下滑。要想使经济恢复动力，还需进行结构性改革给市场注入活力。

思考题

假如经济出现过热，短期均衡总需求大于自然总产出，通胀持续升温，请问你认为政府可以采取怎样的政策手段来实现中长期均衡呢？

本章要点总结

1 封闭型经济体中的IS-LM模型是最简单的宏观模型，它不考虑国际贸易和国际金融，不讨论汇率因素。该模型初始形态是由约翰·希克斯以及阿尔文·汉森在20世纪30年代根据凯恩斯的理论开发的。

2 IS曲线刻画的是物品和服务市场的均衡条件，LM曲线刻画的是货币与金融市场的均衡条件。

3 IS曲线的构造步骤如下：

（1）由于总需求 Z 包括三个部分：消费、投资和政府支出（假定固定），消费和投资都是总收入 Y 的增函数，因此总需求 Z 可表示为总收入 Y 的增函数，即一条向上倾斜的曲线。

（2）由于封闭型经济体中的总产出就等于总收入，因此总产出GDP可表示为一条45°线。

（3）由于总需求中投资由总收入和名义利率共同决定，因而给定一个利率水平就对应一条总需求曲线，该曲线与45°线的交点的横坐标即为均衡的总收入或总产出GDP水平。

（4）利率越低，总需求越高，均衡总收入越高，即得到向下倾斜的IS曲线，以表示物品市场均衡中利率与产出的关系。

4 特朗普减税政策使国民可支配收入上升，消费需求上升，从而总需求上升，因此均衡总收入增加到新的水平，IS曲线向右移动。中国4万亿人民币刺激计划的影响与之类似。减税和增加政府开支作为扩张性财政政策，在短期内刺激经济效果较为明显，但从长期而言它们会面临政府可持续性问题。

5 LM 曲线刻画货币和金融市场的均衡状态。为简化分析，我们假设只存在两种金融资产，即不生息的货币 M 和名义利率为 i 的债券 B。货币需求由名义总收入和名义利率共同决定，一方面总收入越高，物品市场名义交易量越大，货币需求越高；另一方面，名义利率衡量了持有货币的机会成本，名义利率越高，货币需求越低。

6 如果央行采取数量型货币政策，即固定货币供应量，则刻画货币市场的 LM 曲线是一条向上倾斜的曲线。假定央行采取价格型手段直接控制利率，则 LM 曲线是一条水平的直线。我们在这里用水平的 LM 曲线来进行讨论。

7 水平的 LM 曲线与向下倾斜的 IS 曲线的交点就是短期均衡点，该均衡点上的总收入和名义利率使物品市场和货币市场同时达到均衡。

8 货币政策的短期效果是：加息推动 LM 曲线上移，从而可以为过热的经济降温，总产出会下降；减息使得 LM 曲线下移，从而可以刺激经济，总产出会增加。

9 财政政策和货币政策可以组合使用。它们可以朝同一方向努力，双管齐下；它们也可以出现截然相反的态势，一松一紧。例如财政紧缩政策与货币扩张政策搭配，在减少预算赤字的同时也避免产出下降。

10 布兰查德的《宏观经济学》英文第七版中的改良版新古典综合派模型，被称为 IS-LM-PC 模型。PC 表示改良的菲利普斯曲线，刻画失业和通胀的关系。改良的菲利普斯曲线假定经济存在一个自然失业率，对应一个自然总产出。当总需求等于自然总产出时，通胀压力为零，处于稳定状态。

11 实际利率等于名义利率减去预期通货膨胀率。将 IS-LM 曲线纵轴改为实际利率时，IS 曲线和 LM 曲线的位置可能会变但形态均保持不变。短期均衡实际总产出与自然总产出的相对位置决定了中长期总产出与通胀的走势。

第四章 货币主义—新新古典—新新凯恩斯

凯恩斯、新古典综合派和货币主义

我们在介绍宏观经济学沿革时谈到了大萧条之前是新古典经济学的天下。新古典的英文为 neoclassical，“neo”是“新的”意思。18 世纪与 19 世纪之交的古典经济学代表人物包括休谟、亚当·斯密、萨伊、李嘉图、马尔萨斯、约翰·斯图尔特·穆勒（小穆勒）等，他们虽然各有自己独特的观点，但一般都强调市场的效率和自我调节功能。19 世纪和 20 世纪之交的新古典经济学代表人物有威廉·斯坦利·杰文斯、卡尔·门格尔、瓦尔拉斯、马歇尔和克拉克，他们建立起理性经济个体的框架。经济个体，包括消费者、厂商、企业家、农场主等，都面对着市场并借助边际效用和边际产出来做出理性的决策。新古典经济学家相信市场也有失灵的时候，但市场可以自我修正。

1929 年至 1933 年的大萧条迫使经济学家重新考察市场的自我修正能力。凯恩斯在《通论》中指出市场有其局限性，其失衡的状态可以持续相当长的时间，我们有必要使用政府干预来重新建立均衡。“凯恩斯革命”就这样开始了。革谁的命？革古典经济学和新古典经济学的命，革萨伊的命，革他的老师马歇尔的命。马歇尔在他的《经济学原理》一书中强调的是对李嘉图思想的继承，而所谓的边际原理嫁接的仍然是古典经济学理论。凯恩斯则认为古典经济学理论只不过是他所推出的新理论的特殊形式，而且是偶尔才符合现实的特殊形式，他的新理论才是普遍适用的形式，故取书名为“通论”。他的传记作者罗伯特·斯基德尔斯基（Robert Skidelsky）分析，书名“通论”（*The General Theory of Employment，Interest and Money*）借鉴了爱因斯坦的广义相对论（The General Theory of Relativity）。

凯恩斯在《通论》1939年法国版序言的结尾告诉法国读者：他的理论是生产理论上对萨伊定律的扬弃，利率理论上对孟德斯鸠思想的回归。[①]萨伊定律说的是供给造就其自身的需求（Supply creates its own demand），这一定律也就意味着社会中大规模的生产过剩是不可能的，市场价格会调整从而促使整体需求与供给达到平衡。古典经济学家李嘉图和詹姆斯·穆勒（老穆勒）都支持这一观点，新古典经济学家马歇尔也支持这一观点。凯恩斯则认为大萧条宣告了这套理论的破产，经济一旦失衡就很难自我纠偏。[②]我们不妨设想目前经济进入了衰退期，也就是说社会出现了非自愿失业。在这种情况下，如果想要企业乐意去召回这些工人，那么员工的实际工资必须要降下来。可是

---

① 萨伊和孟德斯鸠都是法国人，这也是为什么凯恩斯在法语版《通论》的序言中专门提到这两位。但让我吃惊的是，凯恩斯居然在序言中将孟德斯鸠尊为“法国的亚当·斯密”。我一向以为孟德斯鸠只是一位政治学和法学思想家，如今翻开他的《论法的精神》一书，果然发现他在税收、国际贸易、货币、利率、市场等方面都有非常独到的论述，而且早于亚当·斯密。这让我联想起2010年我访问中央财经大学时与恒甫闲聊，他兴致勃勃地拿起手边的一本书，翻到某一页，上面说熊彼特批评亚当·斯密的《国富论》缺少原创性。《国富论》引用休谟5次、洛克4次、孟德斯鸠4次……

② 李嘉图学说的重心在于研究给定产出的分配理论，而凯恩斯关心的则是产出和就业本身的决定因素。

工会不会接受名义工资的下降，降低实际工资只有通过提高产品价格来实现，但企业在经济衰退阶段提高价格的能力显然是非常有限的，因此市场自我纠偏是有难度的。

凯恩斯对就业市场以及名义工资刚性和价格刚性的分析即使到今天也还是有很多支持者的。他的利率理论回归到孟德斯鸠，在今天看来这也没有太大争议。孟德斯鸠说利率取决于流动性的供求平衡，但凯恩斯同时批评了古典经济学家和新古典经济学家的利率理论，我们认为他是有所误解的。其实孟德斯鸠谈的是 LM 曲线上的均衡利率，而古典经济学家谈的是 IS 曲线上的均衡利率。两者可以同时成立，而且——就像我们前面介绍的那样——只有当两者同时成立时我们才有短期均衡。短期均衡并不否认社会存在大量失业。以萨缪尔森、莫迪格里亚尼、托宾等人为首的新古典综合派认为，在短期均衡的位置上社会仍然可以存在非自愿失业，也就是我们前面所说的 IS-LM-PC 模型中的 $\overline{Y}$ 处于小于自然总产出 Y_n 的位置。

以萨缪尔森、莫迪格里亚尼、托宾等人为首的新古典综合派的贡献不仅在于他们尽量保留了古典经济学家的理性经济个体的假设和新古典经济学家的边际分析手段，而且他们更将系统化、严格化、数学化之后的凯恩斯理论中的关键元素纳入新古典经济学分析框架。因此这一派经济学家既可以被称为新凯恩斯（Neo-Keynesian）学派，又可以被称为新古典综合派，而萨缪尔森自称为新古典综合派。IS-LM 模型或者 IS-LM-PC 模型是这一学派开发的玩具模型，这些玩具模型通俗易懂，有教学价值。但新古典综合派的理想是构建一套科学的可用于指导政策实践的模型，这一理想催生了大量的更为细致的理论和实证研究，包括消费函数的理论和估计（莫迪格里亚尼、弗里德曼、克莱因）、货币需求函数的理论（托宾、威廉·杰克·鲍莫尔）、就业理论（莫迪格里亚尼）、财政政策（萨缪尔森、L. A. 梅茨勒）、菲利普斯曲线、欧肯法则，等等。20 世纪 60 年代末新古典综合派的发展进入黄金时期，尤其是菲利普斯曲线的流行和莫迪格里亚尼团队在美联储支持下开发的大型宏观经济计量预测模型的使用。

在一片喝彩声中，弗里德曼于 1968 年提出忠告：如果政府使用菲利普斯曲线来制定政策的话，比如当经济不景气的时候多发行货币来刺激，那么企业和个人终究将明白其中的道理。下次当企业发现它的同类产品价格上涨或者当工人发现自己名义工资上涨时，企业或者工人就并不会再次误认这是经济回暖，而是会提醒自己可能政府又在印钱，因此企业并不会增加人手去扩大生产，个人也不会去提高消费，这样货币刺激也就失效了。最终，经济除了落得更高通胀外，没有任何其他实际效果，失业状况也不会有改善。1972 年菲尔普斯（Phelps）给出了自然失业率的微观基础。大家不要将菲尔普斯同菲利普斯（Phillips）弄混了。菲利普斯是新西兰人，大部分时间在伦敦政治经济学院工作；菲尔普斯是美国经济学家，是 2006 年诺贝尔经济学奖得主。菲尔普斯和弗里德曼的工作解释了为什么简单的菲利普斯曲线是不稳定的。20 世纪 70 年代美国经济的走势和 20 世纪 80 年代初的滞胀局面印证了弗里德曼和菲尔普斯的预言。

那我们前面为什么还要用菲利普斯曲线呢？请注意，我们前面使用的菲利普斯曲线是改良版的，也就是根据弗里德曼和菲尔普斯的批评而进行改良的。大家牢记：简单版菲利普斯曲线描述的是通胀和就业的负相关关系，这是不成立的或者说是不稳定的。改良版的菲利普斯曲线描述的是通胀压力变化与失业的负相关关系，也可以说是通胀压力变化与总产出的正相关关系，而这一关系我们是认可的。

弗里德曼一直认为货币政策是非常重要的，也是需要谨慎对待的。他觉得历史上的经济危机，甚至包括大萧条，都可以归咎于货币政策的使用不当。他认为货币供给就像是压舱石，是起稳定作用的，我们不要随便乱碰，最好是维持其一个固定的增长率。弗里德曼秉承的是货币数量论，用公式来表达就是 MV=PY（弗里德曼在加州的车牌就是 MV=PY，如图 4-1 所示）。MV 就是货币供给 × 货币流通速度，PY 就是价格水平 × 总产出或者总交易。这个等式据说可以追溯到哥白尼，但我们一般将它归于大卫·休谟。这个等式本身只是交易恒等式，并没有什么争议。经济学家争议的焦点是如果货币供给增加的话，那么其他三个变量哪个会改变。假设我们同意货币流通速度相对而言是稳定的，它取决于当时的技术和利率，那么剩下的价格水平和总产出哪个会变化呢？

图 4-1 弗里德曼在加州的车牌[①]

凯恩斯[②]认为货币供给增加则总产出会增加，这一点在 IS-LM 模型中是一清二楚的：货币供给增加，利率下降，LM 曲线下移，它与

---

① 图片来源：http://gribeco.free.fr/IMG/jpg/Friedman-Cadillac.jpg.

② 一战结束后召开的巴黎和会要求德国承担巨额赔款，赔款以 2018 年的美元计相当于 4420 亿美元。凯恩斯认为该赔款数目太大，将给德国经济和社会造成重创，在将来也会产生麻烦，可以说他极具先见之明。凯恩斯当时愤而辞去英国和谈代表团成员的职位。

IS 曲线相交位置所对应的总需求和总产出更多。弗里德曼认为那是一厢情愿，货币供给增加只会导致通货膨胀。弗里德曼在这方面最著名的论断是“通货膨胀无论何时何地都是货币现象”（Inflation is always and everywhere a monetary phenomenon）。以弗里德曼为代表的这一宏观学派被称为货币主义学派。

思考题

请问，以威廉·斯坦利·杰文斯、卡尔·门格尔、瓦尔拉斯、马歇尔和克拉克为代表的新古典经济学家所认为的经济个体面对市场可做出理性决策的关键依据有哪些？

理性预期革命：遵循规则还是相机抉择

20 世纪 60 年代凯恩斯理论和新古典综合派迎来了黄金时期，但以弗里德曼为代表的货币主义学派对凯恩斯理论，尤其是对简单的菲利普斯曲线提出质疑。凯恩斯理论受到的挑战还来自以卢卡斯、萨金特、华莱士和巴罗为代表的理性预期学派。

凯恩斯学派主张逆周期的货币政策，即在经济繁荣时收紧货币，在经济衰退时放松货币政策。货币主义学派和理性预期学派都反对这一主张，但二者反对的理由是不一样的。货币主义学派认为即使逆周期的货币政策有实际效果，当局也没有运用这种政策的能力。大萧条就是误用货币政策的一个例子，当时美联储希望增加货币总供给，因此在 1931 年至 1933 年期间增发了 20% 的基础货币，但它没有料到的是银行货币乘数下跌，最终货币总供给反而倒跌了 35%。理性预期学派认为，政府想通过相机抉择使经济达到最优的这一企图使经济个体对政府失去信任，从而使经济连次优结果都达不到。货币主义学派和理性预期学派都赞成采用简单可信的规则。下面我们来了解一下理性预期学派或者理性预期革命。

理性预期的定义各式各样，在特定模型下它的定义可以用数学形式表达得非常清晰。我们在这里说得稍微通俗一点，理性预期假设经济个体在形成预期时不会犯系统性错误，也就是不会犯“一而再，再而三”的类似的错误，并且在决策时会最有效地利用所有可以利用的信息，包括对政府的决策程序、决策手段、决策逻辑的理解。① 所以说，在理性预期的假设下，预期是带有前瞻性的，这是和之前经济学家处理预期的方法截然不同的。过去，我们也都明白预期的重要性，但处理的办法不够科学，要么像凯恩斯那样，认为经济个体的预期带有随机性，受到“动物精神”的支配，忽而亢奋，忽而消沉，要么就是将过去的观察数据当作未来可能发生的情形。预期的这两种处理办法都不能避免犯“一而再，再而三”的错误。

理性预期革命的第一枪来自卢卡斯。他在 20 世纪 70 年代初写了一系列关于理性预期的文章，其中尤为著名的是写于 1973 年而发表于 1976 年的《计量经济政策评估：一种批判》，这篇文章的观点后来被称为“卢卡斯批判”。卢卡斯认为，政府根据过去的数据来分析和得到某些变量之间的经验关系，而依据这些关系所制定的政策是不可靠的，极有可能事与愿违。我们拿简单的菲利普斯曲线来举个例子。菲利普斯曲线表示的是通过以往的数据拟合所得到的通胀与失业的负相关关系。为了叙述方便，我们假设通过估计得出的关系式为通胀率 =–2 倍

① 根据理性预期理论我们可以推出：只有不曾预见的货币变动才会影响产出，所有可预见到的货币变动只会引起物价的变动而不会有其他实际效果。这样的话，要想有实际效果，货币供应就得难以预计，这等于是给经济个体额外增添了不确定性，得不偿失。“增添不确定性”这一点与孟德斯鸠不谋而合，他主张稳定性货币政策，因为“贸易本身是十分不确定的，增加新的不确定是一大弊病”。

的失业率 ×10%。如果相关部门以这个关系式为基础进行政策性操作的话，那么这个关系式只有在常数项 10% 和系数 -2 都与政策相独立的情况下才是有效的。而实际上，这两个数值却恰恰与政策相关。因为经济个体拥有理性预期，一旦发现政府的操作有规律可循，就会在自己决策时将这些规律考虑进去。因此，这条菲利普斯曲线中的数值也就改变了，政策性操作也就失效了。

理性预期学派可以说是在革凯恩斯理论的命，将简单版的菲利普斯曲线一下就摧毁了。

理性预期学派的另一篇非常重要的划时代的文章是芬恩·基德兰德（Finn E. Kydland）和爱德华·普雷斯科特（Edward C. Prescott）于 1977 年发表的《宁可遵循规则也不要相机抉择：论最优计划的时间不一致性》(Rules rather than Discretion:The Inconsistency of Optimal Plans)。这篇文章引起了经济学家对政府政策的时间不一致性的广泛讨论，对在这之后的经济政策的制定产生了巨大的影响。时间不一致性一经指出其实十分容易理解。时间不一致性指的是：政府在事前所宣布的当时看来最优的某项政策，在事后某个时刻却变得不是最优的了，于是政府就有要修正之前所宣布的政策的意愿。在理性预期的假设下，经济个体应该能够正确地预计将来政府会说话不算话，因此从一开始就不会跟着政府的指挥棒走。

举个例子，地方政府通常会宣布即使银行理财产品爆仓，它也不会参与拯救。这在事前是最优的，目的是为了让银行不要冒太大风险。实际上，一旦某种理财产品无法兑现，尽管文件上也向投资者揭示了风险，可是在民众上街游行的当口，地方政府再重新衡量利弊时便觉得还是参与拯救以避免群体事件的发生为上策。而银行和民众抱有这一理性预期，便甘愿冒较大的风险。要想在事前阻止银行和民众冒险，中央政府必须明文规定剥夺地方政府参与救助的权利。当然你可能会问，那民众走上街头的时候，中央政府是否会修改规章制度以允许地方政府救助甚至其亲自参与救助呢？

确实存在这种可能性，所以怎样建立可信度很重要。规则被制定得越是难以逾越，可信度也就越高，对整体经济也就越有利。

基德兰德和普雷斯科特的这篇文章的理论价值是非常高的，对全球央行的政策性操作也有重要的指导意义，很多国家所采用的通货膨胀目标体系都是沿用这一思路。但这一思路在 2008 年金融海啸期间被搁置了。2008 年 9 月，美国政府选择让雷曼兄弟公司破产可能受到了这一思路的影响，当时的担心是一旦政府出手相救，将来金融机构的风险防控意识可能会更薄弱从而酿成更大的风险。没想到，雷曼兄弟倒闭之后，市场悲观情绪迅速蔓延，从而导致其他金融机构的风险集体爆发，最后政府害怕经济完全失控只有出手拯救美国国际集团以及三大汽车巨头公司。我认为从这些事件中我们得到的教训是规则的可信度不仅是纸面上的，还要以实际的程序和手段为后盾，比如对金融机构的现场检查和严格的压力测试。

理性预期学派代表人物卢卡斯、萨金特、华莱士、巴罗，以及紧随他们之后的少壮派基德兰德、普雷斯科特、约翰·朗（John Long）、查尔斯·普洛西（Charles Plosser）、罗伯特·金（Robert King）、塞尔西奥·雷贝洛（Sergio Rebelo）等一大批学者也可以被并称为新新古典经济学家或第二代新古典经济学家。这个“新新”或“第二代新”，是相对于“第一代新”，即以杰文斯、瓦尔拉斯、马歇尔为代表的新古典经济学家而言的。

新新古典经济学家的特色在于，他们在古典经济学家的理性经济人假设下沿用新古典经济学家的边际分析手段，将理性预期纳入具有微观基础的动态决策模型去导出最优决策所必须满足的条件，进而使用数值方法求出均衡路径上各变量，尤其是消费、投资、就业的特性，以及产出如何对诸如石油危机等技术冲击做出最优的反应。这些模型可以在计算机上进行模拟，我们通过模拟得到的脉冲响应函数可以看到这些反应各具特色的形态。20 世纪 80 年代我在罗彻斯特和芝加哥读书的时候，正是这些被称为实际经济周期理论的经济学观点蓬勃发展的时候，我确实有点被震撼了。实际经济周期理论与数据的契合程度非常高，方法也非常吸引年轻人，但这一理论的最初取向有点过于极端：它只关注技术冲击。在这种情形下，经济波动是市场参与者对外生的技术冲击的最优反应，因此政府的任何想将波动——哪怕是那种剧烈的波动——减轻的努力都不可能受到市场参与者的一致欢迎。换言之，既然这些经济波动已经是最优的了，政府就应该视而不见，不应该掺和。[①] 后期研究实际经济周期理论的学者，态度有所软化，除了技术冲击，他们还在理论中增添了其他政策性冲击，比如货币冲击（库利和汉森，1989）和财政冲击（克里斯蒂亚诺和艾肯鲍姆，1992）的可能。

理性预期学派对新古典综合学派的意见主要在于，新古典综合学派一方面认同经济个体的理性，但另一方面又假设市场是没有效率的，无法及时地调整价格和名义工资。新古典综合学派认为，最需要研究的是为什么价格和名义工资具有刚性或只能缓慢地调整。费舍尔（1977）和泰勒（1980）对此做了回应，他们提出了名义工资和价格设定的微观机制并将之引入新新古典经济学的动态优化模型中，从而保全了新古典综合学派的主要结论。以此为起点，凯恩斯的思想逐渐

① 实际经济周期理论的这一结论引起很大争议。罗格夫教授在评论实际经济周期理论的时候使用了一段著名的外交辞令，“传说一套卓越的理论要过两关，第一关是初看好像荒谬，第二关是细想却又显然。当下许多人觉得实际经济周期理论已经通过了第一关，但他们也应该意识到这套理论没准儿哪天也有通过第二关的可能”。虽然直到今天我们仍然不能说实际经济周期理论已经通过了第二关，但它的方法论获得了我们的认可。

被更为规范地与新新古典经济学的严格的数学方法相结合并于 20 世纪 90 年代后期发展出了新新凯恩斯理论。

思考题

根据政府政策的时间不一致性特点，请问你认为对于政府来说，制定难以逾越的规则制度和建立可信度对于整体经济的良好发展是非常关键的吗？

“大缓和”与新新凯恩斯主义

早前我们谈到过沃尔克于 1979 年为治理通货膨胀而大力紧缩货币从而造成了 1982 年美国的经济衰退。但到了 20 世纪 80 年代中期，美国经济走上了比较健康的轨道，失业率和通胀率都在下降。等到格林斯潘在 1987 年接任美联储主席时，经济总体形势已是一片大好。尽管他在上任两个多月后就面临那年 10 月“黑色星期一”股市暴跌 20% 的考验，并且在 2006 年 1 月卸任之前的将近 20 年的时间里经历了东德和西德统一、苏联解体、墨西哥经济危机、亚洲金融危机、俄罗斯债务危机、阿根廷债务危机、科网泡沫的破裂以及“911 恐怖袭击”等国内外政治、经济、金融危机，总体而言，美国经济的动荡幅度在历史上算是相当轻微的。这一时期后来被称为“大缓和”时期。对这一现象的描述好像来自布兰查德和西蒙（Blanchard and Simon, 2001），但“大缓和”这一名称可能首先来自詹姆斯·斯托克（James Stock）和马克·沃森（Mark Watson）发表于 2002 年的一篇文章，并在 2004 年被伯南克用作一次演讲的标题，从此叫响。下面，我们来讨论“大缓和”局面归功于哪些因素。

斯托克和沃森将可能的因素分为三个方面：一是结构性变化，美国经济在这段时间内从制造业转向服务业；二是政策原因，尤其是货币政策的改进；三是“好运气”，即虽然美国经济在这段时间内受到不少冲击，但冲击波不是太大。他们通过计量研究发现，结构性变化对“大缓和”几乎没有贡献，货币政策的改进则略有贡献，关键是第三个方面，也就是说，“大缓和”的出现主要还应归功于“运气好”。“运气好”体现在这段时间的外部冲击没有20世纪70年代那么显著。

2004年，伯南克则在他的讲话中提出了不同的看法。他认为美国恰当的货币政策对“大缓和”局面的出现有相当大的贡献。伯南克下面的这一论点，我倒是很欣赏。他说，也许正是因为美联储恰当的货币政策，才导致了“大缓和”期间外部冲击不大显著。也就是说，“运气好”也许来源于恰当的货币政策。

如果说得通俗一点，就是“大缓和”局面得益于格林斯潘的金手指。确实，格林斯潘和他领衔的美联储联邦公开市场委员会的货币政策决议引导着全球的资金流动性，这不仅对美国甚至对全球的经济走势都有深远的影响。可以说格林斯潘是头顶着魔幻大师的光环卸任的。

伯南克的言论在当时听上去挺合理。2008年金融海啸爆发后，处在美联储主席位置上的伯南克就有点尴尬了。他所景仰的魔幻大师格林斯潘给他留下了这么一个烂摊子。格林斯潘本人也承认，他对在任期内没有尽早地刺破房产泡沫和没有更严格地监管金融衍生品市场负有一定的责任。

从全球的货币政策制定程序来看，央行的独立性逐渐加强，政策透明度也有所提升。这不仅体现在美联储，也体现在很多其他国家的央行，包括中国人民银行。这些制度和程序上的改善与宏观经济学的研究成果是否有联系呢？我认为至少从两重意义上来说是有联系的。

第一重意义就是我们前面讲的遵循法则。学术界关于遵循法则的讨论在某种程度上促使很多央行采纳了通胀目标体制，该体制由新西兰于 1989 年首先采纳，随后在智利、加拿大、以色列、英国、瑞典、芬兰等 20 多个发达国家和新兴市场国家流行，全球通货膨胀从而受到了有效的控制。

美联储有没有宣布遵循某个清晰的法则或量化目标呢？答案是并没有。美联储肩负着双重责任：促进充分就业和控制通货膨胀。虽然美联储没有设定量化目标，但格林斯潘确实通过各种渠道让市场了解他的语言和行事风格。尽管他的语言有时模棱两可让人难以捉摸，但这种与市场的沟通便于市场对货币政策有一定的预见性。伯南克本人作为学者对通胀目标体制是十分推崇的，但在担任美联储主席后他也没有明确改变美联储的决策机制，尽管在他心目中也许存在一个合适的通胀目标。实际上，美联储近些年在与市场的沟通中给人一种印象：2% 的通胀目标似乎比较理想。沃尔克则持有不同观点，他表示 2% 的通胀目标或上限并没有什么理论上的支撑。

除了缺乏一个明确的通胀目标，美联储在其他方面的透明度还是十分令人钦佩的。美联储每个月开两到五次理事会，理事会由 7 名理事组成（包括美联储主席），7 名理事均由总统提名并经参议院确认。特朗普总统可能太忙于四处挑起贸易争端，顾不上提名美联储理事，截至 2020 年 4 月，理事会只有 5 人。除了涉及内部人事、国家安全、法律调查、个人隐私等情况之外，理事会会议对外开放。会议议程会提前公布，并指明哪些是例行汇报，哪些是比较重要和需要讨论的议题。我上美联储网站上查了一下，大多数会议由于上述原因只能闭门召开，但确实有一些是公开的，有录像可供观看。我看了一下 2018 年

6月14日的会议录像，理事们讨论的议题涉及大型银行间的借贷上限问题。会议决定，为了防止再次出现由金融机构因相互借贷而造成连锁反应，一家全球化的、系统性的、重要的银行控股公司（a global systemically important bank holding company，简写为GSIB）不得发放超过其一级资本金15%的贷款给另一家GSIB。我建议大家也看看这个录像，了解一下美联储的理事会是如何召开的，有哪些程序。比美联储理事会会议远为重要并令广大投资者极端注目的是美联储联邦公开市场委员会会议，也就是货币政策会议。货币政策会议每年定期召开8次，形势危急时可以召开特别会议。在货币政策会议结束的当天下午两点，美联储会发布会议决议，包括决议通过时谁投了赞成票、谁投了反对票以及反对的理由。所有这些都会在网上公布，会议结束的3周后美联储会发布会议纪要。不仅如此，5年后美联储还会发布完整的会议记录，甚至包括对会议中笑声的记录。我印象最深的是我在2012年读到的一篇统计2001年至2006年美联储货币政策会议中笑声频次的文章。统计发现，在2006年美国房价达到顶峰时，会议中的笑声频次也从2001年的平均每次会议17次上升到44次。[①]笑声的增多也许从侧面反映了美联储官员由于"大缓和"局面持续得太久而失去了对金融市场泡沫和风险应有的警惕。

现在我们来谈谈中国。从1994年宏观调控至2008年金融海啸发生之前的这段时间可以说是中国的"大缓和"时期。中国GDP从1962年至2017年的年平均增长率见来自世界银行网站上的图4-2（"大缓和"的标注是我添加的）。

① 推荐大家看看这篇关于美联储政策会议中笑声的统计的文章，英文不够好的可以看看图，英文好的可以读读当中一段关于当时美联储副主席盖特纳于2006年某次会议上对主席格林斯潘的赞誉以及对2007年经济前景的乐观判断的内容。

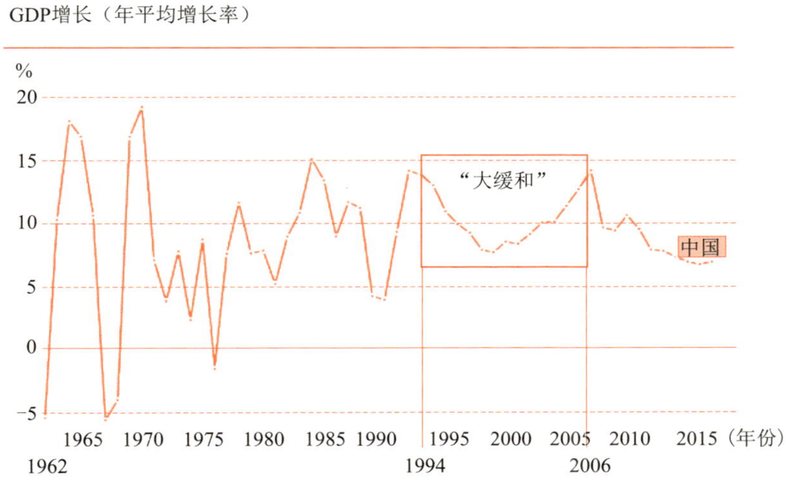

数据来源：世界银行公开数据和经济合作与发展组织公开数据。

图 4–2　1962 年至 2017 年中国 GDP 年平均增长率

那么中国的“大缓和”又归功于哪些因素呢？这些因素可以分成哪几个方面呢？我们在前文提到的一系列改革和立法肯定是一方面。市场的崛起是第二个方面吗？开放发展是第三个方面吗？“好运气”是第四个方面吗？你还能想到哪些？开放发展对经济增长无疑是有贡献的，哈维尔·萨拉伊马丁（Xavier Sala-i-Martin）教授在其 1997 年的文章中就给出了实证结果。但开放发展是否会改善经济增长的平稳性则不清楚。从理论上来讲，如果我们的贸易对象是多元化的，而不只是依赖某一个国家或地区，那么开放发展应该可以帮助我们的经济达至更平稳的增长。2004 年，诺贝尔经济学奖得主、芝加哥大学教授卢卡斯受恒甫邀请去武汉大学讲学，在此次中国之行中卢卡斯教授还与中国国家领导人在北京会面了。卢卡斯教授的弟子朱晓冬教授回忆，在听完有关中国经济形势的介绍后，卢卡斯教授表示：“中国经济处于高增长、低通胀的状态，我真的没有更好的建议。”其实中国在从 1994 年宏观调控至 2008 年金融海啸发生之前的这段时间里也经受过不少内部调整和外部冲击，但整体而言，这段时间可以说是中国的“大缓和”时期。至于中国的“大缓和”应该归功于哪些因素，这还需要科学论证，至少需要像詹姆斯·斯托克和马克·沃森那样做一些定量分析。

各大央行在制度和程序上的改善与宏观经济学的研究成果在第二重意义上的联系是新新凯恩斯模型的诞生。20 世纪 90 年代以来，克里斯蒂亚诺、艾肯鲍姆、加利（Jordi Gali）、格特勒（Mark Gertler）、曼昆（Mankiw）、罗滕贝格（Julio Rotemberg）、斯梅茨（F. Smets）、伍德福德（M. Woodford）、伍特斯（R. Wouters）等人借用实际经济周期理论的严谨方法，[①] 将 Calvo 的厂商定价理论以及垄断竞争模型引入带有货币变量的动态模型中并得到了一系列可喜的结果。这些研究成果逐渐地形成了所谓的新新凯恩斯随机动态一般均衡模型。这些模型既有严谨性，又不像新新古典经济学的实际经济周期理论那样一味地否定政府的作用，因此它们一度受到各大央行的青睐。这一类模型中的货币政策部分以泰勒规则为一般形式，而泰勒规则与格林斯潘的利率决策比较吻合，从这一意义上讲，认为新新凯恩斯学派有助于“大缓和”局面的出现不是没有道理的。但是，2008 年金融海啸让宏观经济学家们回到现实，他们发觉宏观经济学还得继续修补甚至重起炉灶。2018 年的诺贝尔经济学奖得主保罗·罗默教授曾经有一句名言：浪费一场危机的教训实在是件糟糕的事（A crisis is a terrible thing to waste）。危机之后的宏观经济学界出现了一大批研究将金融摩擦和金融冲击列为主要考察对象的模型，比如约翰·吉纳科普洛斯（John Geanakoplos）于 2010 年发表的文章《杠杆周期》（The Leverage Cycle），以及乌尔班·耶尔曼（Urban Jermann）和文森索·夸德里

---

① 在谈到新新凯恩斯模型的时候我提到了几位代表人物，但这个名单可以很长，比如还有布兰查德、理查德·克拉里达（Richard Clarida）、里卡多·赖斯（Ricardo Reis）、埃文斯（Evans）。

尼（Vincenzo Quadrini）于2012年发表的《金融冲击的宏观效应》（Macroeconomic Effects of Financial Shocks）。[①] 可以说这是学术界从危机中吸取教训的努力吧。[②]

思考题

“大缓和”的名称可能源自经济学家詹姆斯·斯托克和马克·沃森于2002年发表的一篇文章。请问，在计量检验前，他们把导致美国经济“大缓和”局面的可能因素归结为哪些？

① 推荐一篇格特勒和卡拉迪（2001）合作的讨论危机期间非常规货币政策的文章：A Model of Unconventional Monetary Policy（《非常规货币政策模型》）。

② 波士顿大学苗建军教授和香港科技大学王鹏飞教授于2018年9月在国际顶尖杂志《美国经济评论》（*American Economic Review*）上发表了《资产泡沫和信贷约束》（Asset Bubblesand Credit Constraints）一文。这两位中国年轻人对宏观经济学的贡献已经超出恒甫和我这一辈人，令人欣喜。

本章要点总结

1 18世纪至20世纪盛行的古典经济学和新古典经济学一直推崇市场的效率及自我调节功能。1929年至1933年的美国大萧条则掀起了"凯恩斯革命"，凯恩斯通过其著作《通论》指出了市场的局限性和政府干预的必要性。

2 新古典综合派，又被称作新凯恩斯学派，既保留了古典经济学的基本假设和新古典经济学的边际分析，又将系统化、严格化、数学化之后的凯恩斯理论的关键元素纳入其分析框架，并据此开发了IS-LM模型。

3 与凯恩斯所认为的货币供给增加影响总产出的理论不同，货币主义学派代表人物弗里德曼则秉承货币数量论，认为货币供给增加只会导致通货膨胀。他强调了货币政策对于维持宏观经济稳定的重要作用，同时表达了对简单菲利普斯曲线的质疑。

4 理性预期是指经济个体在决策时会有效利用所有可得信息，包括对政府决策的程序、手段、逻辑的理解。不同于直接引用过去的经验数据来形成预期以及凯恩斯的"动物精神"，理性预期假设下的预期是具有前瞻性的。

5 理性预期革命的第一枪来自卢卡斯。卢卡斯认为政府根据历史数据来分析和实施政策的做法是不可靠的。因为拥有理性预期的个体会发现政府操作的规律，并在其决策时考虑这些规律，因而政府的政策性操作会失效。

6 理性预期学派的一篇划时代文章来自芬恩·基德兰德和爱德华·普雷斯

科特（1977），他们指出了政府政策的时间不一致性，从而引起了经济学家的广泛讨论。这一理论对全球央行的政策性操作也有重要的指导意义。

7 理性预期学派的代表人物和追随他们的一大批学者被并称为第二代新古典经济学家，他们将理性预期纳入之前的理性分析框架和边际分析手段中。其代表性成果是实际经济周期理论，它开启了随机动态一般均衡模型在宏观经济学中的应用。

8 美国经济在经历了20世纪80年代早期的衰退后，在20世纪80年代中期逐渐走上了比较健康的轨道，失业率和通胀率都有所下降。在2006年1月之前的将近20年的时间里，一系列国内外政治、经济动荡都没有对美国经济总体形势造成极其剧烈的冲击，这一时期后来被称为“大缓和”时期。

9 1987年格林斯潘接任美联储主席，他领衔的货币政策决议引导着全球的资金流动性，不仅对美国甚至对全球的经济走势都有深远的影响。从全球的货币政策制定程序来看，美联储及其他国家央行的独立性在逐渐加强，政策透明度也有所提升。

10 中国经济的“大缓和”时期被定义为1994年宏观调控至2008年金融海啸发生之前的这段时间，其影响因素包括一系列改革立法、市场崛起、开放发展以及运气成分。

11 20世纪90年代以来，一众经济学家借用实际经济周期理论的严谨方法，将厂商定价理论及垄断竞争模型引入带有货币变量的动态模型中，逐渐形成了新新凯恩斯模型和宏观经济学家近乎达成共识的新新凯恩斯主义。

第五章 宏观模型进阶：如何理解金融海啸

金融海啸的起因

第四章我们介绍了宏观经济学主要学派以及产生这些学派的时代背景。这一章我们开始一个新的课题，那就是如何理解金融海啸。解释金融海啸的出现对我们前面介绍的众多学派而言都是一个难题。在这一章中，我们先分析金融海啸的起因，然后描述金融海啸的特征，最后引入一个进阶宏观模型来加以讨论。

关于金融海啸的起因，我总结为国际竞争、放松管制、国际协议、金融创新、薪酬结构、资本流动、房价泡沫、人性贪婪和金融欺诈这九点。这么多因素，大家可能会问哪些是主要的，哪些是次要的，答案要看我们讨论的是哪一个时间段。[①] 这一点，希望每个人都能在我们

① 古兰沙和奥布斯特莱（Gourinchas and Obstfeld，2012）通过对 1973 年至 2010 年的金融危机的数据分析发现，两大最重要的导致危机产生的因素是快速上升的杠杆率和本币的快速升值。这一发现既适用于发达国家又适用于新兴市场国家。

下面的分析中体会到。

以上这些因素互相影响、互相推动才导致了百年不遇的灾难性后果。简单地说，国际竞争使各国相继放松管制，放松管制产生新的风险从而有必要通过国际协议加以规管，比如《巴塞尔协议》;《巴塞尔协议》对资本金的要求促使银行家们利用华尔街的金融创新将某些业务和风险移出表外，比如资产证券化、金融衍生品的开发，包括股市衍生品、债市衍生品、汇市衍生品以及信用违约掉期合约等；这些创新使得金融机构的业务非常不透明，给金融监管带来很大的困难；再加上国际资本流动使得主要经济体的利率处于低位，低利率催生房价泡沫，而房价的持续上涨给人一种经济平稳增长的假象；高管薪酬中包含的大量股票和期权扭曲了金融机构管理层的风险偏好；人性贪婪和金融欺诈也许是压垮骆驼的最后一根稻草。

我们先谈国际竞争和放松管制。1965 年，美国银行体系包括 13000 多家独立的银行，其中大量的是地区性银行。这些银行体量都比较小，服务对象一般是周边居民和企业。10 家资产最大的银行所占市场份额总共只有 22%。随着国际贸易的不断增多和国际资本的流动，金融机构跨境业务不断扩大。20 世纪 70 年代石油输出国组织凭借限产提价赚取大量美元，这些美元，也就是所谓的石油美元（Petro Dollar），回流到发达国家银行体系，并被花旗银行、美国银行（Bank of America）、大通曼哈顿银行（Chase Manhattan Bank）等美国的银行以及欧洲和日本的银行贷给了欠发达国家或地区，比如拉丁美洲国家。这些贷款最初利润丰厚，但最终导致了 20 世纪 80 年代的欠发达国家的债务危机。这场危机对这些国际性银行尤其是美国的大银行造成重创，后文我们单独再谈，这里我只是想指出银行业务的跨国竞争在 20 世纪 70 年代就已经相当激烈了。日本和欧洲的银行不仅参与欠发达国家的金融业务，而且开启了在美国的业务扩张。

日本的银行在美国开设分行，对美国企业的商业贷款市场份额从1965年的微不足道上升到1980年的8.6%，继而又上升到1988年的14.4%。外国银行在美国的备用信用证市场上的扩张也非常令人瞩目，在该业务上外国银行分支机构的市场份额从1980年的10%上升到1988年的53%。这一巨大升幅除了得益于日本的银行以外，主要还得益于瑞士、当时的西德、法国和英国的银行。这些外国银行为什么在美国扩张得如此迅速？对此疑问有几种说法：一是前面提到的，美国的大银行在20世纪80年代受拉丁美洲国家的债务困扰，实力有所下降；二是日本的大银行在企业中持有股份，而20世纪80年代的日本大企业发展迅速，这些企业股价的上涨充实了日本的大银行的资本金，使它们在美国扩张的能力大增；三是美国对本土的金融机构监管很严，却没有将外国银行的分支机构纳入监管，所以本土银行在竞争中处于劣势。美国对金融机构的严格监管是有历史原因的，在吸取了1929年至1933年大萧条的教训之后，美国于1933年出台了《1933年银行法》。该法案由参议员卡特·格拉斯（Carter Glass）和众议员亨利·斯蒂格尔（Henry Steagall）提出，禁止商业银行涉足投资银行业务。但是，在20世纪80年代全球金融竞争日益加剧的时候，《1933年银行法》和美联储限制高息揽存的“Q条例”已经备受争议。为了提高和刺激本土银行的竞争力，1980年美国出台了《1980年存款机构放松管制与货币控制法案》，在1980年至1986年间逐步废除美联储“Q条例”对储蓄存款等业务的最高利息限制。20世纪80年代中期，美国州与州之间相互允许开展银行业务，同时针对银行间并购的立法开始出现。1994年美国国会出台的《1994年里格尔-尼尔州际银行及分行效率法案》（Riegle-Neal Act of 1994）正式允许具有资质的银行进行跨州并购，1997年美国允许不同的银行跨州重组为全国性银行，1999年出台的《金融服务现代化法案》（Financial Services Modernization Act，又称 Gramm-Leach-Bliley Act）打通了商业银行、投资银行、证券公司、保险公司之间的壁垒，使这些业务可以整合在银行控股集团之下。毫无疑问，这一系列改革，诸如放松管制、跨州银行业务和并购及跨业务整合，都给消费者、投资者和企业带来了极大的便利。那么问题是，这些改革存在哪些风险呢？这些改革的代价是什么呢？

第一，改革之前当局主要担心一旦允许跨州兼并，银行数目会大幅下降，由此形成的银行业垄断未必有利于消费者和企业。这一担心在一定程度上被印证：美国商业银行的数量从 1985 年的 14000 多家整合到了 2018 年的 4800 家左右（圣路易斯联储数据）。10 家资产最大的银行所占市场份额从 1965 年的 22% 上升到 2018 年的 60%。

第二，允许跨业务整合使银行控股集团的商业运作错综复杂，虽有所谓的"防火墙"限制，但它们难免出现利益冲突。这不仅增加了监管部门的工作负担，也增加了监管部门的工作难度。

第三，几家银行过于庞大会有"大而不能倒"的担忧，容易导致系统性风险。

现在回过头来看，这些担心，尤其是第二点和第三点都不是多余的。这都是后话，让我们再回到 20 世纪 80 年代的场景。在国际竞争加剧和放松管制以后，为了统一各国银行的资本金要求，国际清算银行成员于 1988 年签订了《巴塞尔协议》，现在称为《巴塞尔第一协议》。第一版协议比较粗糙，监管套利空间比较大。于是银行家们利用华尔街的金融创新将某些业务和风险移出表外从而节省资本金。金融创新是一个不断前进的过程，其目的和动力多种多样，比如为了避税，为了降低交易成本，为了减轻信息不对称的危害，为了应对评级机构的标准，为了排除全球化带来的风险（汇兑风险、政治风险等），为了迎合投资者全球配置资本的要求，为了满足风险管理和风险分配的需求，当然也可以为了规避政府或国际机构的规管。诺贝尔经济学奖得主默顿·米勒于1986年撰文指出1965年至1985年是金融创新的黄金20年，他甚至认为这是前无古人后无来者的一段岁月。我们来简单地举几个当时金融创新的例子：20世纪60年代推出的自动柜员机（ATM），20世纪70年代的期权市场、期货市场和货币市场共同基金（MMMF），20世纪80年代的可调利率抵押贷款（ARM）、利率掉期合约（Interest Rate Swaps）、杠杆收购（LBO）以及资产担保证券市场（ABS）。默顿·米勒可能想象不到，20世纪90年代以后的金融创新其实一点都不逊色，产生了各式各样的金融衍生品，包括著名的信用违约掉期合约、交易所开放式指数基金（ETF）、结构性产品、投融资方的“对赌协议”、私募基金、网上银行、电子支付，乃至虚拟货币。

众多的金融创新一方面使经济得以快速发展，但另一方面也使得金融机构的业务非常不透明，给金融监管带来很大困难。随着海外资本包括石油美元和在东亚的出口中所赚取的外汇回流到美国市场，美国长期国债利率在央行不断提升短期利息的当口仍不断走低[①]，房地产市场泡沫在科网泡沫破裂后仍继续膨胀，次贷市场的发展将这一房产泡沫推向疯狂的高度，直到2007年才开始露出疲态。次贷就是次级贷款，也就是给那些收入不高且还债能力较弱的购房人的贷款。马库斯·布鲁纳迈尔（Markus Brunnermeier）在《解读2007年至2008年的流动性和信贷紧缩》（Deciphering the Liquidity and Credit Crunch 2007—2008）一文中认为金融创新导致了史无前例的信用扩张和房价的暴涨，

① 约翰·泰勒在他2007年的文章《住房和货币政策》（Housing and Monetary Policy）中曾指出，在2003年至2006年期间虽然美联储不断在加息，但联邦基金利率持续低于泰勒规则要求的程度。他认为美联储在2004年6月才开始加息，为时已晚。按照泰勒规则，在2002年初美联储就应当开始稳步加息并在2005年初加息达到5.25%。他的模拟结果显示，在这样的加息步伐下，房价就不至于出现2002年之后的暴涨和2006年之后的暴跌。

是导致金融海啸产生的一大原因。[①]

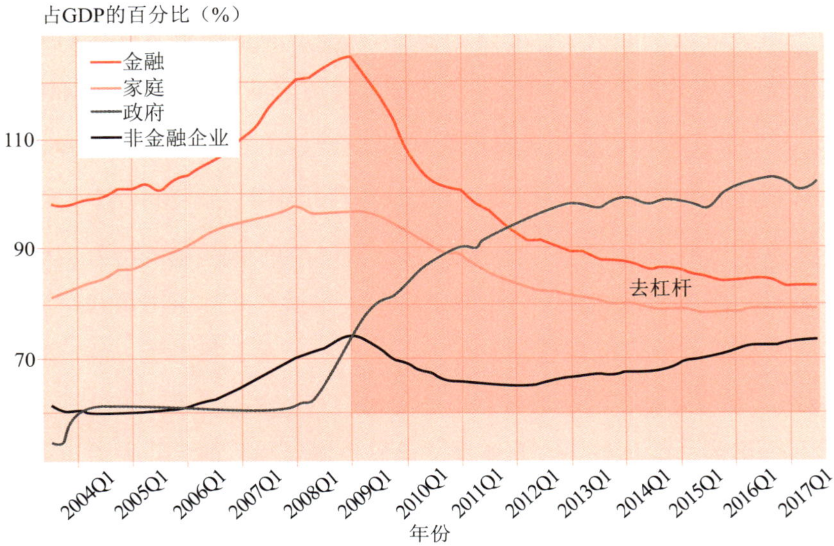

图 5–1　美国：不同版块的杠杆过程

此外，由于高管薪酬中包含的大量股票和期权扭曲了金融机构管理层的风险偏好，加之人性贪婪，于是导致了过高的杠杆操作，在图 5–1 中大家可以看到美国在 2009 年之前的加杠杆和在 2009 年之后金融、家庭、非金融企业去杠杆的过程。为了维持经济不至于整体下滑得太厉害，政府只能不断举债（加杠杆）。而且，某些金融机构可能一厢情愿地认为自己已购买信用保险而对所承担的风险误判。即便保险机构本身，也由于房地产市场的长期繁荣而低估了风险的概率和严重程度所以保费设得过低。凡此种种，都使房产泡沫破裂之后的连锁反应超过绝大多数人的预料。

① 贝克（Beck）和索斯藤（Thorsten）等人利用 32 个国家的银行、企业和国别数据对金融创新的正反两面进行了实证分析。

具有先见之明的人和机构存在吗？存在，但为数极少。大家看一下这张摘自杰弗里·萨克斯（Jeffery Sachs）和哈里·赫依津哈（Harry Huizinga）于1987年发表的分析欠发达国家债务的文章中的图表（表5-1）。摩根大通银行（JP Morgan）在美国10大银行中的表现真的是极为优秀：8家银行在1987年将录得巨额亏损，而摩根大通银行的净收入却能继续增长。摩根大通银行在2008年金融海啸中虽然也有损失，但相对而言绝对是大赢家，而且它乘机买下了贝尔斯登银行（Bear Stearns）和总部在西雅图的华盛顿互助银行。

表5-1 各银行报告的净收入（1980—1987）

（单位：百万美元）

银行	1980年	1981年	1982年	1983年	1984年	1985年	1986年	1987年
花旗银行	449	531	723	860	890	998	1058	-999
美国银行	643	445	390	391	346	337	-518	-929
大通曼哈顿银行	354	412	308	430	406	565	585	-832
制造商汉诺威信托公司	229	252	295	337	353	408	411	-1103
摩根大通银行	342	348	394	460	538	705	873	952
化学银行	174	205	241	301	341	390	402	-703
美国太平洋安全银行	181	206	234	264	291	323	386	112
第一洲际银行	225	236	221	247	276	313	338	-165
美国信孚银行	214	188	223	260	307	371	428	-151
芝加哥第一国民银行	63	119	137	184	86	169	276	-438

来源：Compustat data base and Keefe, Bruyette, and Woods, Inc., *Keefe Nationwide Bankscan*（July 17, 1987）.a.Projected。

个别人士凭借其灵敏的直觉预感到风暴的来临并做空了次贷市场，从而一战成名，更有心存不良的机构一方面给普通投资者设下圈套，一方面推动房产泡沫继续膨胀直至破裂从而大获其利。乔治·阿克尔洛夫（George Akerlof）和保罗·罗默曾于1993年写过一篇文章，标题为“抢劫：破产渔利的黑暗世界”。看到这标题估计大家已经能猜出内容的大概了。在这篇文章中，两位学者设计了理论框架用以讨论在有政府担保的前提下，不法分子如何通过几个年头的虚增盈利给自己发放红利，最后宣告破产转而让政府买单的骗局。他们举了发生在20世纪80年代的多个案例，有的涉及智利的金融危机，有的涉及美国得克萨斯州房地产的泡沫和崩盘以及相关的储蓄贷款机构清盘危机。我来举一个简单易懂的例子，假设储蓄贷款机构ABC的老板M先生将储户的钱大笔贷给与他合作的开发商D先生，以让D购买一块地并建楼，贷款以土地做抵押但无其他追索权。两人私下约定：D可以提取数年的开发费用和薪酬，同时支付高额利息给ABC。于是ABC的账面盈利虚高，可以合法地给自己发放红利。数年之后，该开发项目宣告失败。因为这是无追索贷款，D无须赔付。ABC收回土地，但这肯定抵不上贷款本金，所以宣告破产，M会损失资本金，但20世纪80年代，注册储蓄贷款机构所需的资本金很低，低于M数年来获取的红利总和，所以M可以从中渔利，而储户的损失最后由联邦政府存款保险买单。20世纪80年代，联邦政府对美国储蓄贷款机构危机的处置耗费其2000亿美元，其中有多少是纯粹的商业骗局我们很难界定。

迈克尔·刘易斯（Michael Lewis）的书《大空头》（或同名电影）值得大家一读（或看）。迈克尔·刘易斯在书中有意漏掉了约翰·保尔森（John Paulson）。约翰·保尔森的基金在金融海啸发生前通过做空次贷市场大赚150亿美元（约翰·保尔森个人赚取了约40亿美元）。不过，约翰·保尔森在2011年的投资巨幅亏损并向投资人发信致歉，在2013年投资黄金损失10亿美元。其管理的资产从高峰期2011年的360亿美元减少到2017年经投资者赎回只剩不到100亿美元。约翰·保尔森的故事可见于格里高利·祖克曼（Gregory Zuckerman）的著作《史上最伟大的交易》(*The Greatest Trade Ever*)。

如果用不大严格的一句话来总结，那就是：金融风险起源于国际竞争、放松管制、国际协议与金融创新，并借助薪酬结构、资本流动、房价泡沫而积累和放大，最后因人性贪婪和金融欺诈而形成金融海啸。

思考题

20 世纪 80 年代银行业务跨国竞争更加激烈，日本的银行在美国实现了迅速地业务扩张。请问，你认为导致这一现象的原因有哪些？

金融海啸的特征

金融海啸的标志性事件是 2008 年 9 月 15 日投资银行雷曼兄弟宣布破产。在此之前，由于美国房价在 2006 年年中从高点开始下跌，部分机构和基金在次级房贷市场的投资便出现了亏损，这逐渐引起人们的担心。2007 年的媒体报道显示次贷市场的问题存在一定的普遍性。2007 年 6 月 21 日，美国贝尔斯登银行旗下的两只对冲基金由于投资次贷市场失利而遭到抛售。2007 年 9 月 14 日，英国的北岩银行（Northern Rock）因房贷组合无法转手而出现流动性风险，最后向英国央行，也就是英伦银行（Bank of England）求救。消息一出，北岩银行立刻遭到存户挤提（Bank Run），股价暴跌 31%。9 月 17 日，北岩银行挤提持续，股价再跌 40%。

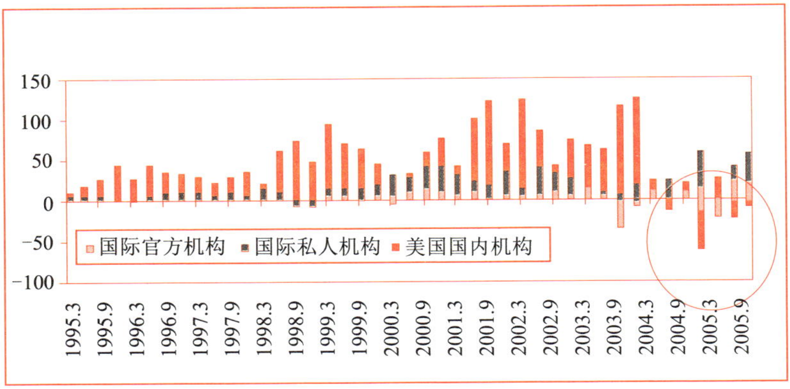

数据来源：Compiled from US Flow of Funds Data 1995—2005（US Federal Reserve），Table F107（line 25, 26）and Table F210, line 5 minus line 10。

图 5–2　美国住房抵押贷款债券持有人随时间的变化

这些事件对投资者信心造成不小的冲击，但各国政府都还没有引以为戒。以中国为例，中国在 2007 年 12 月还忙着加息以应对通货膨胀，在 2008 年上半年接连 5 次提高存款准备金率，继续收紧银根。即便到 2008 年 9 月 15 日雷曼兄弟危在旦夕之际，中国人民银行还对大型金融机构的存款准备金率做了又一次上调。我在 2007 年 11 月给香港科技大学的学生授课时就利用美联储的数据做了一张图（图 5–2），用来分析美国住房抵押贷款证券的持有人随时间的变化，包括美国国内机构、国际官方机构比如中国外汇管理局，以及国际私人机构，比如中国银行。不同颜色长柱的变化对应着不同类型机构对住房抵押贷款证券的购买和出售（如为负数）。住房抵押贷款证券，包括后来向美国政府求救的房利美（联邦国民抵押贷款协会）和房地美（联邦住宅贷款抵押公司）所发行的债券，在 2004 年之前它们绝大部分都由美国国内机构购买和持有，这些机构包括各种共同基金机构和养老基金机构等，国际私人机构和官方机构极少参与。但在 2004 年以后，美国国内机构可能已经意识到房产市场的风险，所以从图 5–2 中可以看出它们明显在脱手，而国际私人机构和官方机构成了接盘侠。当时我在课堂上就在祈祷，但愿中国在这个市场上不要有太大的风险敞口。在 2008 年 9 月房利美和房地美崩盘时，我们不幸地发现，中国外汇管理局和商业银行共持有 4000 亿美元的房利美和房地美债券。在危机期间，中国政府对这批债券做了小幅减持，可能略有亏损。[①] 好在美国政府最终出手拯救了房利美和房地美，否则中国的损失就相当沉重了。

我们不妨先罗列一下金融海啸期间的一系列重大趋势和事件，从中也许可以看出一些特征。

• 美国房价在 2006 年年中从高点开始下跌。

• 2007 年 6 月，美国贝尔斯登银行旗下的两只投资次贷市场的对冲基金遭到抛售。次贷风险浮出水面。

• 2007 年 7 月，评级机构标准普尔将 612 只次贷支持证券纳入信用观察范围，对它们的风险表示关切。

• 2007 年 9 月，英国北岩银行遭到挤提。

• 2008 年 2 月，小布什总统签署“经济刺激法案”。

• 2008 年 3 月，对次贷市场风险的担忧使美国债市出现恐慌，住房抵押贷款证券和其他担保债务凭证市场流动性严重不足，美联储出资 2000 亿美元补充债市流动性。也就是说，那些手里攥着卖不出去的证券的机构，可以把这些证券作为抵押从美联储借钱，期限为 28 天。

• 2008 年 3 月，美国用了半年的时间将联邦基金目标利率从 5.25% 降到 2.25%。

• 2008 年 3 月，摩根大通银行在美联储的支持下收购了投资银行贝尔斯登。

① 据美国财政部数据，中国于 2009 年减持了包括房利美和房地美在内的约 247 亿美元的债券，2010 年继续减持将近 300 亿美元。

• 2008 年 6 月，美联储已经先后向市场注资 12000 亿美元。

• 2008 年 7 月，财政部部长保尔森指出需拯救房利美和房地美，但同时为了安抚民众情绪而声称银行系统仍然稳健。

• 2008 年 9 月 7 日，美国政府接管房利美和房地美。

• 2008 年 9 月 15 日，雷曼兄弟破产。[①]

• 2008 年 9 月 16 日，美国政府拯救美国国际集团。

• 2009 年 3 月 5 日，道琼斯指数跌至 6600 点，相比 2007 年 10 月 11 日的 14000 点，跌幅超过 50%

• 在金融海啸中，美国失去 900 万个岗位，相当于就业人口的 6%。家庭财富相比于 2007 年 2 季度的高峰值损失了约 13 万亿美元（损失了 20%）。

• 金融海啸波及全球，全球经济进入衰退期。

• 各种拯救计划以及全球央行和财政部的联合拯救行动出台[②]。

从上面的一系列的趋势和事件中，我们能看到哪些特征？

第一，投资者突然变得谨慎。在 2006 年中期，一个长达数十年的房地产牛市面临终结，好时光即将逝去。

---

① 2008 年 9 月 15 日，雷曼兄弟宣布破产。9 月 16 日，美国政府面临市场巨大压力，赶紧宣布拯救美国国际集团。雷曼兄弟的首席执行官迪克·福尔德要求和保尔森通话。9 月 17 日早晨 8:15，保尔森给福尔德回了电话，福尔德抱着一线希望向保尔森请求："我看到你已经出手拯救了美国国际集团，你现在需要做的是让美联储介入雷曼兄弟，让政府进入为它提供担保。还我公司，我可以马上把我的人马再招回来，雷曼兄弟可以重生。"

② 根据保尔森的电话记录，在 2008 年 9 月 7 日，保尔森中午 12:55 给周小川行长打了电话；下午 1:45 再次与周小川通话；晚上 8 点给时任国务院副总理的王岐山同志打了电话。9 月 20 日（周六）晚上 9:30，保尔森给王岐山打电话，商讨中国出手投资一事。王岐山要求美国政府担保中国投资的安全性，保尔森却只能给出"我们欢迎中国的投资""摩根士丹利具有战略重要性"以及"我向你担保我们将积极看待中国对摩根士丹利的投资"这样的回答。总之，保尔森无法提供书面担保。当时中国投资公司总经理高西庆的团队正在纽约和摩根士丹利磋商，在美方不能提供担保的前提下难以拍板。这一事件的结局是，三菱日联金融集团于 2008 年 9 月 29 日投资摩根士丹利 90 亿美元。

第二，流动性趋于枯竭。2007 年，银行过去的种种冒险策略，比如发放房贷然后通过特殊目的公司按优先、夹层、次级重新打包卖给投资者以获取新资金和维持流动性，不灵了，这些房贷砸在手中卖不出去了。一个典型的例子是印地麦克（IndyMac）银行。印地麦克银行是洛杉矶地区最大的一家储蓄贷款机构。它在 2006 年发放了 900 亿美元贷款，规模不小。但在 2007 年下半年，印地麦克银行有 107 亿美元贷款砸在手中，无法在二级市场脱手，于是面临资金链断裂的风险。其后由于大幅亏损而导致资本金缩水，资金明显不足以维持正常运作。印地麦克银行于 2008 年 7 月 11 日被联邦存款保险公司接管。

第三，银行挤提和银行倒闭。这一现象在 1929 年至 1933 年大萧条期间极为普遍，那时有 9000 家银行倒闭，存户损失达 1400 亿美元。联邦存款保险公司是在大萧条的最后一年，也就是 1933 年才成立的，在那之前美国只有一些互惠型或州立存款保险，没有充分起到安抚小存户的作用。虽然在这次金融海啸中也出现了零星的银行挤提和令人恐惧的个别大银行破产案，比如华盛顿互惠银行和印地麦克银行，但总的来说，问题解决的还是比较有序的，这些破产银行要么被收购，要么被政府接管。联邦存款保险体制在稳定和安抚小存户方面确实功不可没，尤其是美国政府在 2008 年 10 月 3 日紧急立法将个人存户受保额从 10 万美元提高到 25 万美元。

第四，股市“跌跌不休”。

第五，远水难解近渴。在危机深化之前，美国政府已经出台财政刺激政策，但很难提振士气。

第六，回天乏术。美联储以各种手段解燃眉之急，联邦基金目标利率降到零仍无济于事。这究竟是为何呢？我们知道，联邦基金利率只是政策标的，在危机期间，真正直接影响经济的其他利率，比如长期房贷利率、企业借贷利率，但它们都不会随着联邦基金利率的下降而走低。投资者在危机期间要求的风险溢价要远高于正常值。

第七，低估连锁反应。保尔森、伯南克以及纽约储备银行主席盖特纳没有意识到雷曼兄弟破产会有那么大的连锁反应。他们以为救下房利美、房地美和贝尔斯登银行之后问题就应该不会太大了，但未曾想到在雷曼兄弟倒闭后连摩根士丹利和高盛都快撑不下去了。其实最为关键的是，当危机来临时，信息变得非常不透明、不对称。危机期间这种极端的信息不透明和不对称使银行不愿展期，急于抽回贷款，负债方因还不上贷款，其担保资产时常惨遭抛售，而这种不惜工本的抛售进一步推低市场导致恐慌情绪蔓延。投资者的心理从过去泡沫时代的贪婪转为极度的恐惧。即便是过去相互间多年的信任，在恐惧和极端信息不对称之下都变得脆弱不堪，因为谁都不敢肯定对方能熬得过去。安德鲁·索尔金（Andrew Sorkin）在他的力作《大而不倒》这本书中描写的一个场景让我们真切地感受到这一信任的脆弱性。斯坦利·德鲁肯米勒（Stanley Druckenmiller），索罗斯曾经的得力干将，在危机当中将自己对冲基金的大部分资金从高盛取出。高盛总裁加里·科恩（Gary Cohn）认为这个消息如果传出去，就会使其他投资者对高盛失去信心，于是科恩给他的老朋友德鲁肯米勒打电话，希望自己能说服他将资金重新投回来，并说“我记性好，我一直做的事就是牢记谁是我的朋友和谁是我的敌人”，没想到德鲁肯米勒此时什么都顾不上了，说：“我才不管你的那些废话，那是我的钱，是我的命。”科恩只得一字一顿地说：“你爱怎么样就怎么样，不过这将长久地改变我们的关系。”①

① 科恩后来被特朗普总统任命为白宫国家经济委员会主任（Director of the National Economic Council，通常译为白宫经济顾问）。科恩对特朗普政府放松管制和减税法案的成功通过起了很大作用，后因反对特朗普的关税政策愤而辞职。鲍勃·伍德沃德（Bob Woodward）的书中记载，科恩曾偷走特朗普办公桌上待签的信件，因为他担心该信件一旦签发将严重危及美韩关系和朝鲜半岛的稳定。

第八，国际连锁反应。除了上面提到的英国北岩银行，还有瑞士信贷银行、苏格兰皇家银行以及德国的 Hypo 地产集团和德意志银行等银行和集团也面临着相当大的麻烦。据报道，美联储甚至背着国会和公众给苏格兰皇家银行和瑞士信贷银行各提供过 300 亿美元的应急贷款，而德意志银行美国分行早在 2007 年就曾向美联储借贷过。从某种程度上讲，甚至欧洲主权债务危机自 2009 年开始到 2011 年年底的急剧恶化都受到了美国金融海啸的影响。

当然，我们不应该忘记，上一节提到的金融欺诈是金融海啸的另一大特征。

思考题

在金融海啸期间，美联储以各种手段解燃眉之急，但联邦基金目标利率降到零仍无济于事，请问这是为什么呢?

利用进阶模型分析金融海啸以及理解急救政策

先回忆一下前文介绍过的两个简单模型。在第一个模型中，我们将物品市场均衡条件和金融市场均衡条件简化为总产出和名义利率之间的关系。在第二个模型中，我们解释说真正影响投资的不是名义利率而是实际利率，实际利率等于名义利率减去预期通货膨胀率。所以，我们将 IS 曲线的意思表述为一条向下倾斜的实际利率与总收入之间的负相关关系。换句话说，实际利率越低，物品市场的均衡总收入 = 总产出 = 总需求就越高。另外，我们还有一条水平的 LM 曲线刻画政策利率水平：$r=\bar{r}$，央行会根据市场对货币的需求来调整供给，从而使市场均衡利率等同于政策利率 $\bar{r}$。两者的交点给出了经济的短期均衡位置。

在我介绍过的模型中，利率就只有一种，即联邦基金目标利率，又称基准利率或政策利率。而真正直接影响经济的是其他利率，比如长期房贷利率、企业借贷利率，它们并不一定会亦步亦趋地紧紧跟随政策利率。如果我们想要贴近现实，那么我们需要在模型中引入数十种甚至上百种不同的利率，那样的话，我们也许反而想不清楚危机和危机处理中的关键原理了。布兰查德在其所著的《宏观经济学》英文第七版中给出的解决办法是假设存在两种不同的利率：政策利率和借贷利率。借贷利率等于政策利率加上风险溢价。央行可以控制政策利率，即 LM 曲线，而风险溢价将取决于市场气氛以及经济个体对经济形势的判断和风险偏好等因素。很自然地，和“物品市场均衡”一节中的情形一样，我们假设投资是总收入的增函数和借贷利率的减函数。

这么一来，我们可以沿用在“物品市场均衡”一节中同样的步骤去推导出物品市场的均衡条件：IS 曲线。IS 曲线仍然是向下倾斜的。再强调一下，投资是借贷利率的减函数，而借贷利率是政策利率加上风险溢价。在危机加深的过程中风险溢价肯定是上升的。如果我们用符号 x 来标记风险溢价，那么投资 I 就可以写成总收入 Y 和 $r+x$ 的函数：

$$I(Y,\ r+x)$$

尽管我们只是对模型做了很简单的改动，尽管改动后 IS 曲线和 LM 曲线的形态都没有改变，但现在我们已经可以用这个进阶模型来讨论金融危机对实体经济的影响了。

假设风险溢价 x 上升了，导致其上升的原因可能是各种各样的，也许是投资者突然变得小心谨慎，需要更高的风险溢价才能吸引他们继续参与金融市场；也许是某家银行突然宣布破产，投资者担心其他银行也有隐藏的问题，从而会造成挤提风潮，这样一来其他银行也就不敢放贷，因此市场流动性收紧推高风险溢价。

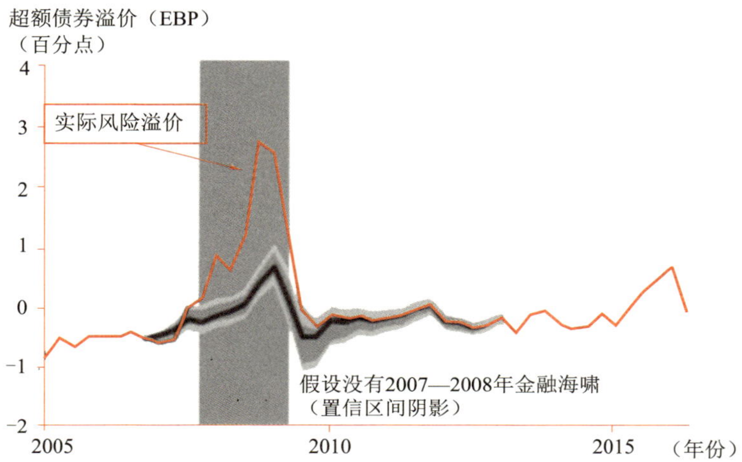

资料来源：旧金山联储分析报告，*The Financial Crisis at 10：Will We Ever Recover?* Regis Barnichon，Christian Matthes，and Alexander Ziegenbein，2018.

图 5–3　2007 年至 2008 年美国次贷风波与实际风险溢价情形

图 5–3 中，橙色线条显示 2007 年至 2008 年美国次贷风波期间实际风险溢价大幅上扬的情形，另一线条是指如果没有出现金融恐慌的情况下风险溢价随着经济走弱而略微走高的情形。实际发生的风险溢价之大幅上扬使得美国经济受到重创，其中的逻辑关系在我们图 5–4 中可以看得很清楚。风险溢价上升，投资减小，IS 曲线整体向左移动。在政策利率不变的情况下，总产出 = 总收入 = 总需求是一定会大幅下滑的。换句话说，金融危机导致了实体经济危机。

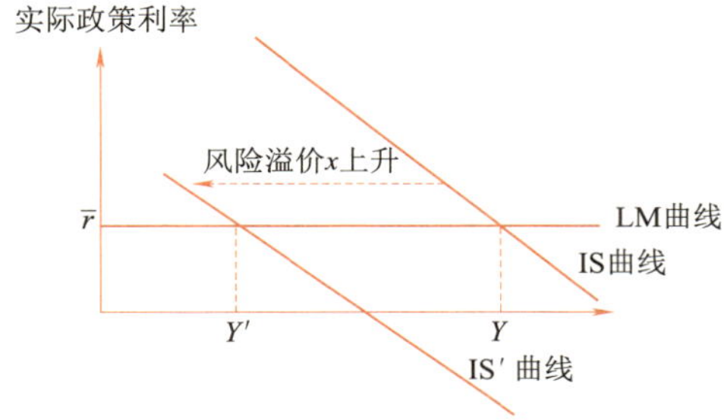

图 5–4　金融危机导致实体经济危机的情形

面对这一金融危机导致的实体经济危机，政府可以使用扩张性财政政策（增加开支或减少税收或双管齐下）。正如我们在“物品市场均衡”这一节中所介绍的，扩张性财政工具可以将 IS 曲线向右移动，提振实体经济。使用这一政策工具的前提条件是政府债务还是可控的，否则的话如果经济个体担心政府债务无法持续，那么便又增加了一项风险。中国在 2008 年推出 4 万亿人民币刺激计划，因为那时中国政府的债务负担相比其他国家而言还是处于相对健康的水平。而危机期间大部分欧洲边缘国家的主权债务占 GDP 份额在 80% 左右，更有超过 100% 的，所以这些欧洲边缘国家使用扩张性财政政策的空间就非常有限。美国的政府债务绝对数额虽然是全世界最高的，但其占 GDP 的百分比为 68%，并非异常的高。奥巴马于 2009 年 1 月上台后，签署了国会于 2009 年 2 月通过的《美国振兴和再投资法案》，一个总额达 7800 亿美元的财政刺激方案。2010 年美国财政赤字达 GDP 的 9%，远高于 2007 年的 1.7%，政府债务也上升到 GDP 的 91.4%。财政刺激力度可以说相当大。

另一个常用手段就是利用货币政策工具。美联储曾利用半年时间将联邦基金目标利率从 5.25% 降到 2008 年 3 月的 2.25%。投资银行雷曼兄弟于 2008 年 9 月 15 日宣告破产后，这一政策利率又很快于 2008 年 12 月 16 日降到 0 到 0.25% 之间。假设通胀预期不变，那么实际利率就已经是负的了。如果是这样，那么 LM 曲线也就大幅向下移动（图 5-5），从而刺激经济复苏。

现在回过头去看，金融海啸之后的经济复苏是非常疲弱和缓慢的，这可能有多种原因。第一，在当时世界经济一片恐慌的情况下，通胀预期可能变成了通缩预期。那么即使名义利率已经下降到零，在通缩预期下实际利率仍然是正的。换句话说，LM 曲线向下移动的幅度没有预想的那么大。第二，在美国政府推出扩张性财政政策和零利率之

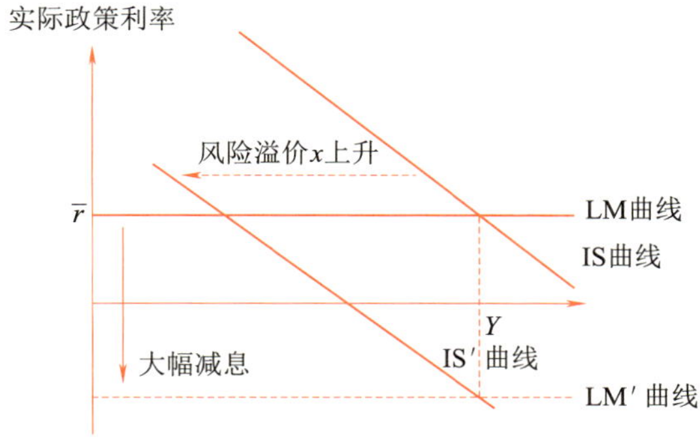

图 5–5 利用货币政策工具刺激经济复杂的情形

际，这种双管齐下的做法越发加剧经济个体对危机严重性的担忧和恐惧。投资者捂紧钱包，消费者勒紧裤带。“消费者勒紧裤带”目前倒是无法体现在我们的简单模型中，但只要将消费者信心指数引入消费函数中就可以体现了。

那么，房产泡沫的破裂与大衰退之间的逻辑链条到底是怎样的呢?

2006 年的房价是 2000 年的 2.2 倍，这一拨房价的猛烈上扬有赖于超低的房贷利率、金融机构的高杠杆和次贷的普及。次贷，就是给那些收入不高且还债能力较弱的购房人的贷款。房价如果上涨，自然皆大欢喜。房价如果轻微下跌，即使贷款人没有能力还贷，银行也至少可以收回房产并通过拍卖收回原款，最终受损的是贷款人。可是如果美国房价像它在 2006 年之后那样深度下跌，到 2009 年平均下跌接近 30%，那么由于美国购房首付在房价的 3.5% 到 20% 之间，银行明显需要承担损失。在分析金融海啸时，我们谈到房价的不断上涨让大家低估了潜在风险以及高管薪酬和人性贪婪如何将房价推高到疯狂的地步。银行在这一过程中通过特殊目的公司打包卖出贷款组合，使得很多贷款组合的债券风险非常不透明，连评级机构都无法弄清，所以这些资产在危机期间就成了赫赫有名的“有毒资产”。

本章前两节没有提及的，还有所谓的“批发资金”。也就是说，银行不仅将存户的存款拿去发放房贷，甚至发行短期债券以获取这些“批发资金”，然后拿去发放房贷和其他长期贷款。

综上所述，在房价上涨的过程中我们看到金融机构的“高杠杆”“长期贷款”“短期负债”。这三样东西组合在一起，形势好的时候自然春风得意，一旦形势掉转，立刻就形成腥风血雨。至于为什么，因为市场上没有人愿意接手“有毒资产”。

金融市场上的腥风血雨立刻导致两大问题。第一个是我们进阶模型中强调的，风险溢价会上升。高风险溢价打击投资意愿，导致 IS 曲线向左推移。第二个是消费者信心[①]急剧下滑。如果在我们的模型中假设物品消费是消费者信心的增函数，那么消费也会下跌，进一步导致 IS 曲线向左推移。大萧条的局面基本形成。美国政府的扩张性财政政策包括用纳税人的钱拯救大型金融和实体企业，以及激进的货币政策，包括在政策利率已经降到零这一极限水平之后开启的非寻常手段——多轮的定量宽松，都无非是将大萧条化解为多年的大衰退而已。

因此，更为重要的是我们要从这一次的金融海啸中吸取教训，避免重蹈覆辙。金融稳定性引起各国高度重视，多个国家为此设立了专门的机构来对系统性风险进行监控和管理。比如，自 2017 年以来，中国对金融监管体制进行了重大改革：设立国务院金融稳定发展委员会，强化中国人民银行宏观审慎管理和系统性风险防范职责，切实落实部门监管职责；将银监会和保监会合并组建为中国银行保险监督管理委员会，负责统一监管银行业和保险业；将拟定银行业、保险业重要法律法规草案和审慎监管基本制度的职责划入中国人民银行……突出金融回归服务实体经济本源，全面建立功能监管和行为监管框架，强化

① 如果将 2007 年 1 月的美国消费者信心指数设定为 100，那么该指数到 2009 年 1 月就降到了 20 左右，其后逐渐反弹到 2011 年 1 月的 60。商业信心指数从 2007 年 1 月的 100 跌到 2009 年的 60，然后回升到 2011 年初的 95。

综合监管和穿透式监管，遏制监管套利。在完善货币政策框架的同时，丰富和创新宏观审慎管理工具，强化宏观审慎政策框架，将更多金融活动和金融扩张行为纳入宏观审慎管理范围，加强对金融机构行为的引导，对跨境资本流动中的高风险行为进行更有针对性的逆周期调节，在宏观审慎政策框架下推动监管政策和货币政策更好地协调配合，既实现监管无死角，又防止政策力度和节奏叠加共振，推进金融治理体系和治理能力的现代化。

在金融海啸之后，由美国国会通过并由奥巴马总统于2010年7月21日签署的《多德–弗兰克华尔街改革和消费者保护法》(以下简称《多德–弗兰克法》)长达2300页。其宗旨就是限制系统性风险。依据该法而组建的金融稳定监管委员会（The Financial Stability Oversight Council，缩写为FSOC）由财政部部长领衔，权责相当大。由于该法细之又细，给金融机构的合规部门带来极大的负担。其中备受争议的“沃尔克规则”限制商业银行的投机性交易，尤其加强了对金融衍生品的监管（这里的沃尔克就是前文提到的美联储前主席沃尔克）。该规则从2015年12月21日开始实施，但到2016年8月，多家大银行要求政府再宽限5年以便它们处理流通性不强的投资。《多德–弗兰克法》对金融稳定性而言无疑是有益的，但对商业银行盈利的影响是负面的。特朗普总统上台后推动该法案的全面修订。此外，2013年10月15日，欧盟理事会批准在欧元区设立欧洲银行单一监管机制（SSM)，确立了欧洲央行在银行监管方面的权威，欧洲央行被赋予了更多的宏观审慎权力，欧盟成员国各自的监管者予以辅助。虽然存在对这一架构反对的声音，包括德国总理默克尔对欧洲央行是否有能力监管6000家银行表示疑虑，但在欧洲主权债务危机和银行危机蔓延的环境下，单一监管机制的出台还是适宜的。

过去，在货币政策的制定是否应当关注金融市场泡沫这一问题上一直存在争议。争议的焦点是货币政策当局是否比市场更清楚资产价值的合理区间。这一争议虽然至今尚无定论，但货币政策当局和金融稳定部门对金融市场泡沫和金融体系的健康状况的关注比以往肯定更多，比如欧元区国家和中国都已提出健全货币政策和宏观审慎政策双支柱调控框架。

思考题

请问，在金融危机发生前的房价上涨过程中，金融机构的哪些特征为后来的金融海啸和“有毒资产”埋下隐患?

本章要点总结

1 关于金融海啸的起因：金融风险起源于国际竞争、放松管制、国际协议与金融创新，然后借助薪酬结构、资本流动、房价泡沫而积累和放大，最后因人性贪婪和金融欺诈而形成海啸。众多因素相互影响和推动，造成了百年不遇的灾难性后果。

2 金融海啸发生之前，银行业务的跨国竞争日益激烈，具体表现为 20 世纪 80 年代外国银行在美国迅速扩张。为提高本土银行的竞争力，美国在 20 世纪 80 年代中期开始出台一系列改革以放松管制，如允许银行跨州兼并、允许跨业务整合等，这在带来便利的同时也产生了诸多风险。

3 金融创新种类多样埋下金融风险。众多金融创新一方面使经济得以快速发展，但另一方面也使金融机构的业务非常不透明，给金融监管带来很大困难，为次贷危机埋下了隐患。

4 金融海啸的标志性事件是 2008 年 9 月 15 日投资银行雷曼兄弟宣布破产。此前，美国房价下跌、次级房贷市场投资亏损、贝尔斯登银行抛售旗下对冲基金、英国北岩银行出现流动性风险并遭到挤提，这一系列事件虽对投资者信心造成冲击，但未引起各国政府重视。

5 在危机发生前，中国仍在加息应对通胀，接连 5 次提高存款准备金率收紧银根。危机期间，中国对 4000 亿美元的房利美和房地美债券做了小幅减持，可能略有亏损。

6 一系列重大趋势和事件所反映出的金融海啸的特征包括：投资者突然变得谨慎、流动性趋于枯竭、银行挤提和倒闭、信息严重不对称、股市“跌跌不休”、财政刺激政策远水难解近渴、美联储回天乏术、低估连锁反应、国际连锁反应和金融欺诈。

7 基于简单的 IS-LM 模型，借贷利率等于央行可控的政策利率加上来自市场气氛和风险偏好的风险溢价。可知，当金融危机发生时风险溢价上升，投资减小，IS 曲线向左移；同时，消费者信心急剧下滑，消费下跌，IS 曲线进一步向左移，从而导致总产出、总收入、总需求大幅下滑，进而导致实体经济危机。

8 为应对金融危机导致的实体经济危机，政府可以使用扩张性财政政策，如增加开支或减少税收或双管齐下的方式。政府也可以利用货币政策工具，通过降低政策利率来刺激经济复苏。

9 金融海啸后的经济复苏非常疲弱和缓慢，可能原因有：其一，通胀预期可能变成通缩预期，实际利率的降幅不大；其二，投资者和消费者信心严重下降。

第六章 开放型经济体分析

开放型经济体物品市场均衡

到目前为止我们一直在用封闭型经济体宏观模型来分析问题，而实际上我们生活在一个全球化程度相当高的开放型经济体中。开放型经济体的模型稍微有点复杂，但有了前面模型的基础，我们加入国际贸易、国际金融等元素其实并非太难。

我们先看对本国物品的总需求 Z 这一概念应该做哪些修改。Z 是否还是像过去那样等于“消费 + 投资 + 政府支出”，也就是 $Z=C+I+G$ 呢？

我们可以这样来思考，C 既包括对本国物品的消费，又包括对外国物品的消费；I 既包括对本国生产的资本品比如机器、设备的需求，又包括对外国生产的资本品的需求。另外，本国物品也有被国外买走的，这就是出口。因此要想得到对本国物品的总需求 Z，我们必须要加上出口，并将进口品减去。换言之，即：

$$Z=C+I+G+X-IM/e$$

其中 X 表示出口，即 export，IM 表示进口，即 import。小写字母 e 是实际汇率，这里将 IM 除以 e 是为了将单位换算成一致的，否则就成了胡乱相加。举例而言，e=3 指的是一个单位的本国物品值 3 个单位的进口品。如果 C=10，I=8，G=2，X=5，IM=21，那么对本国物品的总需求 Z 等于多少呢？答案是：

$$Z=10+8+2+5-21/3=18$$

假如 e 由 3 变成 2.4，请问实际汇率是在贬值还是在升值？答案是在贬值。一个单位的本国物品过去值 3 个单位的进口品，现在只值 2.4 个单位的进口品，本国物品贬值了 20%。

因为汇率涉及两个国家，所以我们在谈论汇率之前首先要确定的是它使用的表达方式。比如我们谈论人民币兑美元的名义汇率时，习惯于问 1 美元能兑换多少人民币。当该汇率从 8.2 降到 6.8 时，人民币在升值。

为了避免出现混淆和疑问，我们在下面的模型讨论中，将名义汇率 E 定义为 1 个单位的本国货币可以换取多少个单位的外国货币，将实际汇率 e 定义为 1 个单位的本国物品可以换取多少个单位的外国物品。

回到前面得到的对本国物品的总需求 Z 的表达公式：

$$Z=C+I+G+X-IM/e$$

其中消费 C 仍然假设为可支配收入的增函数。可支配收入等于总收入 Y 减去所交的税 T。投资 I 是总收入 Y 的增函数和实际利率 r 的减函数。假设政府支出 G 为常数。假设出口 X 随着贸易伙伴的增多，也就是外国总收入 Y_f 的增加而增加，且随着实际汇率的升值而减少。实际汇率升值意味着本国的物品相对昂贵，出口缺乏竞争力，出口物品数量减少。类似地，进口 IM 随着本国的总收入 Y 的增加而增加，且随着实际汇率的升值而增加。实际汇率升值了，进口品相对便宜，进口物品数量会增加。将这些都写入表达式中，即：

$$Z=C(Y-T)+I(Y,\ r)+G+X(Y_f,\ e)-IM(Y,\ e)/e$$

$$(+)\quad (+,\ -)\quad (+,\ -)\quad (+,\ +)$$

公式下一行括号中的正号表示增函数，负号表示减函数。上面这个关系式的最后两项合并就是我们通常所说的净出口（Net Export），我们用 NX 来表示，很显然 NX 是本国总收入的减函数。

有了这些铺垫，我们可以以总收入为横轴，画出对本国物品的总需求 Z 的曲线，也就是上面表达式的右边，这条线是向上倾斜的且和 45° 线有个交点，该交点就是均衡点（可参见图 3–1）。这里稍微有一点不大严格，在上文，我们声称曲线 Z 是向上倾斜的，也就是说 Z 是 Y 的增函数。但从 Z 的表达式来看，这一点并不是明显的。

从公式中可以看出，消费和投资部分没问题，它们都是 Y 的增函数，但它们还需减去 IM，而 IM 也是 Y 的增函数。所以乍一看，大家觉得是否还需加条件？其实，大家只要将 $C+I$ 写成 $C_d+I_d+C_f/e+I_f/e$ 就可以了，其中 C_d 是对本国物品的消费，C_f 是对外国物品的消费，I_d 是对本国的投资，I_f 是对外国的投资。另外，假设政府购买的都是本国物品，那么 $C+I-IM(Y,\ e)$ 也就是 C_d+I_d。这样一来，只要总收入的增加有一部分落在对本国物品的消费和投资上，Z 就是向上倾斜的。这一假设是比较自然的。

但言归正传，利用这个公式，我们就可以讨论一系列问题。第一个问题是，如果政府开支增加，那么均衡总产出会如何变化？净出口会如何变化？

如果政府开支增加，曲线 Z 整体向上移动，与 45° 线的交点在原来的均衡点右边。所以在均衡位置右移，总收入 = 总产出 = 对本国物品的总需求都上升。那净出口 NX 呢？根据我们前面的分析，净出口 NX 是本国总收入的减函数，所以 NX 下降。所以，我们的第一个结论是：政府开支增加，总产出增加，净出口减少。

再试试第二个问题。假如外国总收入 Y_f 增加了，那么这对本国的均衡总产出又有什么影响？本国的净出口又会如何变化呢？

外国总收入 Y_f 的增加会导致本国的出口 X 的增加，我们不妨假设 X 增加了 100 个单位。这一增加将使曲线 Z 向上移动，所以本国均衡总产出会上升，那它会不会上升 100 个单位或更少呢？答案是不会，因为曲线 Z 的倾斜度低于 45°。不信的话，你可以自己画张图检验一下。为了便于后续讨论，我们假设最后的结果是本国均衡总产出上升了 120 个单位。如果我们沿用“物品市场均衡”这一节中的假设，即 $C+I+G$ 的曲线也是倾斜度低于 45° 且向上倾斜的话，那么 $C+I+G$ 增加的幅度低于 120 个单位。这也就意味着，如果要想让本国的物品总需求——$C+I+G+NX$——刚好增加 120 个单位的话，那么净出口 NX 必须有所增加。所以，我们的第二个结论是：外国总收入的增加会导致本国的均衡总产出和净出口增加。

我们来讨论第三个问题。如果实际汇率贬值的话，会对净出口有什么影响呢？对总产出又有什么影响呢？

实际汇率 e 贬值，出口竞争力更强，出口 X 上升，进口 IM 下降，原因是外国物品变得昂贵了。那 IM/e 的值是上升还是下降呢？分子和分母都同时变小了，不排除 IM/e 的值有上升的可能。也就是说，尽管外国物品进口数量减少了，但在除以实际汇率 e 后将其换算成本国物品来看也许并不少。因此，实际汇率贬值带来净出口的增加是有条件的，这个条件被称为马歇尔—勒纳条件（Marshall-Lerner Condition）。实证研究认为马歇尔—勒纳条件一般是成立的，所以实际汇率贬值会增加净出口。检查一下净出口的公式，即 $NX=X(Y_f, e)-IM(Y, e)/e$，你会发现如果出口 X 和进口 IM 在实际汇率贬值之后变化不大，那么净出口 NX 是会减少的。实际上，外贸订单一般都有一个时间提前量，在实际汇率贬值后的一段时间内，出口 X 和进口 IM 可能早就在几个月前的销售合同中被确定了，短期里无法变更，这样的话净出口 *NX* 一定会下跌一段时间。只有等这段时间过后，出口 *X* 才会开始上升，进口 *IM* 开始下降，马歇尔—勒纳条件才成立，净出口 *NX* 才上升。这一现象，即实际汇率贬值后净出口 *NX* 先下降然后回升，在国际贸易理论中被称为 J 曲线效应（因为其变化路径看上去像字母 J）。

在接下来的讨论中，我们会引用这一结论：实际汇率贬值会导致净出口增加。到目前为止，我们讨论的只是实际汇率贬值对净出口的直接影响。我们只能说，给定本国总收入任何一个值，实际汇率贬值会带来某种程度的净出口的增加。因此曲线 *Z* 整体会向上移动。这么一来，均衡总产出一定会上升。均衡总产出的上升将会使进口 *IM* 增加，从而产生了一个间接的减少净出口的效果。这个负面的间接效果会不会完全抵消正面的直接效果呢？答案是不会的。证明的基本逻辑和第二个问题类似，关键假设是 $C+I+G$ 曲线的倾斜度低于 45°。所以，我们的第三个结论是：实际汇率贬值会带来本国的均衡总产出增加和净出口增加。

我们考虑一下这个假想的情形：假如你的国家的总产出处于自然总产出的位置，但外贸有较大赤字，即净出口 *NX* 小于零。这时候你应该选择什么样的政策？

因为净出口 *NX* 小于零，你首先可能会想到让实际汇率贬值，但这样做是不够的。为什么呢？因为实际汇率贬值虽然可以解决外贸赤字问题，但我们的第三个结论说明这样总产出也会增加，那么总产出就超出了自然总产出，按照 IS-LM-PC 模型的逻辑，这将增加通货膨胀的压力。

你的解决办法应该是减少政府支出与实际汇率贬值搭配使用。根据第一个和第三个结论，减少政府支出和实际汇率贬值都将带来净出口 *NX* 增加。同时，减少政府支出也就会减少总产出，从而抵消实际汇率贬值对总产出的刺激作用。这样就圆满地解决了问题。

如果我们把实际汇率 e 当作是给定的，那么通过对本节推导出的本地物品总需求的表达式 $Z=C(Y-T)+I(Y, r)+G+X(Y_f, e)-IM(Y, e)/e$ 进行考察，我们可以在横轴为总收入，纵轴为实际利率 r 的坐标系中画出物品市场均衡曲线——IS 曲线。我们可以证明这条 IS 曲线和以前一样是向下倾斜的。但是，这种思路是有缺陷的，原因是实际汇率 e 与利率不是独立的，因此不应该被当作是给定的。

最后，虽然这节我们只讨论了增加政府支出对总产出和净出口的影响，但是大家也可以类似地讨论减税对总产出和净出口的影响。增加政府支出和减税都是扩张性财政政策。

思考题

假如本国总产出处于自然总产出的位置，但本国存在较大的外贸赤字（净出口小于零），那么请问本国应采取什么样的政策组合既能刺激净出口又能保证总产出稳定呢？

利率平价理论和开放型经济体 IS-LM 模型

在讨论开放型经济体物品市场均衡条件的过程中我们将实际汇率当作外生给定的，而现实当中实际汇率与利率却是息息相关的。我们需要先分析二者的关系，然后利用这一关系构建完整的开放型经济体 IS-LM 模型。

实际汇率 e 是两国之间物品的兑换率，名义汇率 E 是两国货币之间的兑换率。二者之间的关系很简单，即：

$$e=\frac{P\times E}{P^*}$$

其中，P 是本国物品价格指数，P^* 是外国物品价格指数。

1993 年我到香港科技大学工作，1993 年至 1996 年香港平均通胀率约为 9%，而同期美国的平均通胀率为 2.75%。香港汇率体制为联系汇率制，1 美元 =7.8 港币。很明显，香港对美国的实际汇率在这一段时间里大幅升值（因为分子上的 P 比分母上的 P^* 上升的要快得多）。

我们在本节考虑的是短期均衡模型，假设 P 和 P^* 不变。我们甚至可以更简化一点，假设 P 和 P^* 是相等的。在这一假设下，实际汇率就等于名义汇率。

名义汇率与名义利率之间的关系是怎样的呢？不妨想象一下，你于 2017 年 10 月在阿根廷挣得 100 万美元，当时正在考虑是购买一年期美国政府美元债券还是购买一年期阿根廷政府比索债券。美国政府债券利率为 1.4%，而阿根廷政府比索债券利率为 19.7%。乍看上去比索债券更具吸引力，但你知道你必须要了解比索一年之后会贬值百分之多少，看到时能换回多少美元。你查了一下，自 2016 年 10 月以来比索相对美元的贬值幅度大约是 11.4%。如果你将贬值 11.4% 当作预期贬值幅度，那么你用 100 万美元投资比索债券一年后换回美元的预期价值为 119.7×（1–11.4%）=106.05 万美元，预期回报率为 6.05%，远高于美国政府债券的回报率。怎么样？值不值得冒这个险？

虽然说把过去一年的贬值幅度作为预期没有太大的不合理之处，但你决定还是多看几年的数据，于是你发现过去 3 年比索年均贬值幅度高达 21%。你感觉风险太大，没有投比索债券。如果你投了比索债券而且比索债券在接下来这一年没有太大贬值，那么你投资固然可以大获成功，但万一它大幅贬值呢？实际上，从 2017 年 10 月至 2018 年 10 月，比索大幅贬值，贬值幅度超过 50%。2017 年 10 月初，1 美元 =17.5

比索，而 2018 年 10 月初，1 美元 =37.5 比索。

从上面的例子中我们可以看出，你作为投资者在比较两种债券时，不仅会看预期回报率，而且也关注风险。利率为 19.7% 的比索债券在市场上有人买，就说明有投资者比你更愿意冒这个风险，或者比你对比索债券的价值更有信心。他们这次可能亏大了，但其他时候也可能大赚，关键是投资者需要管理风险。

抱歉的是，为了构造我们的开放型经济体宏观模型，我们需要做一个很强的假设。我们将假设投资者在决定将资产投在本国债券还是外国债券时只关心预期收益。在这个假设下，我们可以推出下面的关系式：

$$1+i_t=\frac{(1+i_t^*)E}{\overline{E}_{t+1}}$$

等式左边意为一个单位本国货币投在本国债券一年之后的价值，即（$1+i_t$）。等式右边的意思是现在将一个单位本国货币先兑换成 E 个单位外币，投在外币债券一年后获得（$1+i_t^*$）E 个单位的外币，这些外币一年后能换成多少本币呢？我们不清楚明年该汇率是多少，只好除以名义汇率一年后的预期值 $\overline{E}_{t+1}$。在假设投资者只关心预期收益的前提下，等式左边应该等于右边。

这个公式十分有名，叫作“uncovered interest rate parity”，中文译为“无抛补利率平价理论”。所谓“无抛补”就是用名义汇率一年后的预期值 $\overline{E}_{t+1}$ 来计算第二年换回本币后的投资所得，一年以后究竟能得到多少却很难说。如果我们将 $\overline{E}_{t+1}$ 用一年远期汇率 F 来代替，比如利用远期外汇市场来锁定汇率，那么得到的公式叫作“covered interest rate parity”，也就是“抛补利率平价理论”。

“无抛补利率平价理论”虽然作为发达经济体之间利率、汇率关系的一种描述有一定的合理性，但在很多其他经济体中，它描述的与现实有相当的偏差。[①]造成这种偏差的原因有多个。第一，投资者除了预期收益之外，还关心风险（前面提到的阿根廷汇率风险是比较典型的例子）；第二，投资者还需要考虑交易成本；第三，某些国家还有资本管制，包括中国也还没有对此完全放开。“抛补利率平价理论”在远期外汇市场存在的情况下就是简单的无风险套利关系。当然，交易费用的存在可能会造成细微的偏差。尽管如此，我们在下面构建的宏观模型中还是要假设这一理论是成立的。这就是为什么在开始介绍该理论时，我用了“抱歉的是……”。

那么，问题是，为什么我们不用“抛补利率平价理论”，而用与现实吻合度欠佳的“无抛补利率平价理论”来构建我们的宏观均衡模型呢？这是因为我们需要把名义利率 E 用本国和外国的利率以及其他外生变量来替换掉。而远期汇率 F 并非外生变量，它其实是由“抛补利率平价理论”导出的。我们可以将预期汇率 $\overline{E}$ 当作外生给定的，但却没办法将远期汇率 F 当作外生给定的。所以，我们构建均衡模型时只有使用“无抛补利率平价理论”，或者引入诸如风险溢价等其他外生变量。

利用“无抛补利率平价理论”，我们可以将名义汇率 E 写成：

---

① 法玛教授在其文章《远期和即期汇率》（Forward and Spot Exchange Rates）中发现简单的“无抛补利率平价理论”不仅得不到实证方面的支持，而且如果你用利率差来预测未来的汇率，就会发现连符号都与理论相反。艾肯鲍姆和埃文斯（Eichenbaum and Evans，1995）发现，当美元利率上升的时候，美元反而会持续升值。这一结论也与“无抛补利率平价理论”相抵触。思考一下一个简单的情况，假设美元和欧元利率相等，$i=i^*=0.05$，预期一年后的汇率为 $\overline{E}=0.85$。按照“无抛补利率平价理论”，当下汇率应该是 $E=0.85$。当美元利率突然升为 $i=0.055$ 而预期一年后的汇率 $\overline{E}$ 不变时，按照“无抛补利率平价理论”，$E=1.055*0.85/1.05=0.854$，即当下汇率会立刻升值，但预计未来会逐渐贬值回到 0.85，这与艾肯鲍姆和埃文斯发现的美元持续升值相抵触。克拉里奇、戴维斯·佩德森（2009）的一篇文章，开篇第一句就是“国际金融中的最持久的谜题就是无抛补利率平价理论的失败”，他们发现只有在汇率波动较大的环境中重复法玛的回归分析所得的符号才与“无抛补利率平价理论”相符。这些讨论说明，布兰查德《宏观经济学》英文第七版中的开放型经济体 IS-LM 模型虽然是不得已建立在“无抛补利率平价理论”上，但我们必须明白，“无抛补利率平价理论”这个根基是不够牢固的。

$$E=\frac{(1+i)\overline{E}}{1+i^{*}}$$

请注意，我们之前假设实际汇率 e 等于名义汇率 E。那么，在对本国物品的总需求 Z 的表达式中，实际汇率可以写成本国利率、外国利率、一年后汇率预期的函数，即：

$$Z=C(Y-T)+I(Y,i)+G+NX\left(Y,Y_{\mathrm{f}},\frac{(1+i)\overline{E}}{1+i^{*}}\right)$$

我们这里讨论的是短期均衡问题。因为在短期内可以假设价格不变，所以原来的投资函数中的实际利率 r 已经被名义利率 i 替换掉了。对应于每一个名义利率的值 i，曲线 Z 与 45° 线相交就可以得到均衡的对本国物品的总需求，也即均衡的总产出和总收入。将所有这些配对的均衡点（$Y1$，$i1$），（$Y2$，$i2$），（$Y3$，$i3$）等在横轴为总收入、纵轴为名义利率的坐标系中标出来，就得到了开放型经济体中的物品市场均衡条件 IS 曲线，如图 6-1 所示。

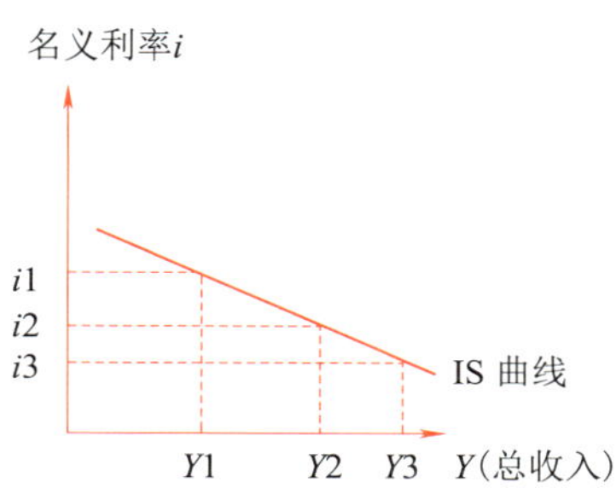

图 6-1　开放型经济体中的物品市场均衡条件 IS 曲线

虽然图 6-1 中的 IS 曲线看上去与“物品市场均衡”这一节中的类似，也是向下倾斜的，但其内涵要深得多。除了财政政策可以让这条曲线移动外，外国的货币政策，即外国利率 i^{*} 的变化，以及汇率预期的变化都可以让本国的 IS 曲线移动，从而影响本国的经济。至于为什么这里的 IS 曲线也是向下的，下面我们解释一下。我们再次写下对本国物品的总需求 Z 的公式：

$$Z=C(Y-T)+I(Y,\ i)+G+NX\left(Y,\ Y_f,\ \frac{(1+i)\bar{E}}{1+i^*}\right)$$

大家可以看出：第一，投资函数仍然是名义利率的减函数，如果名义利率 i 从 $i1$ 降到 $i2$，那么投资会上升；第二，如果名义利率 i 从 $i1$ 降到 $i2$，则名义汇率 $\frac{(1+i)\bar{E}}{1+i^*}$ 贬值（根据“无抛补利率平价理论”）。根据本节最初的假设——实际汇率等于名义汇率，因此实际汇率也贬值。利用我们上一节所得到的第三个结论，实际汇率贬值会带来净出口 NX 增加。因此，当名义利率 i 从 $i1$ 降到 $i2$ 时，总需求 Z 是增加的。也就是说曲线 Z 从 $Z1$ 向上升到了 $Z2$，如图 6–2 所示。

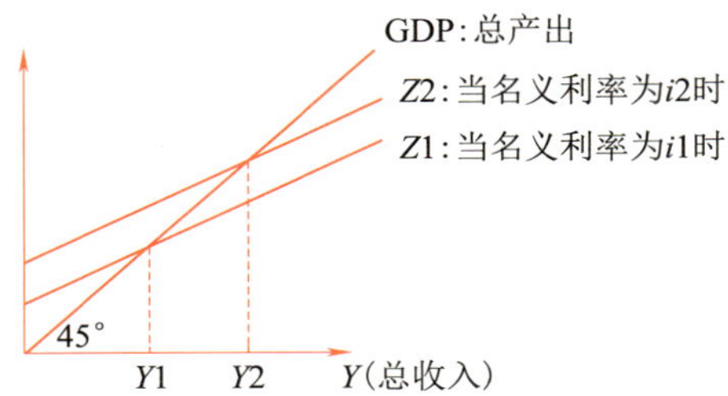

图 6–2　当名义利率下降时，总需求增加

因此，当名义利率 i 从 $i1$ 降到 $i2$ 时，均衡总产出从 $Y1$ 升到了 $Y2$。类似地，可以考虑（$Y3$，$i3$）等情况。将这些均衡点连接，便得到了向下倾斜的 IS 曲线（图 6–1）。

将这条 IS 曲线与 LM 曲线中的 $i=\bar{i}$ 结合就可以得到开放型经济体 IS-LM 模型，这一模型可以说是变形的蒙代尔—弗莱明模型，下节我们将利用这一模型讨论宏观政策及其国际传递效应。

思考题

根据向下倾斜的开放型经济体中的物品市场均衡条件——IS 曲线，请问就美国而言，你认为可能对 IS 曲线产生影响的因素有哪些？

国际风险之传递：人无远虑，吾有近忧

根据前面我们构建的开放型经济体 IS-LM 模型，本节我们试着利用这一模型探讨开放型经济体中的货币政策和财政政策以及国际风险的传递。

首先，我们来看看如果政府通过加息收紧银根将会产生什么样的效果。加息会使 LM 曲线上移，因此总产出下降。同时，加息会使名义汇率升值，净出口会下降。加息引起的总产出的下降，既包含了我们在封闭型经济体模型中谈到的投资的下降，又包括了名义汇率升值导致的净出口的下降。所以在开放型经济体中货币政策的影响是相当大的。

其次，我们来看看增加政府支出会产生哪些影响。增加政府支出属于扩张性财政政策，会使 IS 曲线右移，因此总产出会增加。因为利率没变，所以汇率也没变。那这对净出口有什么影响呢？总产出的增加会导致进口增加，从而净出口会下降。对消费和投资的影响呢？在我们的模型中，我们假设消费只是可支配收入的增函数。因此，总收入的增加意味着消费的增加。投资是总收入的增函数和利率的减函数，总收入上升而利率没变，所以投资也是上升的。

以上关于增加政府开支的分析是在该项财政政策没有产生经济过热的担忧的情况下的结果。如果经济本身已有过热风险，而现在由于某种原因必须增加政府开支（比如防止洪水灾害的需要），那么这时候

政府政策组合有哪些呢？

最直接的是在增加政府开支的同时也提高税收，这样的话就可以将消费降下来，给经济降温。除此之外，还有其他办法吗？还可以加息，也就是通过紧缩的货币政策来降低增加政府开支带来的过热风险。需要注意的是，加息会导致名义汇率升值，从而对净出口造成负面影响，因此如果净出口原来就有很大的赤字，那么加息可能不是一个好的选项。总之，在做政策组合选择时政府需要考虑到多个方面的因素。

到目前为止，我们介绍了封闭型经济体 IS-LM 短期模型、封闭型经济体 IS-LM-PC 模型（中期模型）、区分政策利率和借贷利率的 IS-LM 短期模型、开放型经济体 IS-LM（短期模型）。这些模型在各种教科书中的版本不尽相同，我们采用的是布兰查德《宏观经济学》英文第七版中的，可以说是比较前沿的。即使这样，大家可能也觉得这些模型没有一个是完美无缺的，有很多的假设在其中。但我相信，如果大家了解了这些模型构建的逻辑，就会有能力在这些模型的基础上做适当的改进，来处理需要分析的问题。举例而言，假如让你来分析金融海啸对全球经济的影响，那你要怎样进行呢？

在讨论金融海啸的时候我们需要区分政策利率和借贷利率（参见第五章内容）。你可以将借贷利率引入我们的开放型经济体 IS-LM 模型中，并继续假设投资是借贷利率的减函数。在金融海啸期间，风险溢价升高推高借贷利率，于是投资降低，所以 IS 曲线向左移动，总产出减少。因为美国是一个大的经济体，所以美国的总产出减少会影响到其他国家，比如英国。从英国的 IS-LM 模型角度去考虑，美国就是外国，美国的总产出的下跌相当于外国总收入 Y_f 的下跌。根据我们在“开放型经济体物品市场均衡”这一节中的第二个结论：外国总收入 Y_f 的下跌会带来本国的均衡总产出和本国的净出口的减少。也就是说，美国总产出的下跌会导致英国总产出和净出口的下跌。这只是国际贸易渠道，国际风险传递还有其他重要渠道。大家能想到哪些？

全球的金融机构和金融市场都是息息相关的。美国出现金融海啸，金融市场暴跌，金融机构巨额损失不断被曝光，金融机构倒闭，所有这些风险很快会传递到其他国家和地区。英国的金融机构在美国也有业务，而这些业务也会相继出现亏损。当美国的银行出现问题被政府接管的时候，英国的存户可能会担心他们本国银行的稳健性，于是发生挤提，从而导致英国的金融机构进入困境。在这种氛围当中，毫无疑问英国的风险溢价和借贷利率也会上升，从而打击投资意愿，造成经济活动低迷。

消费者信心的下跌也是全球性的。在金融海啸期间，位于香港中环的国际金融中心的餐厅都无须预约，随时都有座位。这些餐厅在市况正常时从来都是爆满，需要排长队的。消费者信心下跌的传染是另一个国际风险传递的渠道。我们如果要通过模型来刻画这一现象，就可以将消费者信心指数引入消费函数中去。

总之，如果他国出现重大经济危机，我们也难以幸免。所以我常说："人无远虑，吾有近忧。"意思就是人家考虑不周，我们跟着受难。

除了这些渠道外，美国的危机处理政策也会对其他国家造成影响。美国国会批给保尔森 7000 亿美元处理"有毒资产"，这 7000 亿美元俗称"火箭筒"。[①] 这一巨额资金给市场打了一针强心剂，从某种意义来讲也缓和了全球的危机形势。奥巴马政府于 2009 年 2 月推出的《美国复兴和再投资法案》为之后 3 年安排减税和增加开支的金额共达 7200 亿美元。这一扩张性财政政策在我们的模型中意味着提振经济，减少金融海啸的负面影响。这也减弱了美国经济衰退对其他国家的影响。

---

① 保尔森在向国会请求 7000 亿美金"火箭筒"的关键时候，竟然当众在众议院议长南希·佩洛西（Nancy Pelosi）面前单腿下跪，"我求您……"想想保尔森是何等人，他在高盛任主席和首席执行官时，简直就是神一样的存在。在金融海啸期间，面对百年不遇的危机，为了获得国会支持，他真是豁出去了。

美联储在危机期间将政策利率降到了零。大家应该怎么分析这一措施？

将政策利率降为零，也就是将 LM 曲线推到横轴上，这同样是为了刺激经济，减少金融海啸的负面冲击。这显然是扩张性货币政策。如果只是美国单独减息，那么这对其他国家有什么影响呢？

美国的扩张性货币政策对刺激其经济有一定的作用，对于缓解其他国家的经济形势也有帮助。但如果只是美国单独减息，那么从“无抛补利率平价理论”的角度我们可以看到，美元的汇率会贬值。美元贬值也就意味着其他货币相应升值，而货币升值会打击这些国家的净出口和总产出。因此，其他国家也会采取减息和货币贬值的政策，这一现象叫作竞争性贬值。在危机期间，你可能已经注意到，各国央行都在纷纷减息。减息首先是提振经济的需要，其次也是避免本国货币升值的措施。

在危机期间，中国央行将存款和贷款利率都大幅下调。政府债券收益率曲线在 2008 年 9 月雷曼兄弟宣布破产之后整体下移，该曲线在 2008 年夏季之前基本上都还是处于上行的，换句话说，当时中国央行还在因为担心通货膨胀而收紧货币（见图 6–3）。2008 年 9 月雷曼兄弟宣布破产之后，中国央行才开始大幅减息。收益率曲线刻画的是年化利率与债券期限之间的关系。年化利率也被称为年化收益率或年化回报率。债券期限可以是 7 天、30 天、90 天、1 年、3 年、5 年等。正如前面所说的，中国的减息同样不仅是为了防止经济增长大幅下滑，也是为了避免人民币升值。在 2005 年 7 月中国汇率机制改革之后，人民币对美元的汇率从 1 美元 =8.28 元人民币逐渐升值，但在危机最为深重的时期——2008 年 9 月至 2010 年 6 月——人民币兑美元的汇率基本稳定在 1 美元 =6.8 元人民币。

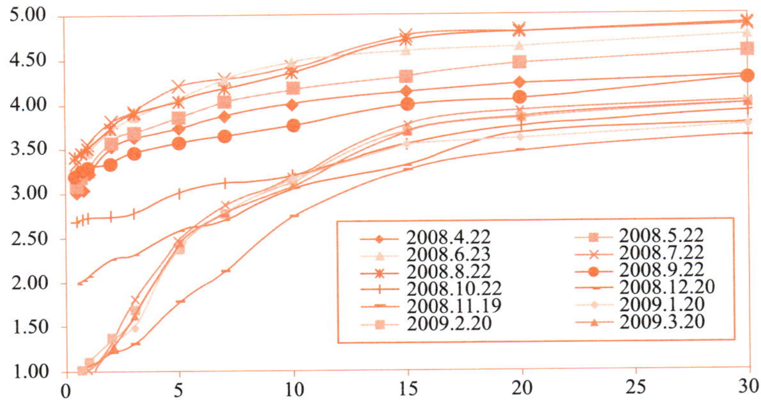

资料来源：中国国债登记结算公司。

图 6–3　2008—2009 年银行间债券市场政府债券收益率曲线

中国在 2008 年底出台了 4 万亿人民币财政刺激措施，从力度上讲，可谓非常有魄力。因为我们面对的是百年不遇的金融海啸，不确定性太大，温和的财政刺激不足以有效抵御这一外部冲击。4 万亿人民币覆盖的范围也非常广，涉及基建、教育、医疗、创新等 10 多个领域，很快就挽回了中国民众的信心。不仅如此，中国的“4 万亿计划”对世界经济逐步走出危机起到了非常正面的作用。就计划设施是否太过仓促、是否造成了某些领域的产能过剩、是否导致了重复建设、是否推动了“国进民退”、是否过多地使用了杠杆以至于 10 年后我们仍艰难地行进在去杠杆的路上等问题而言，“4 万亿计划”肯定不是完美的，很多方面都可以受到质疑，但大家如果当时处于决策者的位置，能否做得更好？

在金融海啸的过程中，美联储和其他央行采取了一系列非常规措施，[①] 也可以说是“摸着石头过河”。如果没有这些措施，比如美联储的定量宽松和欧洲央行的直接货币交易（outright monetary transactions），世界经济是否会跌入深渊？现在看起来这些措施是有效的，但下最后的结论还有点儿早。要等到美国、欧洲利率正常化之后才能看得更清楚。利率正常化的步伐稍嫌过快，股市立刻就如惊弓之鸟。2018年10月10日，道琼斯暴跌800多点就是一例（部分投资者认为这次暴跌是由于贸易摩擦的影响，但将之归罪于美联储加息过快者也不在少数，特朗普总统公开表示“美联储疯了”）。

思考题

请问，通过分析开放型经济体的IS-LM模型，你认为如果政府采取降息政策放松银根，产生的影响会有哪些呢？

① 杰弗里·斯奈德（Jeffrey P. Snider）记述，在1999年的某次美联储会议上，斯坦利·费希尔（Stanley Fischer）调侃道：“每个人对亚当和夏娃在伊甸园的行为都有自己的看法。蒙代尔的版本是：人类的原罪是夏娃将央行的秘密告诉了亚当，也就是怎样大笔一挥就可以凭空创造财富。”当央行在市场购入政府债券时，就是在给卖出者在央行的存款账户上加记一笔资金。我经过阅读发现，比较迷信“央行大笔一挥”作用的经济学家，克鲁格曼应该算一个。

本章要点总结

1 本章在开放型经济体的模型中，引入 E 表示名义汇率，即 1 个单位的本国货币可以换取多少个单位的外国货币；并用 e 表示实际汇率，即 1 个单位的本国物品可以换取多少个单位的外国物品。

2 出口 X 随着贸易伙伴国总收入的增加而增加，且随着实际汇率的升值而减少。因为实际汇率升值意味着本国物品相对昂贵，出口缺乏竞争力，因此出口数量减少。进口 IM 随着本国总收入的增加而增加，且随着实际汇率的升值而增加。因为实际汇率升值意味着进口品相对便宜，进口数量会增加。

3 定义净出口 NX 为换算单位一致的公式为：$NX=X-IM/e$，净出口 NX 是本国总收入的减函数。通过对总需求曲线 Z 的分析可知：政府开支增加会带来均衡总产出增加，净出口降低；外国总收入增加会带来本国均衡总产出增加，净出口增加。

4 实际汇率贬值带来净出口上升的条件被称为马歇尔—勒纳条件。实证研究证明该条件一般成立，因此我们可认为实际汇率贬值会带来净出口增加和本国均衡总产出增加。

5 在考虑开放的短期均衡模型时，首先假设本国与外国物价指数相等，即实际汇率等于名义汇率；其次假设投资者只关心预期收益，而不关注风险。由此可得到表示本国与外国的利率、汇率间关系的公式，该公式被称为“无抛补利率平价理论”。当用一年远期汇率替代公式中的一年后名义汇率预期值时，该公式被称为“抛补利率平价理论”。

6 利用“无抛补的利率平价理论”，可以将名义汇率（或实际汇率）表示成本国利率、外国利率和预期汇率的函数。进而，用该函数替换总需求 Z 曲线中的实际汇率，得到新的 Z 曲线。给定任意名义利率 i，Z 曲线与 45°线相交得到短期均衡时本国物品总需求（或总产出，或总收入）水平。

7 通过给定不同的名义利率值，我们可利用上述方法得到相应的短期均衡时的总产出水平，并在坐标系中表示出来，从而得到向下倾斜的开放型经济体中物品市场均衡条件——IS 曲线，结合 $i=\bar{i}$ 的 LM 曲线，就可进一步得到了开放型经济体 IS-LM 模型，即变形的蒙代尔—弗莱明模型。

8 根据开放型经济体的 IS-LM 模型可知：政府加息收紧银根，会导致 LM 曲线上移，总产出下降，同时名义汇率升值，净出口也下降。政府实施扩张财政政策，如提高政府支出，会使 IS 曲线右移，利率和汇率不变，总产出增加，净出口会随着进口的增加而下降。

9 通过分析金融海啸对全球经济的影响可知，国际风险传递渠道包括国际贸易渠道、国际金融渠道、消费者信心下跌的传播，并且一国的危机处理政策也会对其他国家经济造成影响。

10 为应对金融危机，很多国家都会实施扩张性货币政策，意在通过减息提振经济。但假如美国单独减息，那么由“无抛补利率平价理论”可知美元汇率会贬值，其他国家货币升值，其他国家净出口和总产出会受到打击，这样其他国家也会随之采取降息和贬值政策，于是产生竞争性贬值现象。

11 中国为应对金融危机所出台的措施有：大幅下调存贷款利率的货币政策和推出 4 万亿人民币财政刺激政策。

PART *2*

成也货币，
败也货币

第七章　货币政策的传递机制

利率渠道

要想充分理解货币政策，我们需要明了以下几个方面：货币概念、货币政策的传递机制、货币政策的执行过程、货币政策的依据。最后我再介绍一下如何细读货币政策报告。

货币有多种度量，各国略有不同，可按流动性高低分别记作 M0、M1 和 M2 等。其中 M0 为流通中的现金，流动性最高，可以被用于支付所有交易。M1 包含 M0 和可交易用存款（企业活期存款等），又称狭义货币。M2 包含 M1，再加上非交易用存款（企业定期存款、居民储蓄存款等），所以又称广义货币。中国人民银行货币政策执行报告还经常提到基础货币的概念。基础货币即 M0 加上银行体系的法定存款准备金、超额存款准备金以及库存现金。

基础货币其实是央行的负债。为什么这么说呢？比如说，央行印了 100 亿元的现钞，这 100 亿如何进入流通呢？央行可以用这些新印的现钞去购买国库券。在央行的资产负债表上，资产端就是价值 100 亿元的国库券，而负债端就是 100 亿元的现钞。当然央行也可以通过购买其他资产来将这些现钞注入金融体系。

商业银行在央行都开有账户，便于缴付法定存款准备金和存放超额存款准备金用于支付清算。所以央行在增加基础货币的时候，不一定非得印发现钞，可以“大笔一挥”给商业银行在央行所开账户上新增一笔资金来交换对方的国库券或其他金融资产即可。

这些基础货币通过商业银行放贷出去，而贷款最终还会以政府、个人或单位存款形式回流到商业银行体系中来，然后又被放贷出去。如此循环往复下去，这就是基础货币经过放大形成 M2 的过程。具体能放大多少倍取决于法定存款准备金率的高低以及影响现金和存款占比的因素。我们拿 2018 年第二季度末中国的数字来看一下。2008 年 6 月末中国基础货币存量为 31.85 万亿元，广义货币 M2 存量为 177 万亿元，即放大了 5.56 倍，这一放大倍数又称货币乘数或货币乘子。

上面介绍了货币的基本概念。货币政策很显然立刻会影响到金融机构和金融体系。然后呢？这一影响如何传递到实体经济上呢？通过哪几个渠道传递呢？

货币金融学权威人士米什金（Frederic Mishkin）教授认为，除了传统的利率渠道之外，还有另外两个渠道：资产价格渠道（包括外汇、股权、房地产）和信用渠道。本节以 1996 年米什金教授在美国国家经济研究局（NBER）的工作论文为蓝本①，并适当地加入中国货币政策传递渠道的分析。

---

① 米什金在文章中指出，约翰·泰勒在 1995 年发表了一篇关于利率渠道的很好的文献综述。泰勒本人认为实证结果显示利率对投资和消费开支有显著的影响。当然也有其他研究人员，比如伯南克和格特勒认为这些关于利率渠道的实证结果不够清晰，有必要研究其他的传递机制，比如信用渠道。

我们先讲利率渠道。利率渠道是货币政策传递的传统渠道，最初由诺贝尔经济学奖得主约翰·希克斯于 1937 年提出。我们这里讲的利率渠道指的是正常运行的货币政策情况。在货币政策正常运行时，央行多增加一点货币供应会将政策利率或目标利率推低，或者先宣布下调目标利率然后根据市场需求适当增加货币供应。但在一个货币滥发的国家，利率不仅不会下降，而且还会上升到离谱的地步，本币借贷市场甚至有可能完全瘫痪。央行可以通过紧缩货币来推高政策利率或通过增加货币供应来降低政策利率。我们以扩张性货币政策为例来理解这一规律。在我们已经熟悉的 IS-LM 模型中，扩张性货币政策就是在下调目标利率或政策利率。这一举措意味着水平的 LM 曲线下移，它和向下倾斜的 IS 曲线产生新的交点。显然新交点处的均衡总产出增加了。用通俗的语言来阐述就是：目标利率下调，投资成本下降，投资需求增加，因此总需求和总产出增加。你可能会问，利率下降，难道只有投资需求会增加吗？消费需求会不会也增加呢？

在我们的 IS-LM 模型中，我们假设消费函数只是可支配收入的增函数。消费函数中并没有利率这一变量。这一假设只是为了模型设计的简洁和方便。在实际生活当中，耐用品消费，比如住房和汽车，都带有一定的投资属性，都会随着利率下降而增加。

我在上面的讨论中有意没有指明这里的利率是名义利率还是实际利率。我们在“物品市场均衡”这一节构造 IS 曲线的过程中用的是名义利率，我们在改良版新古典综合派均衡分析中强调影响一家企业投资决策的不是名义利率，而是实际利率。前后逻辑上是否有矛盾？

没有矛盾。就短期而言，预期通货膨胀率可以认为是不变的，那么名义利率和实际利率也就只相差一个常数。因此，不论我们将投资需求表达为名义利率的函数还是实际利率的函数，二者是等价的。两种表达方式各有利弊，用名义利率作为政策变量更为直观，因为这是我们在生活中能观察到的。用实际利率作为政策变量更为合理，因为真正决定一家企业投资需求的是实际利率。比如，在金融海啸期间，名义目标利率已经降到零，大家是否感觉我们已经进入了流动性陷阱？是的，短期来看确实如此，但从中长期来考虑其实不然。米什金早在其1996年的文章中就指出，即使名义目标利率已经无法再降，只要持续地增加足够的货币供应从而使预期通货膨胀率上升，那么实际利率可以在零以下继续下降。如此低的实际利率将会刺激投资需求。这可以被看作是金融海啸期间定量宽松的理论依据。

尽管如此，你可能还是有疑问，央行的短期政策利率又是如何影响到企业的借贷利率，尤其是长期利率的呢？这些利率才是企业真正关心的。米什金认为，依据预期理论，长期利率是未来一连串预期短期利率的平均值，所以短期利率的下调和预期的将来利率的进一步下调会使长期利率也下降，从而刺激投资需求。克鲁格曼支持这一观点，一般情形下我们会认为利率渠道是有效的。我们在第一章中分析过一个美国政策失灵的例子：格林斯潘在2001年连续降息11次，但仍无法提振美国经济。正如克鲁格曼指出的，原因就是在这一轮减息中，长期利率并没有跟随着下降。在金融海啸期间，美联储也许吸取了2001年格林斯潘的教训，于2011年至2012年间推出了扭曲操作，即卖出短期债券购入长期债券，美联储这一改变所持债券期限结构的操作可以在不增加央行总负债的情况下提高短期债券利率，同时压低长期债券利率。其目的当然是希望长期债券利率走低后能刺激投资、房产和汽车等需求。

中国的利率渠道传递效应比较复杂。中国人民银行过去的做法是直接宣布一系列存贷款基准利率，然后由商业银行在指定的幅度范围内自我调节。最近这几年，中国人民银行在思考打造政策利率走廊[①]，即建立政策利率的上下限，准备逐渐取代存贷款基准利率。政策利率走廊在国际上有一定的普遍性，但各国的做法又不尽相同，中国人民银行马骏等人在他们2015年的一篇工作论文中，提出建设政策利率走廊“三步走”的计划，“第一步，在一个隐性的政策利率周围建立一个事实上的利率走廊，但未必宣布这个隐性的政策利率。第二步，逐步收窄事实上的利率走廊。在这两个阶段，由于利率波幅的降低，市场会逐步形成某种短期利率将成为政策利率的预期，部分银行开始以这个利率作为定价基础开始定价，基础利率的形成过程也会开始考虑这个‘政策利率’，在此利率基础上也会发展出衍生工具，以帮助提高以该利率定价的银行的对冲风险的能力。在上述能力基本建立之后，可以进入第三步：取消基准存贷款利率，并宣布建立短期盯住政策利率和中长期参考广义货币供应量增长率的新政策框架。另外，届时可以建立一个正式的（显性）的利率走廊，其上限为常备借贷机制的利率，下限为超额存款准备金的利率。在正式的利率走廊之内，继续用公开市场操作来维持一个更窄的事实上的利率走廊”。这篇文章还包含了具有代表性的8个国家和地区的“国际经验”。中国近些年在改革货币政策执行框架时既有借鉴海外的经验又有自己的创新，最终目的是希望能够充分发挥政策利率的“锚”作用，使政策利率顺利传递到其他市场，比如信贷市场、货币市场以及债券市场。中国人民银行金融研究所的孙国峰和段志明于2016年10月在《经济学季刊》上发表了一篇

① 我们在介绍国际货币基金组织与中国2018年第四条款磋商报告时提到一句，“中国货币政策应继续在更大程度上关注价格而非数量”，这里的价格就是资金成本，也就是利率。中国近几年着手打造政策利率走廊，推出常备借贷便利（Standing Lending Facility）和中期借贷便利（Medium-term Lending Facility）。商业银行可以质押有价证券从央行通过这些“便利”（Facility）获得贷款解决流动性问题。中国人民银行金融研究所的孙国峰认为，应扩大借贷便利工具合格抵押品范围，保证抵押品的可得性、规模性、便利性等要求。

文章。他们在该文中研究了中国央行创新推出的中期政策利率对引导商业银行贷款数量和利率的效果，并认为这一举措在金融市场条件不够完备的中国的具体情况下具有明显优于央行短期政策利率的效果。

2018 年 12 月 13 日，央行行长易纲出席“新浪 · 长安讲坛”，并以“中国货币政策框架：支持实体经济，处理好内部均衡和外部均衡的平衡”为题发表主旨演讲，他称货币政策正在实现从数量调控为主向价格调控为主的转变。易纲认为中国政策利率走廊已基本建立，其上限为常备借贷机制的利率，下限为超额存款准备金的利率。他在一次演讲中说道：“最近有一个词叫作‘宏观审慎’，大家也知道党的十九大报告提出建立货币政策和宏观审慎政策‘双支柱’调控框架的要求。宏观审慎政策主要是针对金融稳定和防范系统性风险，并有逆周期调节的特点。货币政策可以进行数量调控和价格调控。数量调控也有弊端，它虽然简单，数量可以说得很清楚，但是它最大的问题是你规定的数量可能不符合市场规律，你分配的数量有可能不对。而且在北京进行的分配，到各省再到地市和县，有可能就不对了。这里面也可能有寻租空间、利益输送和腐败问题。价格调控听起来很好，但是价格调控有的时候效率也不是那么高，有时候用价格调控也达不到调控目的。所以各国在实践中，尤其是在国际金融危机之后，大家越来越认识到宏观审慎政策的重要性，这也是我们要建立货币政策和宏观审慎政策‘双支柱’调控框架的考虑。”演讲虽没有完全指明，但似乎倾向于将机构间市场的 7 天回购利率（DR007）作为目标政策利率。易纲也重申了中国货币政策和宏观审慎政策“双支柱”的调控框架。

下面四点可以让我们从直观上感觉到宏观审慎政策是什么。第一，中国人民银行建立了宏观审慎评估体系（MPA），通过这个体系来评估金融机构是否达到了宏观审慎的要求。宏观审慎评估体系有很多指标，包括资本充足率、流动性指标等。大家都知道有一个巴塞尔协议，现在到了《巴塞尔协议Ⅲ》，这里面就有以资本充足率为核心的很多要求，商业银行是否达到这个要求，宏观审慎框架对此要有一个评估。

第二，针对跨境资本流动要有宏观审慎的考虑。资金的流入和流出有的时候会产生“羊群行为”，有的时候会产生非理性的恐慌，这时候我们就要考虑实施宏观审慎政策。

第三，住房金融的宏观审慎政策。我们都知道房贷有首付比，对这个首付比我们就可以进行逆周期的调节。各国的首付比都不同，有的国家高一点，有的国家低一点，在经济周期的不同阶段首付比例也不同。针对首次购房还是第二次购房等具体问题也可以有差异化的措施。这些都是宏观审慎政策在各国行之有效的实践，核心就是怎么从保护老百姓和保护金融资产安全的角度进行逆周期的调节。

第四，探索对金融基础设施实施宏观审慎管理。金融基础设施主要包括清算、支付、托管等方面，对这些基础设施我们也要有宏观审慎的考虑。

思考题

在金融海啸期间，虽然名义目标利率已降至零，但央行仍然可以通过持续增加货币供应来抬高预期通货膨胀率，请问你认为这样可以使实际利率在零以下继续下降吗?

资产价格渠道

我认为利率渠道最为直接、最为直观，也充分体现在IS-LM模型中。下面我们介绍另一个传递渠道：资产价格渠道。虽然债券也是一种资产，但因为我们已经在利率渠道中讨论过了，所以债券不包括在本节涉及的资产范围内。下面我们将注意力放在以下几类资产上：外汇、股票、房地产。我们将研究货币政策是如何影响这些资产的价格从而影响到实体经济的。

外汇

当央行增加货币供应时，本币的汇率会如何变化？升值还是贬值？

从直观上来讲，肯定是贬值。如果本国发行更多货币，那么本币肯定更不值钱了，也就是会对外币贬值。从谈“无抛补利率平价理论”那一节的内容来看，名义汇率 E 可以写成：

$$E=\frac{(1+i)\bar{E}}{1+i^*}$$

央行的扩张性货币政策推动利率 i 下降，而利率 i 的下降会引起 E 的下降，即本币贬值。

这里我们谈的是名义汇率的贬值。在短期的考虑中，可以认为实际汇率与名义汇率同步贬值。那么实际汇率的贬值会对实体经济有什么影响呢？我们在“开放型经济体物品市场均衡”这一节中得到的第三个结论是：实际汇率贬值会带来本国的均衡总产出增加和净出口增加。在得到这一结论时，还提到过一个前提条件：马歇尔—勒纳条件。

扩张性货币政策→实际汇率贬值→均衡总产出增加

这一结论是有实证结果支撑的[①]。当然，这一结论仅对那些汇率机制为浮动汇率制的经济体才是有效的。2005 年 7 月，中国从盯住美元

① 货币政策通过影响汇率而影响总需求的实证支撑，见拉尔夫·布赖恩特（Ralph Bryant）、彼得·胡珀（Peter Hooper）以及凯瑟琳·曼（Catherine Mann）于 1993 年出版的作品《政策制度评价：实证宏观经济的新实证研究》（*Evaluating Policy Regimes: New Empirical Research in Empirical Macroeconomics*），以及约翰·泰勒于 1993 年出版的著作《世界经济中的宏观经济政策：从计量设计到实践》（*Macroeconomic Policy in a World Economy: From Econometric Design to Practical Operation*）。

的汇率体制转向有管理的浮动汇率体制，且双向浮动幅度逐渐增大。因此，汇率渠道在中国还不是完全畅通的，但确实在改善。

股票

下面我们讨论股票价格渠道。从几个不同的侧面我们可以推断出扩张性货币政策会令股票价格上涨。首先，扩张性货币政策意味着充足的流动性，这在股票市场上体现为充足的购买力，从而推动股票价格上扬；其次，扩张性货币政策使债券利率，也就是债券回报率下降，债券类资产吸引力下降，而像股票这种权益类资产更具吸引力。

问题是，股票价格上涨又是如何影响实体经济的呢？

我们可以从两个视角去思考。一个是从托宾 q 的视角，另一个是从财富效应（Wealth Effect）的视角。

先谈托宾 q。托宾 q 的定义为企业的市场估值与其资产重置成本之比，这一概念由诺贝尔经济学奖得主托宾（James Tobin）于 1969 年提出。当扩张性货币政策使股票价格上涨且托宾 q 大于 1 时，企业可以通过增发股票来进行扩张，因为此时扩张的成本低而股票发行的价格高。企业扩张自然意味着投资加大，从而导致总需求和总产出增加。当央行采用货币紧缩政策时，股票价格下跌。如果下跌使得托宾 q 小于 1，那么一家企业如果需要机器和厂房就可以选择在股票市场上以便宜的价格收购另一家企业来获取，用不着花大价钱去重置这些硬件。换句话说，实体投资开支就会比较低。

托宾 q 视角：扩张性货币政策→股价↑→托宾 q↑→投资↑→均衡总产出增加

从财富效应的视角该怎么看呢？当扩张性货币政策使股票价格上涨时，人们会觉得自己的财富增加了，因此消费意愿有所提升，均衡总需求和总产出上升。诺贝尔经济学奖得主弗兰科·莫迪利安尼（Franco Modigliani）很看重这一视角，并将之纳入他的宏观计量模型。美联储在 20 世纪 90 年代使用的就是该模型的某个版本，该版本后来是否已被新新凯恩斯模型完全替代则未可知。按照莫迪利安尼的分析，经济个体总的财富由其人力资本、实物资本和金融财富组成。股票价格上涨，金融财富增加，经济个体总的财富增加。消费取决于经济个体总的财富，因此经济个体总的财富增加，则消费增加，均衡总需求和总产出增加。

财富效应视角：扩张性货币政策→股价↑→财富↑→消费↑→均衡总产出增加

中国货币政策与股市有何关联？对于这个问题，学者们得到的实证结果并不一致。孙华妤和马跃于 2003 年发表在《经济研究》上的文章显示二者关联不大稳定。他们在文章的结语中说道："……股市值与 GDP 有联系，但这种联系是不连贯的（时有时无）、不正常的（比如存在泡沫时可能表现出负向关系，等等）。这就决定了中央银行对股市的态度只能是关注而非盯住。货币政策的机制只能是斟酌而非规则。当中央银行意图影响股票市场时，政策工具只能选择利率，因为利率影响股票价格，而不能是货币数量，因为货币数量对股票市场不起作用。"刘熀松于 2004 年发表在《管理世界》上的文章采用了格兰杰因果检验（Granger Causality Test）来分析 1991 年至 2002 年间中国货币政策和股票价格指数之间的因果关系。他发现 M1 对股市价格有明显影响，而股市价格对 M0 有明显影响，对 M1 有一定影响。由于 M0 与 M1 之间的差别主要是企业的活期存款，这就说明自 1995 年以来，中国股市一直由机构投者主导，机构投资者的行为引起股市价格变化，股市价格变化引起散户投资者的跟风，进而引起 M0 的变化。他认为这一过程与事实是完全相符的。对此结论，我不敢完全赞同，因为我们都知道，而且诺贝尔经济学奖得主格兰杰教授本人也警告大家，他的因果检验并不能确定真正意义上的因果关系。比如，“雄鸡一唱天下白”是经得起格兰杰因果检验的，但我们知道“雄鸡一唱”并不是“天下白”的真正原因。建立真正意义上的因果关系需要非常仔细的实证工作和找到非常巧妙的工具变量，简单的格兰杰因果检验是无法胜任这项工作的。

房地产市场

刚才我们从理论和实证方面讨论了货币政策对股票价格的影响。类似地，我们也可以讨论货币政策是如何影响房地产市场，从而影响到整体经济的。扩张性货币政策尤其是低利率对房地产的刺激，在实证方面有相当多的支持。美联储在 2005 年的一篇文章中对 18 个发达国家进行了研究，然后发现房价上涨一般出现在宽松的货币环境持续一段时间以后。这篇文章还说明房价变化与 GDP 变化大致同步，这也比较直观，房价如果高昂，会刺激地产商进一步开发，投资自然会上去。而且，房价上涨带来的财富效应也相当重要，这种财富效应使得消费支出增加。从投资和消费这两个方面来讲，房价上涨都会带来正面的刺激，均衡总需求和总产出将会增加。

托宾 q 的视角和财富效应的视角虽然都不包含在IS-LM模型当中，但只要我们将该模型稍做拓展，将这些视角纳入应该不难。在原始模型中，我们说投资是总收入的增函数和利率的减函数。在拓展模型中，我们可以再加一条，投资也是托宾 q 的增函数。写成数学形式，即：

$$I(Y,\ r,\ q)$$
$$(+,\ -,\ +)$$

除了货币政策可以影响托宾 q 从而影响投资之外，资本账户的开放政策也会影响托宾 q。

关于财富效应，我们可以假设消费函数为财富的增函数：

$$C(Y-T, \text{Wealth})$$
$$(+, +)$$

请注意，托宾 q 是 r 的减函数，财富效应也是 r 的减函数，我们可以推导出新的 IS 曲线仍然是向下倾斜的。这再次印证了我反复强调的，如果大家将最简单的 IS-LM 模型理解透彻了，那么在遇到新问题和新角度时，你完全可以将模型适当地拓展来进行分析。

易纲和王召在文章《货币政策与金融资产价格》中指出，正是由于股市的存在，货币政策的传导机制变得更为复杂。他们建立了一个动态的理论模型去分析产出、消费、价格、托宾 q 和长期债券利率这几个变量之间在短期、中短期、中长期和长期这四个阶段的相互影响。他们认为，“中央银行在考虑货币政策制定时应同时考虑股市价格和商品与服务的价格。但是，中央银行也不应迁就股市，或者单纯通过刺激股市的方法拉动消费需求。中央银行的根本目标仍然在于维护币值的稳定”。

思考题

当央行减少货币供应时，本币汇率会如何变化？对实体经济有何影响？

信贷渠道①

信贷渠道，英文为 Credit Channels。请注意我们这里用的是 Channel 的复数形式 Channels。实际上，信贷渠道可分为两个不同的渠道：银行放贷渠道和资产负债表渠道。资产负债表渠道又可以根据具体侧重

① 本节内容仍然基于米什金发表于 1996 年的文章。我只是略做调整使其更贴近 1996 年之后金融界的发展与创新。这篇文章有一小节专门探讨金融危机，认为有五大因素会酿成金融危机，即利率飙升、股市暴跌、物价意外下跌、不确定性增加、银行恐慌。

点进一步细分。本节讨论的这些渠道存在一个共性，即强调的是金融市场上的信息不对称。

先讲银行放贷渠道。法玛教授于 1985 年发表过一篇文章，标题为“银行有什么不同?”（What’s different about banks?）。法玛教授在这篇文章中认为，银行的优势在于它会要求借款人在该行开户，因此它可以观察到借款人的资金往来，从而缓解信息不对称的问题。也就是说，它敢把资金借给某些在其他地方贷不到款项的借款人。如此一来，当央行推出扩张性货币政策时，银行的储备和银行的存款都会随之增加，这也就会带来银行的放款增加，而这些新增的借贷将促进投资和耐用消费品的增加，均衡总产出也就增加。

扩张性货币政策→银行存款↑→银行放款↑→投资、耐用消费品↑→均衡总产出增加

上面关于银行放贷渠道的讨论将会带来以下结论：货币政策对那些依赖于银行贷款的小企业的影响要比对那些拥有更多资金来源的大企业的影响来得大。格特勒和吉尔克里斯特（Gertler and Gilchrist，1994）提供了这方面的证据。

学术界对银行放贷渠道的影响有所质疑，认为我们有理由相信这一渠道在当今美国的重要性不如以前了。因为 20 世纪 80 年代中期以来的放松管制使银行并不需要等到存款增加才能去放贷，银行可以将贷款打包通过资产证券化的形式来回笼资金。此外，现在的私募基金市场比过去更活跃和更庞大，小企业包括一些初创公司在银行系统之外也有获得融资的机会。

接下来我们介绍资产负债表渠道。同样的，信息不对称在这一考虑中起着很重要的作用。信息不对称造成两种困扰，第一种困扰是

逆向选择（Adverse Selection），即不论你如何定价，你能吸引到的客户都是问题客户。假设你是做保险生意的，保费设得越高，你吸引来的受保人就越是高风险的。你可以通过体检排除掉部分受保人，但还有很多风险是体检难以发现的。记住，逆向选择涉及的是隐藏的信息（Hidden Information）。为了缓解逆向选择的问题，保险公司的做法一般是给某个机构或单位，比如给某个大学的所有员工统一提供保险。另一做法是通过大数据分析来发掘隐藏的信息，从而决定是否给个人提供保险以及计算保费的高低。

信息不对称造成的第二个困扰是道德风险（Moral Hazard），即如果你采取某个行动所带来的失败责任和后果部分地被他人或政府承担了，那么你将会采取风险和潜在回报更高的行动。这一般发生在行动比较隐蔽且其他人不能很清晰地判定你所采取行动是否合适的情况下。记住，道德风险涉及的是隐藏的行动（Hidden Action）。

有了这些关于信息不对称的基本概念，我们就可以回到对货币政策传递机制的讨论。在讨论银行放款渠道时我们以扩张性货币政策为例，这次我们换一换，谈谈紧缩性货币政策。

有一家金融机构，如果向它申请贷款的企业净资产越低，那么它面对的逆向选择和道德风险问题就越大。这一点不难理解，企业净资产越低，其担保品也就越低，一旦在金融机构放贷的这些企业中出现逆向选择，金融机构损失也就越大。另外，如果一家企业净资产越低，那么该企业的主项目万一失败，它的损失也并不大，因为大部分损失被放款的金融机构分担了，所以它更愿意采取冒险行动。也就是说，企业净资产越低，道德风险问题越严重。

面对严重的逆向选择和道德风险问题，金融机构自然会比较谨慎，放出的贷款就比较少，企业的投资也将降低，从而均衡总产出下降。

假设央行由于这样或那样的理由，需要推出紧缩性货币政策，那么股票价格会下跌。比如，美联储主席鲍威尔在 2018 年 9 月 26 日针对美国强劲的经济增长和通胀压力所进行的加息被认为部分地导致了 10 月道琼斯股票指数接近 2000 点的跌幅（约 7.5%），企业的净资产于是缩水。沿用我们上文的分析，金融机构面临的逆向选择和道德风险问题更为严重，它们发放贷款和提供融资的态度更为谨慎，因此企业投资增速降低，均衡总产出的增长步伐放缓。

紧缩性货币政策→资产价格↓企业净资产↓→逆向选择和道德风险问题恶化→银行放款↓→投资↓→均衡总产出减少

紧缩性货币政策还可以从另一个方面使逆向选择和道德风险问题恶化，这个方面就是现金流（Cash Flow）。紧缩性货币政策意味着利率的上升，而利率的上升增加了企业还款的负担，现金流趋于紧张。现金流趋紧常会迫使企业铤而走险，于是逆向选择和道德风险问题恶化。因此，金融机构对企业的贷款会减少，企业投资减少，均衡总产出也减少。

紧缩性货币政策→利率↑→现金流↓→逆向选择和道德风险问题恶化→银行放款↓→投资↓→均衡总产出减少

需要注意的是，影响现金流的关键因素是名义利率，这与在传统利率渠道的分析中不一样。在那个分析中，关键因素是实际利率。另一个区别是，在传统利率渠道分析中，影响较大的是长期实际利率；而在现金流的分析中，短期名义利率更为重要，因为将要到期的短期债务才是迫在眉睫的。

紧缩性货币政策还可以从信用配给（Credit Rationing）的角度影响逆向选择。信用配给指的是银行宁愿在现行利率下对同等条件的贷款申请人按配给制发放贷款，也不愿提高利率。按理说，如果一个市场中还有很多顾客的需求没有得到满足，那么供给方可以进一步加价。为什么信用市场如此特别？为什么银行不愿提高利率使市场出清呢？这一现象在斯蒂格利茨和韦斯（Stiglitz and Weiss，1981）的模型中得到了很好的解释。其实，银行明白如果它提高利率，那么那些愿意接受高利率的申请人所投资的项目恰恰是那些风险很高的，只有高风险、高回报项目才有可能让申请人在项目成功的时候支付得起高利率。换句话说，高利率环境使逆向选择问题变得更严重。因此，当货币政策收紧时，利率上升，逆向选择问题变得更严重，同时放贷人在信用配给时更为小心，贷款发放更紧，投资项目减少，均衡总产出减少。

还有一个货币政策影响物价的资产负债表渠道。我们都知道，债务合同基本上都是以货币形式固定下来的，比如说我们从银行贷一笔100万元、10%年利率的款，一年后到期。你用这些资金购置了资产，开始经营业务。当货币政策意外收紧时，物价P下跌，你的实际债务负担，即连本带息110万元除以物价P，就上升了。如果你的资产端的实际价值没有随着物价下跌而上升，那么，你的实际净资产就下降了。其他企业多半也面临类似的情况，它们的实际净资产也下降了。此前我们分析过，净资产下降将恶化逆向选择和道德风险问题，银行放款减少，投资下降，均衡总产出减少。美国著名经济学家欧文·费雪（Irving Fisher）在1933年从这个角度引申出债务—通货紧缩恶性循环（Debt-Deflation Cycle）来解释大萧条。当经济不景气时，物价下跌，企业实际债务负担上升，等等，最后总产出和总收入下降，促使物价进一步下跌，这一恶性循环最终导致大萧条。

在我们讲到讨论货币政策传递机制中的资产负债表渠道时，涉及的对象是申请贷款的企业。实际上，类似的分析也适用于家庭。家庭也有自己的资产负债表。当货币政策对家庭净资产产生负面影响时，逆向选择和道德风险问题也会更为严重。因此，银行在这种情况下对发放家庭申请的房屋按揭或者汽车按揭都会收紧。家庭的资产负债表渠道还有另一方面，即在货币政策收紧时，家庭意识到未来为了筹钱可能需要出售资产，这一风险意识会使家庭倾向于持有流动性高便于脱手的金融资产而不是流动性低的房产（如果急于脱手房产筹钱，就只有便宜抛卖并惨遭损失）。如此，则家庭对房产等实体经济的需求就会降低，总产出减少。

货币政策意外收紧→物价 P ↓实际净资产↓→逆向选择和道德风险问题恶化→银行放款↓→投资↓→均衡总产出减少

我们看到，信用市场上的信息不对称会很容易使银行放贷的力度受货币政策的影响，而且这些影响是多渠道、多方面和多角度的。它们当中有一些看起来很相像，但却有着细微的差别，大家应多加留心。[①]

思考题

货币政策还可以通过影响企业现金流来作用到实体经济中。请问，在现金流分析中，最为重要的是短期名义利率、短期实际利率、长期名义利率和长期实际利率中的哪种？

① 除了米什金文章中介绍的这些货币政策的传递机制外，我还想介绍一下学术界在对金融海啸的反思后发现的另一个渠道，参见布鲁诺和希恩（Bruno and Shin，2013）的文章《资本流动与货币政策的风险承担渠道》（Capital Flows and the Risk-Taking Channel of Monetary Policy）。在这篇文章中，两位作者研究了货币政策和银行杠杆率的动态联系。他们证明了银行对杠杆率（冒险意愿）的调节是货币政策传递的关键。模型是开放型经济体模型。货币政策如何影响“冒险意愿”呢？首先，假设全球性银行在资金批发市场上借入美元，然后进行国际放贷；其次，如果某新兴市场国家的货币处于升值通道，资本会向该国流入，于是进一步推动该国货币升值。于是我们会发现，当美国货币政策趋于宽松时，美元利率下行，美元持续贬值，全球性银行在资金批发市场上持续借入美元，银行杠杆率趋升，即“冒险意愿”上升。全球性银行向新兴市场国家的放贷也会增加，从而使全球经济处于上升周期。当美国货币政策开始收紧的时候，所有这些趋势都逆转，便有可能会导致全球经济危机。

本章要点总结

1 货币按流动性高低可分为：M0（流通中现金）、M1（狭义货币）和M2（广义货币）。另外，基础货币是指M0加上银行体系的法定存款准备金、超额存款准备金以及库存现金的总和。货币乘数是指基础货币在经过放大形成M2的过程中所被放大的倍数。

2 货币政策通过传统利率渠道、资产价格渠道、信用渠道，将其影响传递到实体经济中。其中，传统利率渠道的具体表现是：央行通过紧缩货币推高政策利率来降温过热的经济，或通过增加货币供应降低政策利率来刺激低迷的经济。

3 在生活中直观可见的是名义利率，而真正影响企业投资需求的是实际利率。短期而言，由于预期通货膨胀率是可被视为不变的，因此二者对投资的影响是等价的。

4 长期利率是未来一连串预期短期利率的平均值。因此央行的短期政策利率下调以及将来会进一步下调的预期，会降低长期利率、刺激投资需求。

5 扩张性货币政策会推动利率 i 下降，根据“无抛补利率平价理论”，利率下降会引起名义汇率贬值。在短期内，实际汇率会随着名义汇率同步贬值。在马歇尔—勒纳条件下，本币贬值会带来本国均衡总产出增加和净出口增加。

6 托宾 q 是指企业的市场估值与其资产重置成本之比。

7 扩张性货币政策会令股票价格上涨。一方面，当托宾 q 大于1时，这意味着企业扩张成本低而股票发行价格高，因此企业会增发股票来扩张，即投资增加，总产出增加；另一方面，从财富效应看，股票价格上涨意味着经济个体总财富增加，消费会增加，总产出增加。

8 扩张性货币政策会刺激房地产市场，使房价上涨，总产出和总需求增加。一方面，高房价会促使地产商进一步开发，投资增加；另一方面，由于房价上涨带来财富效应，消费也会增加。

9 将托宾 *q* 和财富效应纳入简单 IS-LM 模型中，可分别得到改进后的投资函数和消费函数，得到的新的 IS 曲线仍然是向下倾斜的。

10 货币政策传递中的信贷渠道可分为银行放贷渠道和资产负债表渠道。这些渠道均强调了金融市场上的信息不对称，即逆向选择和道德风险问题。

11 银行放贷渠道具体指：当央行推出扩张性货币政策时，银行储备和存款会增加，从而促使银行增加放款，投资、耐用品消费增加，总产出增加。

12 资产负债表渠道具体指：当央行推出紧缩性货币政策时，一方面股票价格下跌，企业净资产缩水；另一方面利率上升，企业面临的现金流压力加剧。这都会恶化逆向选择和道德风险问题，从而使银行放款减少，投资减少，总产出减少。

13 货币政策传递中的资产负债表渠道还可通过物价变化实现。当货币政策意外收紧时，物价将下跌，企业实际债务负担上升，实际净资产下降，逆向选择和道德风险问题恶化，因此银行减少放款，企业减少投资，总产出减少。

第八章 货币政策的执行过程

货币政策的独立性

本章我们来介绍货币政策到底是如何制定和具体操作的。发达国家的决策和操作程序经过了哪些演化？中国经历了哪些改革？还有哪些亟待解决的问题？

什么是货币政策的最终目标？各国对此有不同的表述。美国国会给美联储制定的目标为“就业最大化、价格稳定、适度的长期利率”。中国在《中国人民银行法》中将货币政策的最终目标设为“维护币值的稳定并以此促进经济增长”。大多数国家赋予央行多重最终目标，一般集中在价格稳定、充分就业、促进经济增长等方面，但也有大约20多个发达国家和新兴市场国家采用了单一目标，即通胀目标体制。

很显然，最终目标越多，实现目标的难度也越大。如果目标之间相互矛盾，那么央行只能做出权衡，结果可能是没有任何一方感到满意。

具体到操作层面又是怎样的情形呢？美国国会赋予美联储操作独

立性，换言之，美联储通过自己的联邦公开市场委员会举行定期会议或特别会议以讨论利率走向，其决策无须报国会批准，但讨论会被全程记录。我们是否可以说美国总统和国会对货币政策的操作毫无影响呢？也不完全是这样。美联储主席由总统提名、国会确认。提名权以及续聘权给了总统对货币政策的某种影响力，但这也不是时时都如愿的。比如，老布什在争取连任时，恰逢格林斯潘任期行将结束。老布什迫切需要美联储对经济进行进一步刺激以帮助他获得连任，因此他很想通过这张“续聘牌”给格林斯潘施压。老布什竞选连任以失败告终，他后来接受采访时说：“我予其所望，他让我失望。”（I reappointed him，he disappointed me）。2018 年 9 月，在美联储主席鲍威尔加息之后，特朗普总统对他进行了公开指责，说：“每当我们做出成绩，他就加息。”（Every time we do something great，he raises interest rates）。特朗普甚至扬言“也许会后悔让他担任美联储主席”。这些都是给美联储主席施加压力的做法。本以为这是美国总统最出格的做法了，结果在 2018 年 10 月我读到了一篇关于沃尔克的采访文章，他回忆 1984 年他与美国总统里根的一次会谈，当时在场的白宫幕僚长詹姆斯·贝克（James Baker）很直白地告诉沃尔克：“总统命令你大选之前不得加息。”这让沃尔克感到震惊。[①]

沃尔克的这一说法也让我感到很震惊，我查阅了里根总统的白宫日记，希望能获得佐证。该日记非常详尽，但只记载了一次 1984 年里根总统和沃尔克的见面，在 2 月 15 日，并且没有提到贝克在场。倒是在 1983 年 11 月 22 日里根总统召见沃尔克时，贝克在场，但日记并没有提到贝克这句出格的言论。日记表明，沃尔克觉得应该控制货币供给和给经济复苏降温，里根总统虽然同意过去几个月通胀上涨的事实

① 沃尔克的回忆录《坚定不移：稳健的货币与好的政府》（*Keeping at It: The Quest for Sound Money and Good Government*）于 2018 年出版。据他所说，会面安排在总统图书馆，他猜测这一安排也许是有意的，因为图书馆不像白宫椭圆形办公室，或许没有安装录音设备。

但觉得没有必要让经济放缓。不排除沃尔克记错年份的可能性，但也不排除里根总统有意漏记或删除了这次会面的记录。①

总的来说，美联储的操作独立程度还是相当高的。

英国货币政策从 1992 年起转为通胀目标体制。目标由政府设置，因此英伦银行缺乏目标独立性。1997 年，布莱尔接任英国首相后不久，财政大臣戈登·布朗（Gordon Brown）宣布赋予英伦银行操作独立性，具体政策由货币政策委员会决定。委员会由英伦银行主席主持，加上 4 名内部成员和 4 名外部成员，每人一票。每次议息会议为时两天（会议前一周还有半天的预备会），充分讨论后记名投票；主席最后投票。财政部可委派代表列席，但无投票权。会议详细记录两周内公布。

欧洲央行由欧盟各成员国的央行组成，比如德国央行拥有欧洲央行 17.9973% 的股份，法国央行拥有 14.1792%，意大利央行拥有 12.3108%，西班牙央行拥有 8.8409%，等等。欧洲央行货币政策由管理委员会（Governing Council）承担制定。管理委员会包括执行委员会的 6 名成员，即欧洲央行总裁、副总裁和 4 名委员，每人任期为 8 年，以及 19 名欧元区成员国央行行长（19 名行长每次会议时采用轮休制分享 15 张投票权）。欧洲央行的主要目标为维持欧元区“价格稳定”（定义为通胀在中期低于但接近 2%）。

中国央行则离操作独立还有相当距离。马骏和管涛在他们 2018 年的一篇文章中指出②，尽管在名义上中国货币政策的最终目标为维护

① 2020 年 4 月 29 日，我按照沃尔克书中提供链接，上网查了里根的日程表，发现 1984 年 7 月 24 日里根总统确实在总统图书馆于下午 3：30 召见了沃尔克，贝克也在场（里根的日程表见第 167 页）。

② 马骏，2014 年至 2017 年任中国人民银行研究局首席经济学家，2017 年加入清华大学金融与发展研究中心，2018 年 6 月兼任央行货币政策委员会委员。管涛，1992 年至 2015 年长期任职于国家外汇管理局，2015 年辞职后加入中国金融四十人论坛。两人对国际金融和货币政策都有很深刻的认识。我希望两位关于赋予中国人民银行及其货币政策委员会的决策权和执行权的建议能够得到慎重考虑。这篇文章的标题为“货币政策框架亟待转型”。两位另著有《利率市场化与货币政策框架转型》（2018）一书。

币值的稳定并以此促进经济增长，但在实际操作中逐步形成了央行应该支持和配合国务院实现几乎所有重要的经济目标的运行机制，这些目标包括通胀目标、GDP 增速目标、就业目标、金融稳定目标、各种类型的国际收支平衡目标（往往包括汇率稳定目标、外汇储备稳定目标、经常项目平衡目标，甚至包括与某些国家之间的双边汇率和贸易平衡目标）、结构调整目标（如支持某些特定产业）等。

难怪民间将中国人民银行称为“央妈”，确实是啥事都得管。众口难调，难啊！而且，中国的货币政策决策机构不在央行，而在国务院。央行的货币政策委员会目前只是咨询机构，并非决策机构，这一点不是大多数民众所了解的，因此部分民众可能会误将央行货币政策委员会中某些委员的一些公开言论解读成央行政策的风向标。这是令人遗憾的。

马骏和管涛在他们的文章中建议“修改《中国人民银行法》，将货币政策的决策权和执行权赋予人民银行或货币政策委员会。另外，可以参考高等法院在我国政体中的地位，规定人民银行向全国人大负责和报告，从制度上和人事体制上确保货币政策的独立性”。我非常支持这一建议，因为货币政策的独立性与金融体系的稳定性一样，对经济平稳运行有着深远的影响。下面我们就货币政策的独立性进行理论和实证方面的探讨。

一般来说，货币政策的目标独立性非常少见，但前面提及的美联储、英伦银行、欧洲央行都具有操作独立性。为了确保对央行的问责，央行政策制定的过程必须相当透明。1989 年以来，随着相当多的国家对通胀目标体制的采纳，央行的操作独立性都在加强。这一趋势与两类学术研究成果相关。第一类是关于遵循规则与相机抉择（Rules versus Discretion）政策优劣的有关争论，强化了央行维持信誉对降低通胀预期的重要性。这一点我们在介绍“大缓和”的时候提到过。第二类是实证研究，讨论央行操作独立性与通胀的关系。如图 8–1[①] 所示，央行操作独立性（横轴）越强的国家，平均通胀率（竖轴）越低。

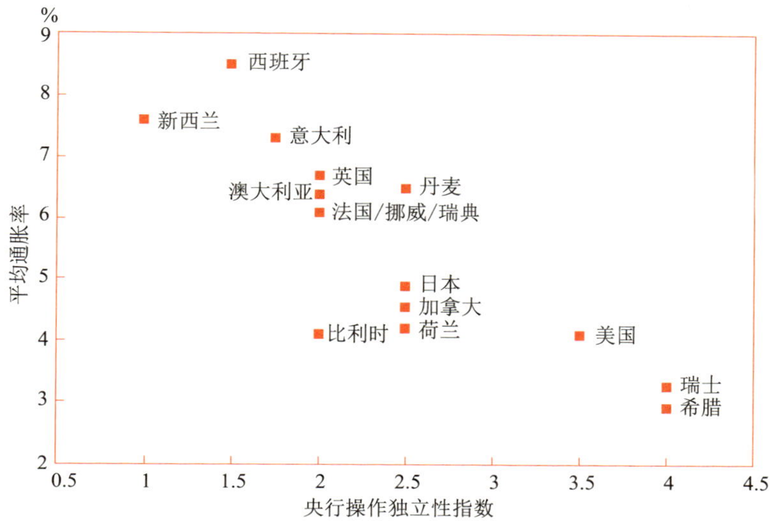

图 8–1　央行操作独立性指数与平均通胀率

当然，这一结果并非完全没有争议。坎皮略和米龙（Campillo and Miron）在他们 1997 年的文章中研究了 62 个国家从 1973 年至 1994 年的年均通胀率和央行操作独立性的关系，并发现在 18 个高收入国家中，央行操作独立性越强则年均通胀率越低，但对其他国家而言，这一结论并不成立。

这个实证结果是通过跨国比较得到的，另一个实证结果是通过案例分析得到的。1997 年 5 月 6 日，戈登·布朗在宣布赋予英伦银行操作独立性时说："这项措施的成功，下一周可能见不到，甚至下一年都不一定会出现，但从长远来讲成功是肯定的。"有意思的是，美联储的

① 图片来源于阿尔贝托·阿莱西那（Alberto Alesina）和劳伦斯·萨默斯（Lawrence Summers）于 1993 年发表的文章，样本区间为 1955 年至 1988 年。

一位研究人员马克·斯皮格尔（Mark Spiegel）发现债券市场在该措施宣布的当天就有了反应。他比较了英国债券市场两类债券的利率，一类是我们熟悉的，另一类是与通胀挂钩的。通过这一比较他推断出投资者对通货膨胀的预期。他发现，措施宣布的当天预期通货膨胀率下降了35个基点，两周后降了60个基点。为什么投资者会有这样的反应呢？因为投资者预计英伦银行在拥有操作独立性之后可以不受现任政府的左右，从而能更有效地控制通货膨胀。

央行的独立性必须与透明的决策程序相伴，这样可以促使决策人慎重对待决策，同时也让民众了解他们的利益是否在某些决策人身上有所体现。比如，由于美联储的投票是公开的，那些担心通货膨胀的民众就很清楚纳拉亚拉·科切拉科塔（Narayana Kocherlakota）和查尔斯·普罗索（Charles Plosser）这两位联邦公开市场委员会委员就曾代表他们的利益，此二人多次对定量宽松政策投出反对票。

思考题

请问，对所有国家而言，央行操作独立性越强则年均通胀率越低吗？

货币政策工具演变

央行货币政策独立性有利于治理通货膨胀，我个人希望看到央行操作独立性的早日实现和决策透明度的进一步提升。本节主要介绍货币政策工具的历史演变，尤其是中国的货币政策工具的改革进程。

货币政策工具分为直接货币政策工具和间接货币政策工具，二者各有优势和不足。

直接货币政策工具包括信贷上限、定向信贷政策和利率管制等。

信贷上限顾名思义就是给每家银行设定信贷上限，每家银行再给分支机构设定信贷上限。这种做法的好处是可以严格控制信贷总量，不至于造成信贷增长失控和恶性通货膨胀。坏处是管得太细，银行无法根据本地区的发展情况和自身条件按照风险与回报的考量去做决策。

定向信贷政策指的是国家划定重点支持项目，以引导银行资金的分配。其好处是可以执行产业政策，重点扶持诸如钢铁、汽车、电信、能源等项目，坏处是信贷分配的过程中寻租空间很大，政治参与太多。

20世纪80年代以前，利率管制在世界各国相当普遍，即使到了20世纪80年代后期也仍有不少国家，包括部分发达国家，还在沿用这一工具。中国利率市场化采取的是渐进式改革模式，先外币，后本币，先长期大额，后短期小额，先同业市场，后个人业务，先贷款，后存款。1996年6月，央行放开了银行间同业拆借利率。2004年10月，央行不再设定商业银行人民币贷款利率上限和存款利率下限，逐步放宽贷款利率下限并于2013年7月完全取消，逐步放宽存款利率上限并于2015年10月完全取消。从1996年算起，前后经历将近20年的时间，中国利率市场化基本完成，但还有一些善后工作需要处理。

利率管制有什么好处？为什么不一开始就让市场决定？利率管制的好处在于以下几点：第一，避免银行高息揽存，也就是银行间价格战。高息揽存必然导致更高息贷款。上一章我们谈到过逆向选择问题，那些愿意支付高息来获取贷款的企业一定是风险较高的企业。因此利率管制可以避免这一类风险；第二，利率管制使政府容易维持银行利差，保证银行收益和银行体系的稳定性；第三，政府如果能将企业贷款利率维持在低位，就可以降低企业的融资成本，提高企业出口竞争力。

第四，如果货币政策的利率传递机制缺失，比如大额资金转账和货币市场交易系统等金融基础设施薄弱以及法律法规不健全，都会让政府倾向于直接设定存贷款基准利率和浮动范围。

那么，利率管制的坏处又有哪些呢？首先，利率管制易造成市场扭曲，银行业缺乏竞争，因此服务和资源配置效率都很低；其次，存款人的利益受到损害。1993 年我到香港工作时，香港的存款利率由银行公会设定上限。银行公会并不是政府机构，而是属于行业协会等自律机构。香港科技大学经济系系主任郑国汉教授就曾批评香港银行公会的做法近乎卡特尔（Cartel），他指出存款利率上限应予以废除。1997 年，郑国汉教授在北大的一次演讲中提到，香港政府在 1994 年发布的一份竞争力报告中称，在香港存款的回报比在美国存款的回报低 2.2% 到 2.6%。据计算，在 1987 年至 1992 年期间，银行每年的垄断租金高达香港 GDP 的 1%。为此，消费者委员会列出三阶段废除香港金融垄断时间表并建议金融信息公开，包括银行贷款分类、坏账准备金、不良贷款比例、收入分类和存贷款期限匹配等信息。这些举措使香港银行体系的竞争力在过去 20 年里有了大幅提升。

随着全球化的推进和金融创新的发展，各国金融业的竞争日益加剧，金融产品层出不穷，利率管制变得越来越困难，许多国家走上了利率市场化的道路。大部分发达国家在 20 世纪 80 年代和 90 年代相继完成这一改革，中国至 2015 年 10 月也基本完成了。上文提到的善后工作有以下几点：第一，利率放开了，但市场上的刚性兑付和隐性担保并没有消除。也就是说，价格放开了，市场参与机构（和个体）的行为却没有改变，这可能会导致严重的道德风险，从而令金融风险大幅上升。中国央行货币政策委员会前委员黄益平教授认为这是非常令人担心的，我也曾在不同场合中呼吁我们需要打破刚性兑付才能催生健康的债券市场。第二，银行监管需要跟得上金融创新的速度。即使像美国这样的发达国家，其银行监管都没能成功避免金融海啸，中国是否需要更为谨慎并尽快提升监管能力呢？化解金融风险是中国监管当局工作的重中之重。第三，解决目前对基准利率认识的混乱，打造政策利率走廊。马骏和管涛在他们的文章中建议“宣布启用某个短期利率（如7天回购①利率）为唯一政策利率，在政策利率上下正式设立走廊，以超额存款准备金利率为走廊下限，以常备借贷便利②利率为走廊上限。在明确政策利率的同时，宣布取消存贷款基准利率，并宣布其他利率（如中期借贷便利③利率、抵押补充贷款④利率、定向中期借贷便利⑤利率）不是常态化调控的目标利率”。

---

① “回购”是两个机构Z和N团购之间的质押融资协议的一种。Z是资金需求方，或称流动性需求方（正回购方），N是资金提供方（逆回购方）。7天回购，即Z向N提供金融票据比如国债或央行票据作为质押以从N处获得资金，7天后Z将资金连本带息还给N“购回”金融票据。由于有金融票据作为质押，故利息通常较低。该利息年化后被称为7天回购利率。如果N是央行，且N与金融机构Z1、Z2、Z3……开展这一交易，那就是央行通过逆回购向金融体系先注入流动性并于7天后收回。如果Z是央行且Z与金融机构N1、N2、N3……进行交易，那就是央行通过正回购来从金融体系先回笼流动性并于7天后重新注入。

② 常备借贷便利（Standing Lending Facility，简写为SLF），由中国人民银行于2013年创设，与美联储的贴现窗口（Discount Window）、欧洲央行的边际贷款便利（Marginal Lending Facility）、英格兰银行的操作性常备便利（Operational Standing Facility）、日本银行的补充贷款便利（Complementary Lending Facility）、加拿大央行的常备流动性便利（Standing Liquidity Facility）类似，便于央行承担最后贷款人的义务。SLF期限为一到三个月。SLF的利率由央行设定，以抵押方式发放，合格抵押品包括高信用评级的债券类资产及优质信贷资产。SLF由金融机构根据自身需求而主动发起。

③ 中期借贷便利（Medium-term Lending Facility，简写为MLF），由中国人民银行于2014年9月创设，与SLF最大的区别就是它期限较长，一般是3个月、6个月、一年。而且，央行要求金融机构把通过MLF申请来的贷款资金投放到“三农”和小微企业上。利率通过招标决定。

④ 抵押补充贷款（Pledged Supplemental Lending，简写为PSL），指经国务院批准，为支持国民经济重点领域、薄弱环节和社会事业发展，中国人民银行以质押方式向金融机构提供的特种贷款。其发放对象为国家开发银行、中国进出口银行和中国农业发展银行，以及经国务院批准的其他金融机构。其发放原则为“特定用途、专款专用、保本微利、确保安全”。其合同期限为一年，可以展期，展期金额和展期次数由中国人民银行确定。

⑤ 定向中期借贷便利（Targeted Medium-term Lending Facility，简写为TMLF），为加大对小微企业、民营企业的金融支持力度，中国人民银行决定创设定向中期借贷便利，根据金融机构对小微企业、民营企业贷款增长情况，向它们提供长期稳定的资金来源。支持实体经济力度大、符合宏观审慎要求的大型商业银行、股份制商业银行和大型城市商业银行向中国人民银行提出申请。定向中期借贷便利资金可使用3年，操作利率比中期借贷便利利率优惠15个基点，目前为3.15%。

发达国家央行的货币政策工具基本上于20世纪80年代完成了从直接工具向间接工具的转变，中国也逐渐完成了这一转变。利率市场化是央行的货币政策工具从直接工具转向间接工具的一个部分，即建立政策利率。提高政策利率就是收紧银根，降低政策利率就是放松银根。除此之外，另外两项常用的间接货币政策工具是法定存款准备金率与公开市场操作。

法定存款准备金率比较容易懂，比如，自2018年10月15日起，中小型银行存款准备金率从原来的13.5%下降为12.5%，也就是说一家拥有100亿元存款的小型银行原来需要存13.5亿元于该行在央行所开的账户中，以作为法定存款准备金，2018年10月15日后只需存入12.5亿元，省下的1亿元可以用于开展贷款业务。显然，央行降低法定存款准备金率意味着放松银根，执行的是扩张性货币政策。

公开市场操作是指央行通过向银行间市场投放或回收流动性的操作。央行的这些操作分两类：一类叫作公开市场购买，另一类叫作公开市场卖出。央行从公开市场购买什么呢？它可以购入国债或者购回央行过去发行但尚未到期的票据。假设央行从市场上购回1000亿元央行票据或者国债，那就表明市场中多出了1000亿元基础货币。所以央行进行公开市场购买是扩张性货币政策。

如果央行卖出原来持有的国债或者新发行2000亿元的央行票据，那么这就等同于从市场中回笼了2000亿元基础货币。因此央行进行公开市场卖出是紧缩性货币政策。

央行在公开市场中的交易对手就是能够承担大额债券交易的40家商业银行。上文为了便于介绍，举的都是现券交易的例子，但央行也可以通过正回购来临时回收流动性，或通过逆回购临时投放流动性。

央行票据，即中国人民银行发行的短期债券。央行票据与国债都是债券，那它们有什么区别呢？

财政部发行国债是因为政府需要弥补税收与开支的缺口，即政府发债所获得的资金是用来花的，因此这笔资金仍在流通中。央行发行票据并不是因为央行有支出的需要。央行发行票据是为了将市场中流通的资金回收到央行，其目的是减少流通中的货币，从而有利于控制通货膨胀。央行票据到期偿付体现为央行投放基础货币。届时如有必要，央行可以发行新的票据将基础货币收回。

间接货币政策工具的优点是它便于央行管理整个银行系统的流动性，同时给予商业银行根据风险和回报分配资源的自主权，也就是说银行各自做自己的功课而不是在资金分配和资金定价上完全被动地接受央行的指令。间接货币政策工具的缺点是部分银行可能会因为经营不善或急功近利而铤而走险。因此，央行和相关监管机构需要完善对每家银行的非现场监测和现场检查，防患于未然。[①] 我在国际货币基金组织工作时曾和美联储及国际清算银行专家合作，在昆明和成都给中国的银行监管部门进行过培训。郑国汉与武常岐著有《竞争政策与企业监管》一书，其中也有对银行业方面的专门论述。

思考题

中国的利率市场化从 1996 年开始，前后经历将近 20 年时间，于 2015 年 10 月基本完成，但还有一些善后工作需要处理。请问，这些善后工作包括哪些？

① 央行的一项重要功能是“最后贷款人”。有时某家银行出现短期流动性困难，但市场可能因其资产素质不甚清晰而不愿意向它提供借贷，此时便需要央行作为“最后贷款人”来解决困境。在已知某银行已经资不抵债的情况下，央行是否应该作为“最后贷款人”予以救助，学术界有很大争议。如果救助，就会在银行系统内滋生“道德风险”，银行界将来会更愿意冒险，从而导致未来的金融体系更加不稳定。如果不救助，就可能立刻导致投资者恐慌，引发一系列银行挤兑。

通胀目标体制

在讨论理性预期革命以及遵循规则的重要性时，我们就提到过学术界在这一方面的研究对央行货币政策操作的指导意义。尽管如此，通胀目标体制的实践仍然是一个摸索的过程。第一个采用通胀目标体制的国家是新西兰，始于《1989 年新西兰储备银行法案》。该法案出台的背景是，从 1974 年石油危机至 1988 年，新西兰的通胀率几乎每年都在 10% 到 20% 之间，改革势在必行。这一改革体现在四个方面：操作独立性、政策透明度、单一通胀目标（0 到 2%）、行长负责制。前两个方面容易理解，单一通胀目标是全球首例，单一目标与行长负责制的意思是说：如果行长连这一件事都做不好，那他就只有另谋高就了。这不是开玩笑，该法案第九节表达的就是这个意思。

新西兰这一法案确实比较出格，出格之处在于，这样一来央行行长如果为了达到通胀目标而使经济陷入衰退怎么办？政策透明度的要求可以缓解这一顾虑。央行需要即时出具政策报告，分析经济前景，解释具体政策操作，行长也需面对议会听证。

该法案于 1990 年 2 月生效，新西兰通胀率几乎应声而落，且之后基本上都处于低位。新西兰 GDP 增长率除了在法案生效不久后的 1991 年和发生全球金融海啸的 2008 年约为 -1.5% 之外，其他时间段均随着全球的经济周期上下起伏，但都为正增长，如图 8-2 所示。通胀率的快速下降和之后的稳定都主要归功于《1989 年新西兰储备银行法案》为经济个体和企业建立了良好的通胀预期。

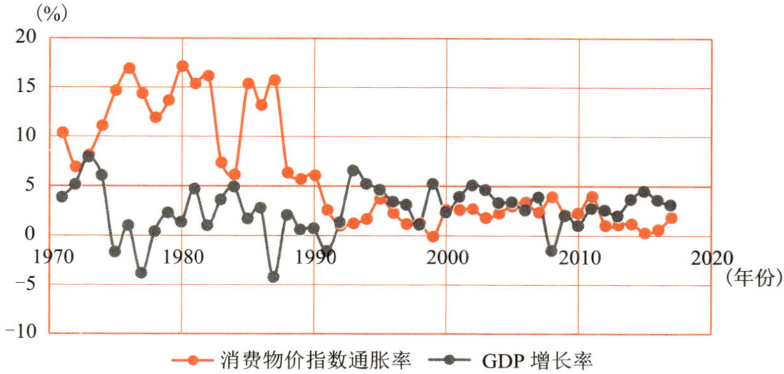

图 8-2 新西兰消费物价指数通胀率和 GDP 增长率

在新西兰率先推出通胀目标体制后的 5 年间，加拿大、以色列、英国、瑞典、芬兰、西班牙等国家纷纷采用了某种形式的通胀目标体制。在金融海啸发生之前已有 29 个国家采用了这一体制（图 8-3），其中包括 14 个高收入国家、15 个新兴市场国家和发展中国家，包括巴西、波兰、智利、泰国、韩国、墨西哥、菲律宾、土耳其等。[①]

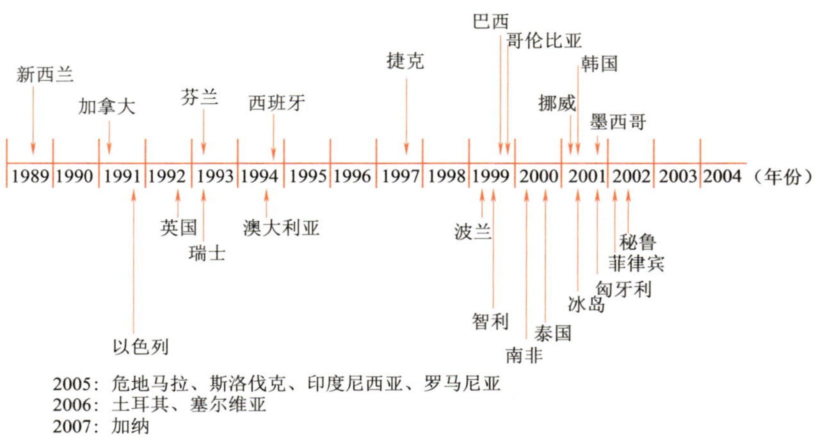

图 8-3 时间线：29 个国家宣布采用通胀目标体制

① 到目前为止，还没有哪一个国家退出通胀目标体制，这也许可以说明该体制实践的结果还比较令人满意。当然，从严格的单一通胀目标体制过渡到较为灵活的通胀目标体制的情况是存在的。

新西兰在推出通胀目标体制的初期，目标单一，责任由行长独自承担，这对于建立央行的威信很有帮助。其他国家在借鉴新西兰的经验时，也充分强调控制通胀的重要性，但它们还是略微分一些权重给经济增长或者就业。这种做法我们称为灵活的通胀目标体制（Flexible Inflation Targeting）。在灵活的通胀目标体制框架下，通胀目标大都以一个比较窄的区间来表示，有一些国家公布下一阶段通胀的中心点，比如 2%，然后希望通胀能被限制在 1% 至 3% 的区间中。大多数实施这一体制的国家都选择 2% 或 3% 作为中心点，也有部分国家不公布中心点而只公布目标区间。

所谓下一阶段指的到底是哪一阶段，这也是需要明确的。有一些国家会公布短期通胀目标，比如一年的目标，以及中期通胀目标，比如两到三年的目标。前面我们也谈到了政策透明度，有些国家的央行，比如瑞典中央银行，不仅发布对通货膨胀和实体经济的预测，甚至会发布估计央行在未来数年政策利率走势的 A、B、C 三个方案，并公布货币政策委员会委员们各自投票支持的是何种方案。拉尔斯·斯文森（Lars Svensson）教授在他于 2010 年发表的关于通胀目标体制的文章中写道："在 2009 年的货币政策会议中……大部分委员选择了中间方案，即方案 B……会议记录显示当时的争论非常激烈，包括零回购利率是否切实可行等……"斯文森教授也是委员之一，他对会议决议通过的方案 B 投了反对票，他的选择是更为激进的方案 C。由于所有这些内容都是公之于众的，每一位委员自然会非常慎重，既会据理力争，又会斟酌是加入多数派还是维持自己的独立意见。每一位委员都需要通过严谨地分析和判断来维护自己的公信力。

通胀的度量有很多，至于央行在与财政部订立的通胀目标合约中使用的是哪一种也是需要明确的。绝大多数国家使用的是整体消费物价指数通胀率，即 Headline CPI Inflation。有些国家，比如捷克和韩国，起初用的是核心消费物价指数通胀率，即排除了水果、蔬菜、燃料等价格波动较大的物品之后的通胀率，但后来也都改为使用整体消费物价指数通胀率。目前唯有泰国还在依据核心消费物价指数通胀率来设定通胀目标。

通胀目标体制执行的关键是对未来通胀率的预测，以及预测通胀率和其他经济变量在未来不同政策利率环境下的走势。在通胀目标体制出台的最初几年，是否发布通胀率和经济预测是一个棘手的问题。大家都知道预测的难度，虽然发布预测有利于增加透明度，但如果发布的预测时常与现实背离，那么央行的预测能力和可信度则会被打上问号。现在的趋势是央行倾向于发布这些预测，只不过发布的方式比较灵活，比如扇形预测（深色部分为最为可能出现的情形），见图 8–4 挪威中央银行（Norges Bank）于 2008 年 1 月发布的通胀率预测和图 8–5 中英伦银行发布的通胀率预测，其中图 8–4 中的第四幅图上的 CPI-ATE 指的是 CPI adjusted for tax changes and excluding energy，即对税收变化进行过调整并将能源价格因素排除之后的消费价格指数通胀率。

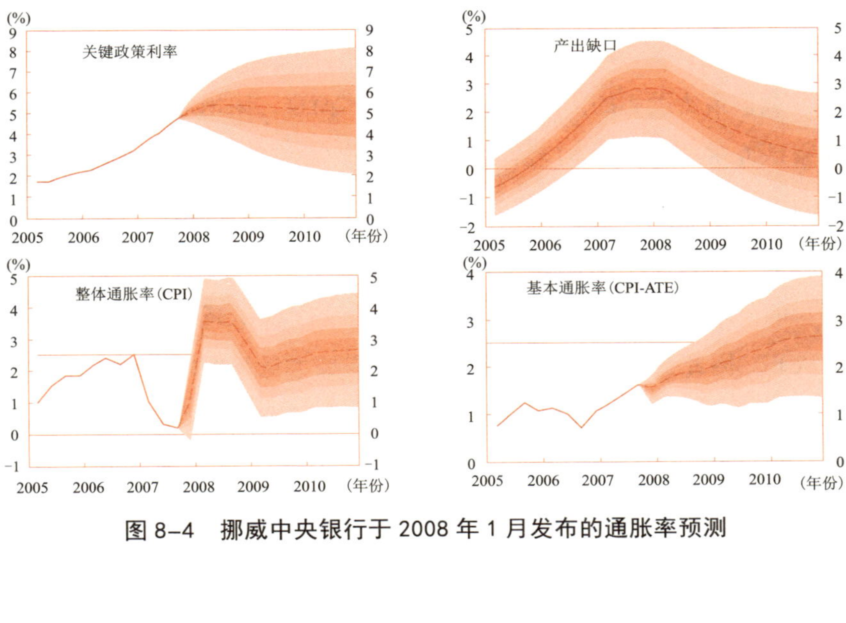

图 8–4 挪威中央银行于 2008 年 1 月发布的通胀率预测

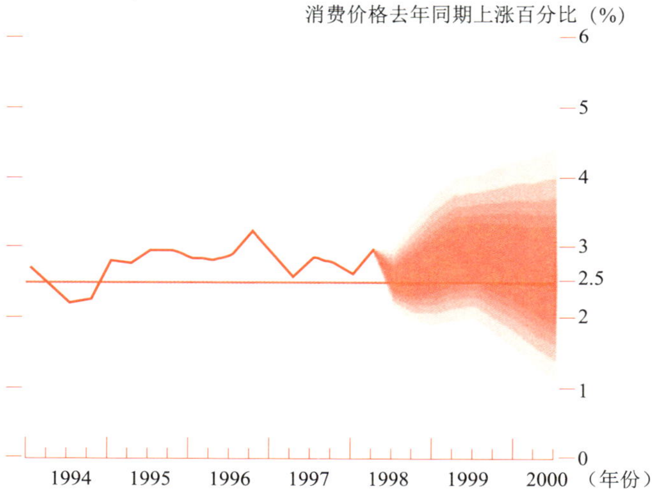

图 8–5 英伦银行发布的通胀率预测

由于这类宏观预测是相当难的，实际通胀率脱离目标区间的情况也时有发生，实际通胀率过高的情况约占所有这类宏观预测的 36%，过低的情况约占 18%。问题在于，一旦脱离目标区间，央行需要说明它打算采取什么行动使通胀率在可预见的将来回到目标区间内。数据显示，央行平均一般在不到 9 个月的时间里能使通胀率回到目标区间（斯科特·罗杰，2009）。

我们最为关心的问题当然是，从整体而言，采用通胀目标体制的国家是否在通胀和实体经济增长的表现方面比那些采用其他货币政策体制的国家要更优越。要回答这个问题其实还真的比较困难，因为各个国家都有其自身的一些特点，也处在不同的经济发展阶段，而且相当一部分选择采用通胀目标体制的国家是由于吃了高通胀的苦头才下的决心。因此要想得到令人信服的结论需要大量细致的实证工作。拿计量经济学的术语来说，就是我们要在控制所有其他可能的因素后才能判断通胀目标体制的优劣。

虽然实证结论各有差异，经济学家们还是取得了一定的共识。就高收入国家而言，通胀目标体制的优越性并不明显。[①] 而在中低收入国家中，采用通胀目标体制的国家在平均通胀率和通胀的波动率方面都比其他没有采用的要低，即表现得更好。[②] 图 8–6[③] 展示的是不同国家引入通胀目标体制的前后对比。

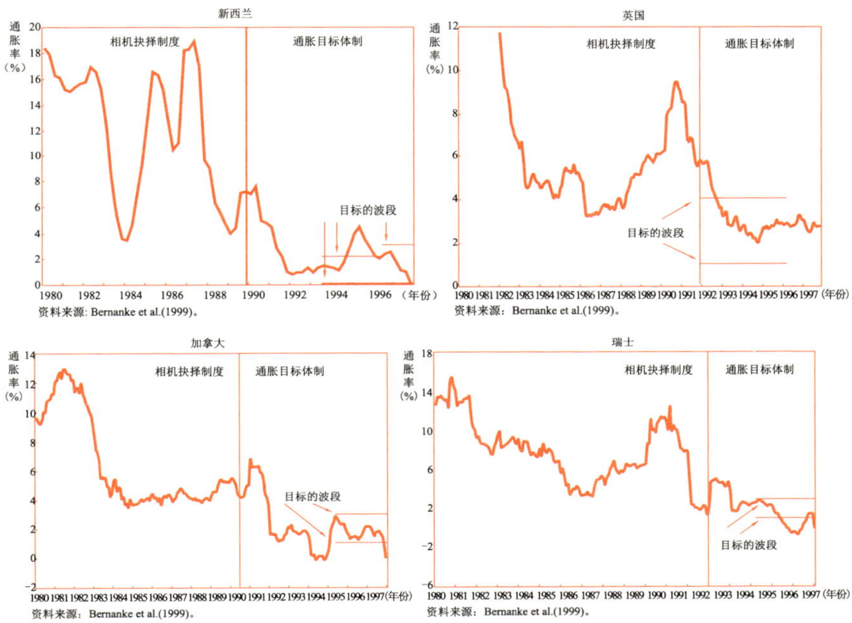

图 8–6　部分国家引入通胀目标体制前后通胀率的变化

至于通胀目标体制是否过于看重通胀而忽视了就业和实体经济的

① “就高收入国家而言，通胀目标体制的优越性并不明显”这一结论见叶海春等人的文章《通胀目标体制真的有作用吗？评估 7 个工业国通胀目标体制的处理效果》（Does Inflation Targeting Really Make a Difference? Evaluating the Treatment Effect of Inflation Targeting in Seven Industrial Countries），以及米什金等人的文章《通胀目标体制下的货币政策》（Monetary Policy under Inflation Targeting）。

② “中低收入国家中，采用通胀目标体制的国家在平均通胀率和通胀的波动率方面都比其他国家要低，即表现得更好”这一结论见叶海春等人的文章《通胀目标体制真的对发展中国家有影响吗？》（Does Inflation Targeting Really Make a Difference in Developing Countries ? ）。

③ 图片分享自安德鲁 · 罗塞（Andrew Rose）教授。

增长这一问题，拉文斯·斯文森教授在对比了多项实证研究后所得的结论是：不必担忧。他认为，在降低通胀率的过程中，采用通胀目标体制的国家在产出方面的损失比其他国家要低。国际货币基金组织的斯科特·罗杰指出，该体制对大宗商品价格和金融危机冲击有较好的抗击作用。伍德福德教授在他于 2012 年发表的一篇文章中认为通胀目标体制经过适当拓展，可以将金融稳定性考虑进去，我们无须放弃这一体制。

中国的货币政策操作体系经过 20 多年的改革已有了长足的进步，而且在过去的 20 年里基本上没有出现令人担心的通货膨胀，唯一的疑问在于如何在化解房产泡沫和去杠杆的同时避免经济硬着陆。这一难题不仅需要中国央行谨慎行事，还需要财政部和其他监管部门乃至地方政府精诚合作。中国政府可以考虑精简央行的政策目标，使之更为清晰。至于是否称之为通胀目标体制似乎并不是太重要，重要的是央行要提升政策透明度，及时发布前瞻性分析、通胀预测以及指明未来政策利率走势。这些定量的前瞻指引将有利于政府管理好通胀预期和化解金融风险。

思考题

请问，你认为通胀目标体制会因过于看重通胀而忽视了就业和实体经济增长吗？

附图 1984 年 7 月 24 日里根总统日程表（部分）

THE WHITE HOUSE

THE DAILY DIARY OF PRESIDENT RONALD REAGAN

LOCATION: THE WHITE HOUSE, WASHINGTON, D.C.

DATE: JULY 24, 1984

TIME: 2:12 p.m.　DAY: TUESDAY

		PHONE (P = Placed, R = Rec'd)	
2:12			The President went to the White House theatre.
2:12	3:24		The President participated in a pre-news conference briefing with senior White House staff.
3:21		R	The President was telephoned by William J. Casey, Director of the Central Intelligence Agency (CIA). The call was not completed.
3:24			The President returned to the second floor Residence.
3:30			The President went to the White House Library.
3:30	4:06		The President met with: Paul A. Volcker, Director of the Board of Governors of the Federal Reserve System Mr. Baker Mr. Meese Mr. Deaver Richard G. Darman, Assistant and Deputy to the Chief of Staff
4:06			The President returned to the Oval Office.
4:14	4:16	P	The President talked with Mr. Casey.
4:20			The President went to the Barber shop.
			The President had a haircut.
5:00			The President returned to the second floor Residence.
6:45			The President had dinner with: The First Lady Maureen Reagan Revell, the President's daughter Dennis Revell, husband
7:35	7:50		The President met with: Mr. Baker Mr. Deaver
7:51			The President went to the Blue Room.
8:02			The President went to the East Room.
8:02	8:35		The President participated in his 26th Press Conference. The President's remarks were broadcast live over nation-wide radio and television. Members of the press

本章要点总结

1 关于货币政策的最终目标，各国表述不尽相同。大多数国家赋予央行多重最终目标，一般集中在“价格稳定、充分就业、促进经济增长”等方面；但也有 20 多个发达国家和新兴市场国家采用了单一的通胀目标体制。

2 美联储的操作独立程度相当高。美国国会、总统通过拥有美联储主席的提名权和续聘权可以在一定程度上影响货币政策。

3 英国货币政策从 1992 年起转为由政府设置的通胀目标体制，英伦银行于 1997 年获得操作独立性；欧洲央行货币政策由管理委员会承担制定，其主要目标为维持欧元区“价格稳定”；中国央行尚未实现操作独立，货币政策决策机构是国务院。

4 随着相当多的国家对通胀目标体制的采纳，央行的操作独立性都在加强。有实证研究发现，在 18 个高收入国家中央行操作独立性越强，年均通胀率越低。原因部分在于央行有了操作独立性后可以不受现任政府的左右，从而能更有效地控制通货膨胀。

5 货币政策工具分为直接货币政策工具和间接货币政策工具。直接货币政策工具包括信贷上限、定向信贷政策和利率管制。间接货币政策工具包括政策利率、法定存款准备金率和公开市场操作。

6 在 20 世纪 80 年代以前，利率管制在世界各国相当普遍。然而，随着全球化的推进和金融创新的发展，利率管制变得越来越困难，许多国家走上了利率市场化的道路。中国利率市场化采取的是渐进式改革模式，至 2015 年 10 月基本完成。

7　发达国家央行货币政策工具基本上于20世纪80年代完成了从直接工具向间接工具的转变，中国也逐渐完成了这一转变。央行放松银根的方式包括降低政策利率、降低法定存款准备金率和公开市场购买；央行收紧银根的方式包括提高政策利率、提高存款准备金率和公开市场卖出。

8　间接货币政策工具的优点是它便于央行管理整个银行系统的流动性，同时给予商业银行根据风险和回报分配资源的自主权。缺点是部分银行可能会因为经营不善或急功近利而铤而走险。

9　新西兰于1989年率先推出了通胀目标体制，使其通胀率得以快速下降并实现长期稳定。直至金融海啸发生前，已有29个国家采用了这一体制，其中包括14个高收入国家、15个新兴市场国家和发展中国家。

10　充分强调控制通胀，同时也关注经济增长或就业的体制框架，被称为灵活的通胀目标体制。在灵活的目标体制框架下，通胀目标大都以一个比较窄的区间来表示。在通胀度量上，绝大多数国家使用整体消费物价指数通胀率。

11　通胀目标体制执行的关键是对未来通胀率的预测，以及通胀率和其他经济变量在未来不同政策利率环境下的走势。实证研究显示，对于高收入国家而言，通胀目标体制的优越性并不明显；但在中低收入国家中，采用通胀目标体制的国家在控制通胀方面比其他没有采用的表现得更好。

12　中国货币政策的唯一疑点在于如何在化解房产泡沫和去杠杆的同时避免经济硬着陆，中国政府可以考虑精简央行政策目标，但更重要的是央行要提升政策透明度，及时发布前瞻性分析、通胀预测以及指明未来政策利率走势。

第九章　收益率曲线与其他关键指标

收益率曲线倒挂：此处“熊出没”

货币政策的作用存在一定滞后性，且滞后期并不是一个常数，有时是半年，有时会长达一年半。因此，央行的政策需要有一定的提前量。问题是，市场上哪些经济变量可以帮助央行做前瞻性判断呢？

一般而言，央行关注的经济变量包括信贷、货币总量、货币市场利率、大宗商品价格、消费者信心指数、采购经理指数、汇率、股票指数、劳工市场报告和收益率曲线。其最终目标是对经济运行做一个整体判断——经济是处于平稳状态，还是偏于过热状态，还是即将或者已经进入衰退状态。我们来先看收益率曲线和它在货币政策中的运用。

我们在讨论 2008 年 9 月雷曼兄弟破产事件的时候曾引入收益率曲线这一概念，并指出中国政府债券收益率曲线在危机期间出现整体下移。收益率曲线刻画的是年化利率与债券期限之间的关系。年化利率也被称为年化收益率或年化回报率。债券期限可以是 7 天、30 天、

90天、1年、3年、5年、10年等，各国不尽相同。美国的一种期限长达30年的政府债券曾于2002年2月18日停止发行，但在4年后的2006年2月18日又重新登场。

如果以债券期限为横轴、年化收益率为纵轴来画一条收益率曲线，大家觉得它应该是向上倾斜的还是向下倾斜的呢？

从直觉来讲，我们可能会认为它应该是向上倾斜的。如果有人去银行存过定期或者买过理财产品的话，就会观察到短期产品的年化利率低于相应的长期产品。这一规律是否在国债或其他债券市场上都成立呢？实际上，长期国债利率是有可能比短期国债利率更低的，这种情况我们称为收益率曲线倒挂。收益率曲线倒挂虽然很少见，但在美国国债市场上还是出现过几次的。图9–1的左侧显示的就是2006年11月14日的美国国债收益率曲线出现倒挂的情形，右侧显示的是美国股市的标准普尔500指数在2000年至2018年的走势。

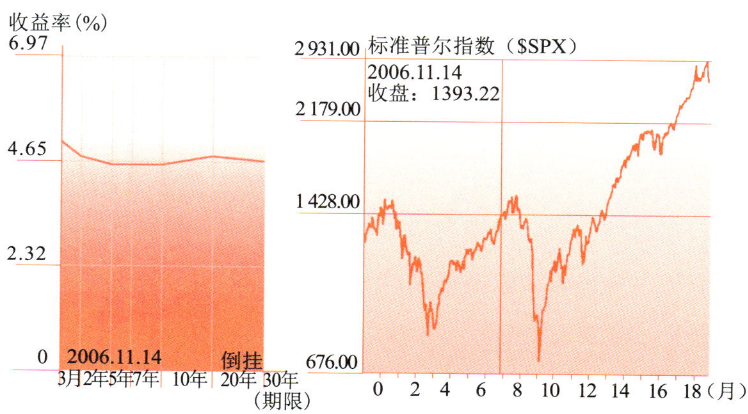

图9–1　美国国债收益率曲线倒挂情形

中国的国债收益率曲线是否也出现过倒挂的情形呢？局部倒挂是有的，比如2017年5月17日，国债7年期与10年期利率出现倒挂，

3 年期与 5 年期也出现轻微倒挂，见图 9–2。图 9–2 中的曲线形状有点像字母 M，其实 M 形（或者叫驼峰形）收益率曲线在美国国债市场上也时有出现。如果你看了美国的收益率曲线的动态图，就会发现确实如此。至于是什么原因导致了这种奇特的曲线，我个人认为最有可能是投资者在某个时间段对某个期限的债券有特别的需求，或者是某些期限比如 10 年期的债券的流动性比较高，从而吸引了投资者，那么 10 年期债券的竞标价格就会较高，投资者同意较高的购买价格也就等同于接受了该期限债券较低的收益率。

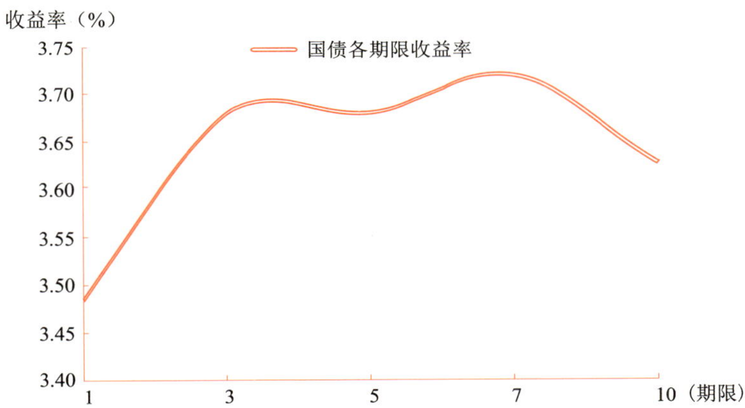

资料来源：wind、招商证券。

图 9–2　中国国债收益率曲线倒挂情形

关于收益率曲线的形态有三种理论互为补充。第一种是预期理论，即远期利率 = 预期未来短期利率 + 风险溢价。如果债券市场上的投资者多数为短期投资者，那么为了促使他们投资长期债券，这个风险溢价就应该是正的。如果市场上的投资者多数为长期投资者（比如投资人寿基金、退休基金的人），那么为了促使他们投资短期债券，这个风险溢价应该为负的。因此收益率曲线的形态取决于债券市场投资者构成的变化。第二种是流动性溢价理论，即借债的人总是希望债券期限较长而债券购买者更偏爱债券期限较短[①]。因此，一般来说，远期利率 = 预期未来短期利率 + 正的流动性溢价。图 9–3 显示，在流动性溢价（1%）和预期未来短期利率（10%）都为常数时，收益率曲线是上升的。

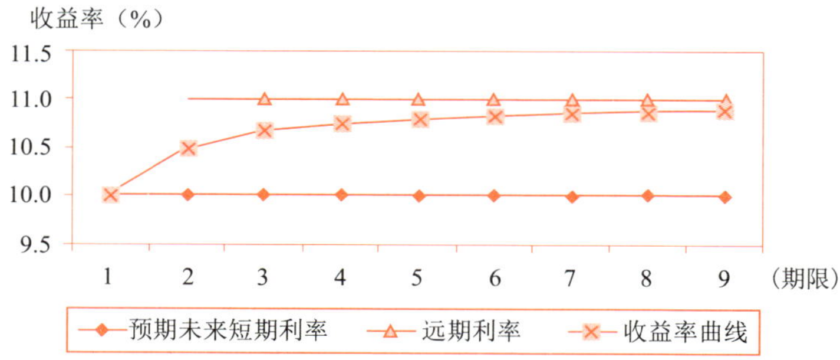

图 9–3 当流动性溢价和预期未来短期利率都为常数时，收益率曲线呈上升情形

而当流动性溢价不变、预期未来短期利率下跌时，收益率曲线呈驼峰形，见图 9–4 实线部分。

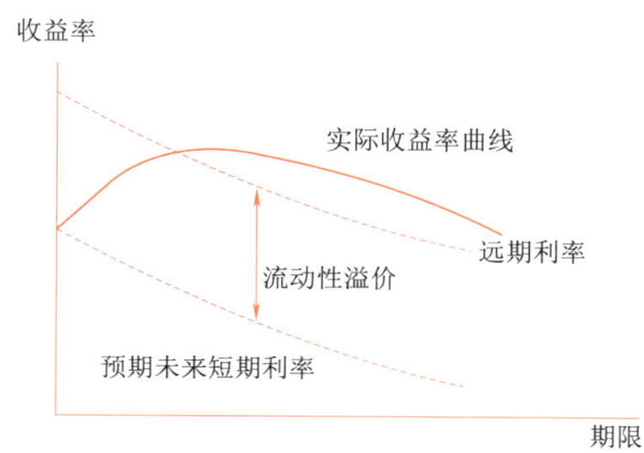

图 9–4 当流动性溢价不变、预期未来短期利率下跌时，收益率曲线呈驼峰形

第三种理论涉及债券价格是收益率的凸函数这一特性。这套理论

① 相关讨论参见滋维 · 博迪（Zvi Bodie）、亚历克斯 · 凯恩（Alex Kane）以及艾伦 J. 马库斯（Alan J. Marcus）合著的《投资学》(*Investments*)。

主要用来解释为什么长端利率常常渐渐变得平缓甚至是向下倾斜的。

那么，为什么我们要关心收益率曲线呢?

国际期刊上有大量研究收益率曲线的变化与经济周期的关系的文章，国内期刊上也有不少。我在这里挑两篇影响较大的分析一下。

第一篇是洪崇理（Andrew Ang）、莫妮卡·皮亚泽西（Monika Piazzesi）和魏敏（Min Wei）于2006年发表的一篇文章，题目为What does the Yield Curve Tell us about GDP Growth？（《收益率曲线给我们揭示了GDP增长的哪些动向?》）。他们给我们提供了表9-1，该表显示从1964年至2002年，美国有7个时间段出现收益率曲线倒挂，其中有6次随后出现了经济衰退。经济衰退，按照美国国家经济研究局的定义，就是连续两个季度的负增长。收益率曲线出现倒挂与其后出现经济衰退的时间间隔每次不尽相同，间隔短可以短到两个季度，长可以长到六个季度。

表9-1　1964—2002年美国收益率曲线出现倒挂的7个时间段

经济衰退	收益率曲线出现倒挂的时间段	时间间隔
	1966:Q3-1966:Q4	
1969:Q4-1970:Q4	1968:Q2-1968:Q4，1969:Q4	6qtrs
1973:Q4-1975:Q1	1973:Q2-1974:Q1，1974:Q4	2qtrs
1980:Q1-1980:Q3	1978:Q4-1980:Q1	5qtrs
1981:Q3-1982:Q4	1980:Q3-1980:Q4，1981:Q2，1982:Q1	4qtrs
1990:Q3-1991:Q1	1989:Q2	5qtrs
2001:Q1-2002:Q1	2000:Q3-2000:Q4	2qtrs

qtrs＝季度

表9-1只给我们一个感性认识，要想证明二者之间的关系则需要严格的实证分析。他们通过仔细分析各种变量对GDP增长的预测效果得到如下几个结论：第一，收益率曲线的斜率（最长年期债券年利率与短期债券年利率的差）与下一期GDP的增长率为正相关关系。换言

之，如果收益率曲线出现倒挂，也就是斜率为负的，则下一期 GDP 增长率可能会下滑。当然下滑并不代表经济立刻进入衰退。第二，本期 GDP 增长率对预测下一期 GDP 增长率有帮助。这一点并不令人感到惊奇，因为我们知道经济周期有一定的持续性。第三，短期利率越高，下一期 GDP 增长率越低。而且，比起收益率曲线的斜率，短期利率的高低对下一期 GDP 增长率的预测更有帮助。从这篇文章中我们可以看到关注收益率曲线斜率的重要性，尤其是当短期利率很高时，经济出现衰退的概率将大幅增加。如果央行参考收益率曲线的形态和位置以及其他领先指标判断出经济出现衰退的概率很高，那么它极有可能采取比较积极的扩张性货币政策，比如降低政策利率或降低存款准备金率。

经济衰退一般都伴随着股市的暴跌，这也是为什么投资者非常关注收益率曲线的原因之一。收益率曲线倒挂通常会引起投资者担心是否熊市即将来临。前面我们提到在 2006 年 11 月美国国债收益率曲线出现倒挂（图 9-1 左侧），而美国股市踏入熊市大约在 2008 年年初（图 9-1 右侧）。[①] 有鉴于此，当收益率曲线出现倒挂时，央行会非常关注。收益率曲线的形态除了可以给货币政策的决策者提供参考，对证券市场的走势提供警示，还可以帮助政府调整发债结构从而节省成本。对于政府债务庞大的美国，发债结构调整所省下的利息开支相当可观。据约翰·坎贝尔（John Campbell）于 1995 年发表的文章介绍，1993 年克林顿政府估计，缩短债券期限可以在 1994 年至 1998 年间省下高达 100 亿美元的发债成本。坎克尔的实证研究认为政府只要根据直觉去做就可以节省成本，即当收益率曲线陡峭的时候发行短期债券，当

① 2018 年 12 月 4 日，美国 3 年期和 5 年期政府债券利率出现倒挂，引发金融市场恐慌，市场担心经济不久后会出现衰退，加上投资者在两国领导人会晤后对贸易争端的最终解决仍有疑虑，导致道琼斯指数暴跌 800 点。

收益率平坦的时候发行长期债券。[①] 上文提到的美国一种期限为 30 年的政府债券曾于 2002 年 2 月 18 日停止发行，但 4 年后于 2006 年 2 月 18 日重新登场，这一行为背后就有发债成本方面的考量：2002 年收益率曲线陡峭，2006 年它较为平缓。

第二篇是郭涛和宋德勇于 2008 年发表在《经济研究》上的文章，他们研究了“中国利率期限结构的货币政策含义”。利率期限结构刻画的就是收益率曲线的形态。由于中国的利率市场化在 2008 年还尚未完成，关于利率期限结构在货币政策制定和实施中的应用研究以定性分析居多，郭涛和宋德勇的这篇文章做了一些定量分析。他们先估计出利率期限结构曲线，通过对这些曲线随时间的变化的研究得到如下结论：第一，中国的利率期限结构可作为央行预测市场短期利率的工具，未来短期利率的变化信息对央行进行公开市场操作、监测货币市场运行情况具有一定的参考价值；第二，利率期限结构曲线的变化反映了央行的货币政策状态和市场参与者的预期，央行可以根据利率曲线结构的变化特征和长、短期利率差来观察货币政策措施的实施效果，判断人们的预期。比如，他们注意到，在 2006 年以前每次存款准备金率的提高都会导致利率的上升，而在 2006 年则看不到这一联动。不仅如此，即使央行两次提高基准利率，也没能引导 1 年或 1 年以上期限的市场利率上行。也就是说，“央行的紧缩政策并没有立即导致资金成本的相应上升，说明银行体系流动性过剩较为严重”。有鉴于此，他们认为央行应该在提高基准利率的同时加大公开市场操作力度以进

① 坎贝尔教授指出，当政府对未来利率走势有更准确的信息时可以节省成本。他举的例子是英国在 20 世纪 80 年代初是如何处理极高的短期利率和长期利率的。当时英国长期利率高企是因为 20 世纪 70 年代以来形成的高通胀预期，短期利率高企是因为央行加息对抗通胀。在这一背景下，英国果断推出通胀挂钩债券。这一决策是基于英国政府对治理通胀有着很强的信心，相信未来的通胀率会降下来。结果确实如此，英国政府因此省下一笔利息开支。

一步回收流动性。总之，他们认为中国应该在条件成熟时定期公布利率期限结构曲线，“发布预期通货膨胀率和长、短期利率差，并逐步将其纳入经济先行指标中，使我国的货币政策调控更为及时准确。”

思考题

如果央行参考收益率曲线的形态和位置以及其他领先指标判断出经济出现衰退的概率很高，请问央行极有可能采取的政策有哪些？

央行和市场关注的重要指标[①]

对货币政策影响最大的直接指标是月度消费物价通胀率和季度 GDP 增长率，这容易理解。此外，还有哪些关系重大的数据发布呢？

就美国而言，位列榜首的应该是劳工部的月度就业报告，于每个月第一个周五的上午 8 点半发布。报告中包含很多数据，但大家关注的主要是失业率数据和新增就业数据以及它们的变化趋势。比如，2019 年 1 月 4 日，美国失业率从 3.7% 轻微上升至 3.9%，但 2018 年 12 月美国新增非农就业人口为 31.2 万人，远高于预期的 18.4 万人。强劲的新增就业数据与失业率的上升如何能并存呢？这要从失业率的定义来分析。失业率定义为劳动市场参与者中未能找到工作者在整个劳动市场参与者中的占比，而所谓劳动市场参与者指的是那些正在就业或正在积极寻求就业的人口。因此这次美国失业率的轻微上升被解释为有更多人加入积极寻求就业的队伍当中了，是好事情。

① 本节内容主要参考西蒙·康斯特勃（Simon Constable）等人著的《读懂华尔街的 50 个经济指标》（*Wall Street Journal: Guide to 50 Economic Indicators that Really Matter*）。我对这 50 个指标又做了一轮筛选，留下十几个，并结合中国与美国的情况进行阐释。

更为细心的投资者会从报告中寻找经济未来将会走弱的蛛丝马迹，比如他们会查看 Part Time for Economic Reasons（因经济原因的非全职工作）的数据，也就是那些因企业不景气而被迫从全职工作变为非全职工作的人数加上那些想找全职工作却只能找到非全职工作的人数。如果这一数据有上升趋势，这可能意味着经济走弱，企业下一步很可能会开始裁员。2018 年 12 月，该数字在美国为 470 万，与上月基本持平，全年则有所下降。

以上这些数据表明美国的失业率仍处于低位，一般而言投资者会认为这是好消息。但如果失业率过低，那么美联储可能会因为担心工资和通胀上扬而加快加息步伐。加息对股市而言一般是坏消息。

就中国而言，投资界认为我们的劳工市场数据质量还有待提高，因此，中国劳工市场数据目前还不大受人关注。

第二个引人瞩目的月度指标是 PMI（Purchasing Managers' Index，采购经理人指数），它之所以引人瞩目主要是因为它有一定的前瞻性。美国 PMI 由美国供应管理协会于每个月第一个工作日上午 10 点发布，是根据成员企业的采购经理们的问卷调查数据进行编制的。PMI 是一个综合指数，综合新订单、生产、从业人员、供应商配送时间、原材料库存 5 个分项指数，每个指数各占 20% 的权重。采购经理就每个分项来回答当下情况与上个月相比是更好、同等还是更差。分项指数 =“更好”所占百分比 +0.5×“同等”所占百分比。我们来看一个具体的例子，假如新订单的问卷调查结果为:“更好”占比 30%、“同等”占比 50%、“更差”占比 20%，那么该分项指数 =30+0.5×50=55。利用这种计算方法得到的指数被称为扩散指数(Diffusion Index)。PMI 超过 50 说明“看好的”占上风，如果制造业 PMI 超过 50，那就意味着制造业仍处于扩张阶段。市场人士不仅关注当月的 PMI 是否大于 50，还会分析该指数近几个月的涨跌趋势。2018 年 12 月，美国制造业 PMI 为 53.8，略低于 11 月的 53.9。

中国国家统计局官方统计的制造业 PMI 编制方式与上述类似，只是权重有所不同：新订单（30%）、生产（25%）、从业人员（20%）、供应商配送时间（15%）、原材料库存（10%）。自 2018 年 1 月起，国家统计局开始发布月度中国综合 PMI 产出指数。据国家统计局发言人解释，推出该项指数的理由是："随着移动互联网、智能终端、大数据和云计算的广泛应用，我国经济结构由工业主导向服务业主导加快转变，传统意义上的制造业和服务业之间的边界越来越模糊，相互融合发展日渐深入。"一个能够反映当期全行业（制造业和非制造业）产出变化情况的综合指数更便于我们监测经济周期。需要注意的是，该综合产出指数与经济周期基本同步，而制造业 PMI 相对总体经济的周期转折点有 1 至 3 个月的提前量，这是一个重要的先行指标。2018 年 12 月，中国官方制造业 PMI[①] 为 49.4，已跌入收缩区间，见图 9–5。

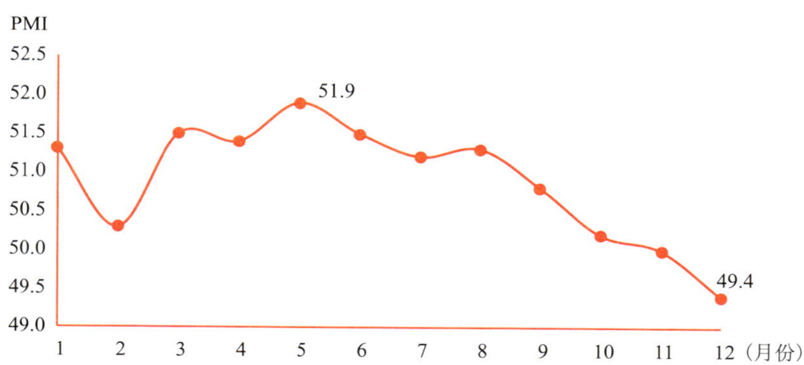

图 9–5 2018 年中国官方制造业 PMI

第三个重要的月度指标并不是某一个具体指标，而是指房地产类

① 中国除了有官方制造业 PMI 之外，还有财新（Markit）制造业 PMI，二者问卷的采样有所不同：官方采样比较集中在大型企业，财新采样偏向中小企业。二者问卷结果有时会出现背离。

数据，包括新房价格指数、二手房价格指数以及房屋成交量。美国还发布建房许可数据和新屋开工数据，这两个数据都属于先行指标。房地产的健康影响到众多上下游企业和部门，包括建材、装修、销售等，牵涉面很广。

第四个重要的月度指标是汽车销量数据，汽车销量对经济同样有多方面的影响。同时，汽车销量也是衡量消费者消费欲望的一个指标，销量上涨表示消费者信心有所加强。中国汽车协会每个月都会发布汽车销量速报。2018 年 12 月，中国市场汽车销量为 266 万辆，与 2017 年同期相比下跌 13%。从 2018 年全年汽车销量行情来看，上半年比 2017 年同比有所增长，但下半年行情突变，尤其是最后 4 个月汽车销量大幅下滑，最终导致 2018 年全年汽车销量为 2808 万辆，比 2017 年下降 2.8%。这些数据显示中国消费者消费欲望在 2018 年下半年大幅减退，消费者对经济前景的看法非常不乐观。

第五个重要的月度指标是新增社会信贷数据。中国的股票市场发展还存在诸多问题，证券市场的融资功能还比较有限，企业融资相当依赖社会信贷。虽然新增社会信贷数据颇受关注，但其月度波动很大，不论从环比还是同比来看，市场都不容易解读。在中国央行更倾向于价格型货币政策调控的大背景下，大家将来对新增社会信贷数据的关注度会逐渐减弱。

其他的诸如月度进出口、投资、零售、工业产值、消费者信心指数和企业家信心指数等数据，市场也会用心解读。2018 年 12 月 14 日，中国宣布暂停对美国汽车及零部件征收关税，我原本以为这会大为利好美国股市，没曾想道琼斯指数却大跌将近 500 点。究其原因，原来是中国当天发布的零售数据和工业产值数据差过预期，引发美国投资者对全球经济走缓的担忧。市场非常关注贸易摩擦的实际影响，因此最近一段时间它会特别关注进出口数据。物品进出口数据显然是焦点，但我本人更注意的是现代服务业进出口数据，因为我认为中国需要从过去利用廉价劳动力发展制造业出口的模式向利用廉价人力资本发展现代服务业出口的模式转变。

部分投资者也关注 VIX 指数，即市场波动指数，以衡量标准普尔 500 指数在未来 30 天的隐含波动性。VIX 指数对股票市场波动性的预测能力并不十分突出，但投资者可以考虑通过芝加哥期权交易所的 VIX 期权对冲部分市场风险。

斯科特·贝克（Scott Baker）、尼克拉斯·布卢姆（Nicholas Bloom）和史蒂文·戴维斯（Steven Davis）在 2006 年通过对美国大报的文本分析，构建了经济政策不确定性指数，即 EPU 指数，也很有意思。图 9-6 显示的是 EPU 指数与 VIX 指数的对比。

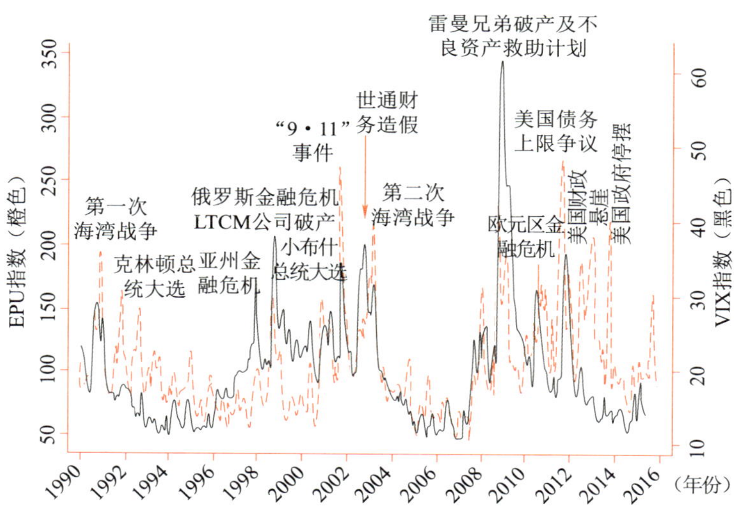

图 9-6 EPU 指数与 VIX 指数的对比

贝克等人将他们的 EPU 指数发布到网上并不断更新和扩展至其他主要国家。1995 年至 2018 年中国 EPU 月度指数见图 9-7。全球 EPU 指数从 1997 年 1 月至 2016 年 8 月的变化见图 9-8。

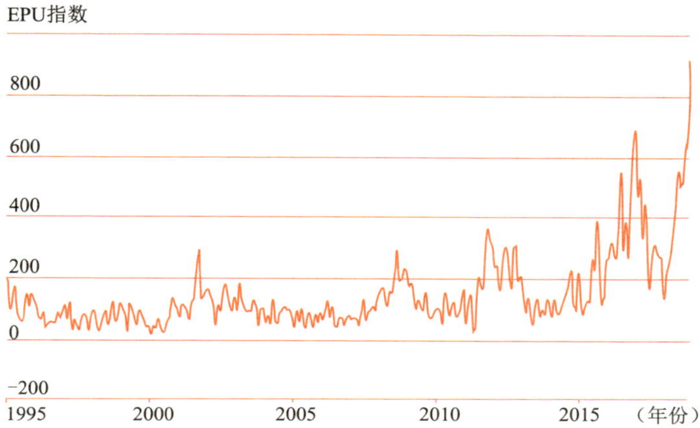

图 9–7　1995 年至 2018 年中国 EPU 月度指数

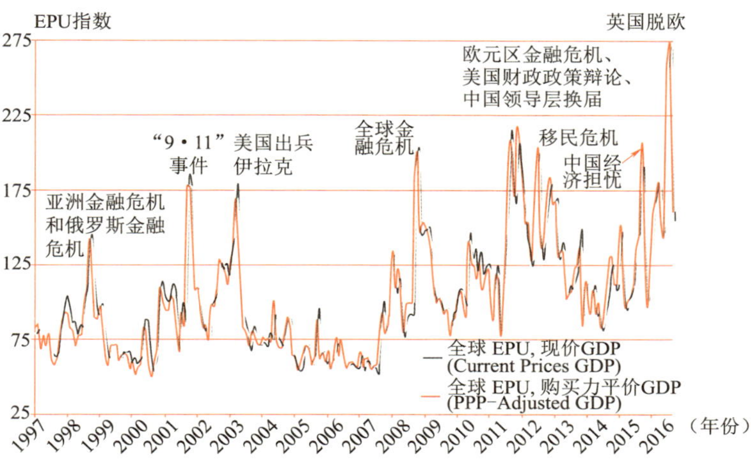

图 9–8　1997 年 1 月至 2016 年 8 月全球 EPU 指数

除了以上这些需要关注的月度数据外，还有一些周度数据也值得关注，比如美国劳工部发布的上周初次申请失业金人数，美国连锁店单周销量，中国的股票账户单周新增投资者数量①。

① 中国的股票账户单周新增投资者数量于 2015 年 5 月的第四周创下历史峰值 164 万。上海证券综合指数于 2015 年 6 月 12 日高抵 5178 点（当周新增开户数为 99 万）。2018 年 12 月平均每周新增开户数 21 万，处于近年低位，上海证券综合指数 2018 年终报 2493 点。

从货币政策的角度来看，如果各大指标都警示经济过热，那么货币政策就有收紧的必要，政策利率需要上调。这就是为什么有时最新就业数据非常好，但股市却暴跌的原因。股市和房地产市场对加息周期的出现或对加息步伐的加快的预期升温都极为敏感。如果各大指标都显示经济增长放缓，比如前面提到的 2018 年 12 月的中国制造业 PMI、零售、工业产值、汽车销量等数据都低于预期，货币政策有必要更为积极。果然，在 2019 年 1 月 4 日中国央行宣布将分别于 2019 年 1 月 15 日和 1 月 25 日下调存款准备金率 0.5 个百分点。

月度数据和周度数据之外还有高频指数，比如大宗商品、股市、汇市、黄金的数据。货币政策与这些高频市场数据的关系我们接下来介绍。

思考题

失业率为劳动市场参与者中未能找到工作者在整体劳动市场参与者中的占比，请问如果就业报告显示失业率上升，可能的原因有哪些？

股市、大宗商品和汇率

先来看大宗商品，大宗商品包括能源商品、基础原材料、农产品。本节挑三个具有代表性的品种来讨论，即原油、铜和黄金。

我经常在课堂上和学生们讨论高油价和高铜价分别给中国带来的风险。中国在石油和铜这两个方面均为净进口国。在石油方面，中国在 1993 年成为净进口国之后，对外石油依存度不断攀升，目前依存度已超过 70%。在铜方面，中国铜精矿对外依存度也已超过 70%。从用途上来看，石油可能涉及面更广，铜主要用于电力设备、电缆、空调制冷、交通运输等方面。

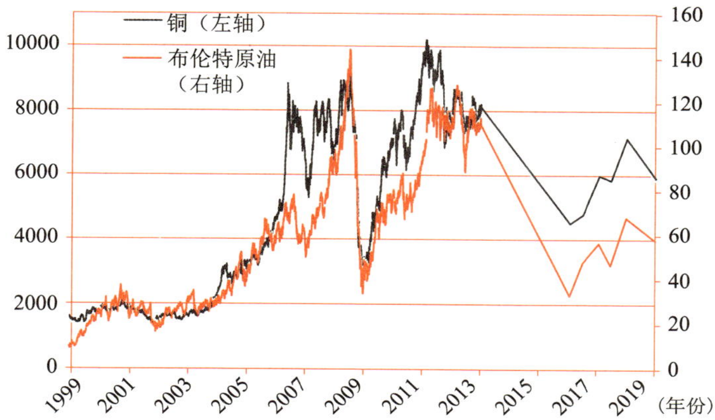

图 9–9　1999 年 1 月至 2019 年 1 月的油价与铜价趋势

我们先看图 9–9 中油价和铜价在 1999 年 1 月至 2019 年 1 月间的趋势。

二者在大趋势上比较同步，但在局部时间段上表现各异。比较明显的差异是铜价在 2005 年至 2006 年间从每吨 3000 美元暴涨至每吨将近 9000 美元。据《华尔街日报》《经济学人》(*The Economist*)等媒体报道，这一期间铜价暴涨的原因是代表中国国储局的一位期货交易员——刘其兵，在 2002 年至 2004 年间做多铜市场大获成功后，于 2005 年 4 月开始大量做空而被国际炒家逆袭。做空理由是基于中国在 2004 年之后的宏观调控，货币政策开始收紧，经济增速即将放缓，中国作为铜的进口大国在国际市场上的需求增速势必放缓，因此铜价将处于下跌周期。这些分析与我们之前介绍的内容是完全相符的，但刘其兵忽略了关键的一点，那就是国际炒家看准了中国对铜的长期需求，并判定中国不会拿出手上仅有的铜储备去完成期货交割，于是这些国际炒家联手将铜价炒到每吨 9000 美元的天价，逼迫国储局一路平仓止损。刘其兵于 2005 年 11 月失踪，一年后被捕，于 2008 年被判刑 7 年。所以，仅仅知道宏观经济学还是不够的，还要对市场参与者以及人群心理学（crowd psychology）有充分了解。做空期货期指或卖出认购期权给我们带来的损失可能是无限的，即使方向完全正确，也许都熬不到胜利的那一天。

2008 年上半年油价接近 150 美元一桶，金融海啸期间跌至每桶 40 美元以下，但当时全球经济不确定性太大，中国也没敢大手并购海外石油企业。2011 年油价再次突破每桶 100 美元，市场担心油价会进一步上涨。我当时倒是觉得中国不需过分担心，一般而言，依赖石油进口的西方国家会在油价暴涨时向石油输出国组织施加影响。比如，2000 年油价从每桶 10 美元涨至每桶 30 美元以上时，美国总统克林顿就曾向沙特国王法赫德施压，要求石油输出国组织增加石油产出，将油价降至每桶 20 美元到 22 美元，这一目标于 2002 年实现。

但是，随着美国近十多年页岩油和页岩气的开发，其国内能源供给大幅增加。美国石油对外依存度已从 2006 年的 60% 下降到 2017 年的 19%。美国对高油价问题已经不那么敏感，因此中国现在不能指望美国去帮助自己平抑油价。当然，从地缘政治角度看，西方国家担心油价上涨会导致伊朗和俄罗斯势力膨胀，也会想尽办法遏制油价持续上涨。

从铜价来看，2011 年铜价曾短暂地突破每吨 1 万美元，2019 年 1 月初降到每吨 5800 美元，铜价下降的主因应该是中国的经济已从高速增长转向中高速增长，进入了注重发展质量的新常态，对铜的需求的增速有所放缓。但我们必须看清的是，中国对铜的需求仍然旺盛，在铜的对外依存度上仍看不到有下降的趋势，“一带一路”倡议的开展意味着全球对铜的需求会不断上升，因此中国还是应当抓住时机扩大储备。如果特朗普政府下一步加大美国基建投资的话，铜价势必会被推高。

大宗商品价格上涨对股市和货币政策有什么影响呢？我们可以以石油价格为例进行分析。

石油价格上涨虽然利好石油股，但对整体经济和股市指数而言都是坏消息。当然，我们需要分清油价上涨的原始动力是什么，这样才能明了其具体影响会有多大。如果油价上涨是因为地缘政治关系，比如20世纪70年代的两次石油危机，那么这对经济和股市的负面影响是很大的。而且，我们在前面还谈到过，20世纪70年代的两次石油危机使美国经济出现了滞胀，并给美国的货币政策带来了两难的局面。

油价上涨加大了绝大部分企业的能源成本，在宏观经济分析中这被解读为一个纯粹的生产率损失，又称负面的供给冲击。这一冲击通过投资者和消费者的行为而放大，从而极有可能使经济进入衰退，股市自然难逃厄运。

如果油价上涨只是油价对全球经济逐渐复苏的反应，那么这对全球股市的负面影响就要小得多。我在第一章曾提到我在2016年对油价的判断，“美国的经济复苏应无悬念，全球的形势也在趋强。在此大背景下，油价从现在的每桶35美元到两年后有可能会冲上每桶70美元”。2018年3月，油价达到每桶70美元边缘，那时我还对油价的前景给出了我认为是大概率的判断，即除非出现大规模贸易摩擦，油价在2020年之前极有可能达到每桶75美元，但是大幅超出每桶75美元的可能性比较低，原因是页岩油产量在不断增长，以及其他替代能源的开发。此外，从地缘政治的角度去看，油价不大可能大幅且持续地超出每桶75美元。因为油价如果持续高企，俄罗斯和伊朗等国的实力将会大增，会对美国、欧洲各国和中东地区安全造成威胁。至少，这是西方策略人士的认知，而特朗普政府也确实是依据这一认知制定对策的。2018年10月，特朗普宣布退出美苏于1987年签订的“中程导弹条约”，并于11月重启对伊朗的制裁。这一系列地缘政治危机原本会推高油价，但为了防止高油价的出现，特朗普给沙特阿拉伯施压以敦促其增加石油产量，导致油价不升反跌（当然部分下跌原因也可以被认为是贸易摩擦对全球经济的拖累）。特朗普之所以不顾国际社会的指责而对沙特阿拉伯王子追杀记者事件网开一面，不仅是因为他要保住美国向沙特阿拉伯出售武器的大单，而且也是因为他需要沙特阿拉伯在石油供应上的配合。

关于黄金的讨论我曾于2012年写过一篇博客，题目为“负利率时期买黄金仍并非总能保值”，主要观点是希望大家不要迷信黄金。当时金价为每盎司1600美元左右，我的预判为金价即使到2020年仍将维持在1500美元以下。除非特朗普独断专行，迫使美联储大幅增加货币供应，否则金价不会有太大的变化。而实际上，美联储于2019年7月底的减息反映了美国利率正常化的步伐已受阻，而且地缘政治上的重大事件也层出不穷，包括美国单方面退出与伊朗的核协定等。金价于2019年8月7日升破每盎司1500美元。

下面我们简单谈谈汇率与货币政策的关系。一国的币值，毫无疑问会受制于货币供给与需求。宽松的货币政策，俗称放水，如果大规模实行，势必会使本币贬值。如果只是轻微减息或者存款准备金率小幅下调，则未必会导致本币贬值。为什么呢？因为略微宽松的货币政策会提振经济，有利于资产升值，从而可能会吸引资本流入，而我们知道，资本流入增加意味着对本币需求的上升，这将推动本币升值。汇率市场是最难把握的市场，连凯恩斯都险些被这个市场弄得濒临破产。

如果本币出于某种原因大幅贬值，那么央行货币政策进一步宽松的空间会比较小。此时，如果经济不景气，那么在货币政策受制的情况下，积极的财政政策在所难免。

思考题

除非出现大规模贸易摩擦或突发事件，油价到2020年大幅超出每桶75美元的可能性较低，请问你认为这一大概率判断的依据有哪些？

本章要点总结

1 由于货币政策的作用存在滞后，所以央行政策需要一定的提前量。央行通常会关注市场上的一系列经济变量如收益率曲线，以对经济运行做出整体性、前瞻性判断。

2 收益率曲线刻画了年化利率与债券期限之间的关系。从直觉上看，收益率曲线通常被认为应当是向上倾斜的；但实际上，它也会存在倒挂的情况，即长期国债利率有可能比短期国债利率更低。

3 中国的国债收益率曲线曾出现局部倒挂的情形，曲线呈 M 形。导致了这种奇特曲线的原因最有可能是投资者在某个时间段对某个期限的债券有特别的需求，或者是某些期限的债券流动性比较高，从而吸引了投资者，使投资者购买价格更高而收益率更低的债券。

4 洪崇理等人（2006）研究发现，若收益率曲线倒挂或短期利率越高，则下一期 GDP 增长率可能就越低，并且经济周期有一定的持续性。郭涛和宋德勇（2008）发现中国的利率期限结构（收益率曲线形态）可以作为央行预测市场短期利率、判断市场参与者预期的工具。

5 在央行和市场关注的重要指标中，对货币政策影响最大的直接指标是月度消费物价通胀率和季度 GDP 增长率。而除此之外，对美国而言，最为重要的数据发布是劳工部的月度就业报告，其中的失业率数据、新增就业数据及其变化趋势是美国重点关注的。

6 央行和市场关注的第二个重要的月度指标是 PMI。PMI 是一个根据采购经理们的问卷调查数据进行编制的综合指数，可以反映出当期行业处于扩张阶段还是收缩阶段。中国国家统计局官方制造业 PMI 编制方式与美国的类似，但权重有所不同。

7 央行和市场关注的第三个重要的月度指标不是某一个具体指标，而是指房地产类数据，包括新房价格指数、二手房价格指数以及房屋成交量。第四个重要的月度指标是汽车销量数据；第五个重要的月度指标是新增社会信贷数据。

8 市场会用心解读的其他月度数据还包括进出口数据、投资数据、零售数据、工业产值数据、消费者信心指数和企业家信心指数等。另外，一些周度数据同样值得关注。

9 大宗商品包括能源商品、基础原材料、农产品，其中具有代表性的有原油、铜和黄金。中国在石油和铜这两个方面均为净进口国，不仅对外石油依存度高，而且对铜的需求仍然旺盛。

10 石油价格上涨会提高绝大部分企业的能源成本，这被称作负面的供给冲击。因为地缘政治因素的油价上涨，对经济和股市的负面影响很大；而因为全球经济复苏反应的油价上涨，对全球股市的负面影响则较小。

11 大规模实行宽松的货币政策会使本币贬值，但若只是轻微减息或存款准备金率小幅下调，未必会导致本币贬值。其原因在于略微宽松的货币政策会提振经济，有利于资产升值，从而吸引资本流入，推动本币升值。

第十章 美国及中国货币政策报告解读

美联储货币政策报告

本章我们谈谈如何解读货币政策报告，先从美联储政策报告讲起。美联储政策报告应该是全球市场参与者最关注的货币政策报告，它能帮助我们了解美联储对美国经济乃至全球经济形势的看法。更为重要的是，美联储联邦公开市场委员会每次议息会议的结果和发布的声明都对全球的资金成本和资金流动产生深远的影响。不了解美国的经济形势，就不可能准确地了解中国的经济形势。当然，随着中国经济的日益强大，我们往后也可以说，不了解中国的经济形势，就不可能准确地了解美国的经济形势。

由于美联储的政策执行过程非常透明，所以跟踪起来相对比较容易。美联储理事会每年提交两份货币政策报告，二月份一次，七月份一次，每份报告 40 至 70 页。报告提交之后，参议院和众议院的两个特别委员会将分别举行听证会，这可以说是对美联储主席的定期问责，会后国会可能会就讨论的金融稳定等政策议题出台相应的法律。

以 2018 年为例，二月份的那份报告于 2 月 23 日提交，众议院金融服务委员会听证会于 2 月 27 日举行，耗时 3 小时，参议院银行委员会听证会于 3 月 1 日举行，耗时 2 小时。在两次听证会中，美联储主席鲍威尔先有机会做一简短陈述，然后就得面对众多委员的轮番提问，有些提问比较刁钻且提问者很不客气。鲍威尔既要给出明确的回答，又不能刺激提问者的神经，所以这并不完全是技术活。在这两次听证会上，国会议员们和鲍威尔一起探讨经济形势和各种监管规则，比如是否应该对小型社区银行豁免沃尔克法则、利率正常化的步伐、弱势群体的工资增长问题、教育和培训。这次最为严厉的批评来自参议员伊丽莎白·沃伦（Elizabeth Warren），她认为美联储对富国银行（Wells Fargo Bank）欺诈客户的行为的处罚不到位，希望美联储一定要对富国银行严加处罚，并且只有在富国银行真正采取切实行动改正错误后方可取消对其业务增长的限制。

在 2018 年上半年的听证会后，美国国会通过了《经济增长、监管减负和消费者保护法》。出台这项法律的主要目的是有针对性地改善社区银行、信贷社、中型银行和区域银行的监管环境，减轻它们应对监管合规的负担，从而促进经济增长。

美联储货币政策报告在形式上历年有所变化，但内容一般涉及三个部分：近期经济和金融形势、货币政策、经济展望。

第一部分“近期经济和金融形势”包括美国劳工市场、通货膨胀、经济活动和金融形势等内容。

劳工市场的讨论涉及多个方面，比如失业率、就业人数变动、工资上涨的压力、劳动参与率等。2018 年 7 月的美联储货币政策报告指出，美国就业非常强劲，失业率在 6 月降至 4%，比美联储联邦公开市场委员会委员们预测的长远均衡水平的中位数低大约 0.5 个百分点，预示着劳工市场过热。尽管如此，工资上涨的压力仍然比较温和。报告认为，这种现象可能与近些年生产率增长步伐趋缓有关。

通货膨胀可以从供给和需求这两个方面的压力来分析。企业供给的成本主要包括原材料成本、能源成本、资金成本和工资成本。工资成本已在劳工市场部分有所论及。能源成本主要涉及石油价格，分析石油价格也需要从石油的供给和需求这两个方面去考虑，比如中东地区和俄罗斯是否出现地缘政治危机？石油输出国组织目前的限产提价政策处于哪一阶段？美国页岩油的产出状况如何？全球经济处于繁荣期还是衰退期？而原材料成本的讨论集中在铁矿石和铜的价格上。资金成本关注的是企业债券的息率高低。生产成本的增加对通货膨胀有一个推动作用（the push effect）。需求的分析可以从家庭收入变化、消费者信心、企业投资需求、利率高低等方面展开。低利率有助于提振人们对投资、房产和耐用消费品的需求。需求的增加会对通货膨胀有一个拉动作用（the pull effect）。

经济活动的讨论基本上是沿着我们提到的对本国物品的总需求公式进行，即：$Z=C+I+G+NX$。

美联储这时一般会重点讨论房地产市场、汽车产业、政府税收、开支政策以及外贸。报告中使用大量图表展示各种趋势与变化。我们来看看其中的两张图。图 10-1 显示的是 2006 年至 2018 年美国新房和二手房年成交量，显示美国房地产成交量从 2006 年起逐步下跌，于 2010 年触底反弹后进入上升轨道，目前上升势头仍在持续。

图 10-2 显示的是 1968 年至 2018 年美国联邦政府债务占 GDP 的比重。大家可以看到美国政府债务负担在克林顿总统的治理下大幅改善，但奥巴马总统在执政期间由于需要解决其前任留下的金融危机问题，不得不增加政府债务。于是美国联邦政府债务占 GDP 的比重从 2009 年的 40% 上升至 2017 年的 70%。我预计该趋势在特朗普政府大幅减税和增加基建开支的大背景下仍将继续恶化。

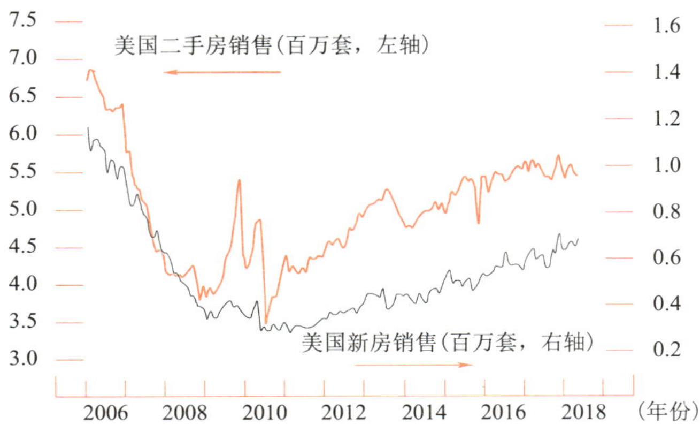

图 10–1　2006 年至 2018 年美国新房和二手房年成交量

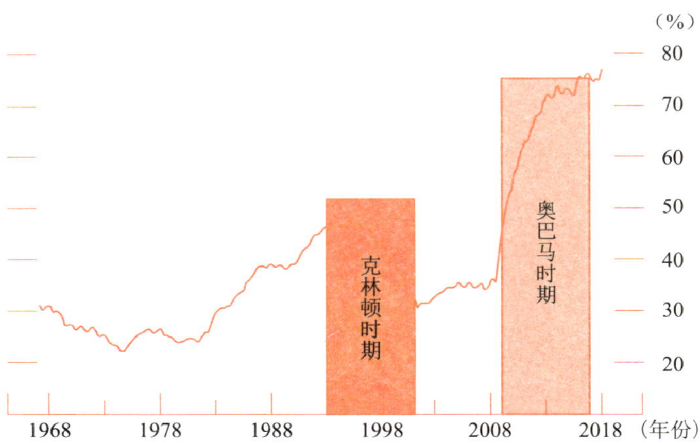

图 10–2　1968 年至 2018 年美国联邦政府债务占 GDP 的比重

金融形势的讨论主要围绕债券市场、外汇市场和股票市场这三个方面展开。报告先讨论政策利率预期，然后谈收益率曲线的升降、分析机构按揭抵押债券的利率走势以及与政府债券的利差。接着，对美元的汇率走势做一个评判。最后讨论股票市场的走势。关于金融形势的讨论时常会涉及主要发达国家的经济金融形势以及新兴市场国家的发展状况。在 2008 年金融危机之后，报告有时会对金融稳定性进行专门论述。

美联储货币政策报告的第二部分为“货币政策”。过去报告一般只讨论政策利率，现在则增加了一项，即讨论美联储的资产负债表。这是因为在金融危机期间美联储在利率基本为零的形势下推出了定量宽松政策，导致央行的资产负债表极速膨胀。在危机之后的经济复苏阶段，资产负债表的缩表进程受到市场参与者的普遍关注，因此需在报告中加以讨论。

报告的第三部分“经济展望”则常常照搬最近一次联邦公开市场委员会会议纪要的附录，其中包括参会委员们所做的对未来联邦基金目标利率的前瞻点阵图。[①] 前瞻点阵图中竖轴为联邦基金利率，圆圈的大小代表人数的多寡，让人一眼就能看清美联储联邦公开市场委员会的委员们对未来加息步伐的立场。图 10–3 中折线上的点对应的是本轮参会委员们对未来利率的预测中位数。该图还能告诉市场参与者委员们本轮预测与上轮预测的差别。从图 10–3 中我们能看到，委员们的加息态度与上轮相比略有软化。

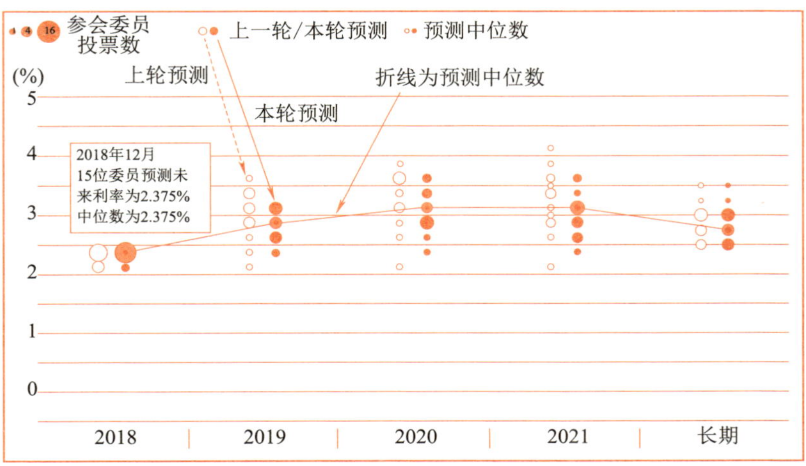

图 10–3　2018 年联邦公开市场委员会与会委员们所做的对未来联邦基金目标利率的前瞻阵点图

① 从美联储货币政策报告的形式和内容来看，美国货币政策制定的透明度和前瞻性是在不断提升的。发布前瞻点阵图这一做法很值得推广。

2018 年 7 月的美联储货币政策报告长达 70 页。本节只介绍了报告涵盖的一些标准内容，其实它还包括一些专题内容，来帮助大家加深对美联储货币政策的理解。比如，2018 年 7 月的这次报告就设专题讨论“存款准备金率及其在货币政策中的重要性”。设立该专题的背景是，定量宽松政策使央行资产负债表极速膨胀，其资产端是从市场购买的各种债券和给金融机构的支持贷款，负债端中的绝大部分为金融机构在央行的存款准备金。该存款准备金在金融危机发生前夕（2007 年 8 月）只有 150 亿美元，而到 2014 年 10 月就增加至 2.5 万亿美元。于是央行给这些存款准备金设定的利息水平对联邦储备基金的市场利率就产生很大的影响，如此就便于央行将市场利率维持在宣布的目标区间中。[①] 当经济形势逐步改善，央行希望提高联邦基金目标利率时，其最直接的手段当然是缩表，即卖出所持有的债券回收货币，但如果大幅卖出这些资产可能会引起相应市场的动荡而打击投资者信心。在这种情形下，央行可以在逐步减持这些债券的同时提高存款准备金利率来吸引金融机构增持存款准备金，于是联邦储备基金市场的流动性自然降低而联邦储备基金利率也就上升了。

大家可以看到，美联储的货币政策报告是一本很好且实用的宏观经济学教科书，我们虽然看不到它背后作为研究支撑的模型，但可以尝试着渐渐地去理解报告中的逻辑。

① 存款准备金率的上升必然意味着央行维护资产负债表成本的提高。但美联储持有的债券回报率平均高于存款准备金利率，因此只是央行盈利高低的问题。美联储的目的自然不是盈利，而是维持适合经济发展的货币政策。国内有些书籍将美联储描述成被私人银行集团控制的营利机构，实属误导。美联储的运作如果产生净利润则需上缴美国财政部。2017 年，美联储上缴财政部的利润超过 800 亿美元（见 2018 年 7 月美联储货币政策报告第 45 页）。

思考题

美联储货币政策报告中对金融形势的讨论包括债券、外汇和股票市场这三个方面。请问，其中对股票市场走势的讨论只涉及主要发达国家的经济金融形势吗？

中国货币政策执行报告

《中国货币政策执行报告》由中国人民银行发布，英文版名为 *China Monetary Policy Report*，但中文版加上了“执行”二字，为什么呢？因为中国的货币政策决策权在国务院，不在央行。中国人民银行作为央行只负责执行，因此央行发布的报告只能称为“执行报告”。报告中时常出现“按照党中央、国务院的统一部署……”或“经国务院批准……”等字句，这些都反映了中国人民银行还不具备货币政策的操作独立性。由于具体操作程序和工具已不断创新、优化和专业化，我们可以说在操作层面上央行的独立性比过去有所提高。

报告包括五个部分，历年标题大同小异。2018 年第三季度报告的五个部分为：货币信贷概况、货币政策操作、金融市场运行、宏观经济形势以及货币政策趋势，此外还包括一些专栏。总体而言，报告的内容与美联储货币政策报告所涵盖的内容差不多，篇幅也大致相当。如果说有什么区别，那就是中国的货币政策执行报告中对货币量有所关注，比如 M0、M1、M2 的大小和年增长率，而美联储则将关注重点放在利率上，基本不提 M2。根据美联储在网上发布的政策会议记录，沃尔克在任的 20 世纪 80 年代和格林斯潘接手的初期，会议当中有专门关于 M1 和 M2 的讨论，但格林斯潘在后期则完全不再提这些数量型指标，伯南克主持的政策会议也不再提。鲍威尔因为刚接手，他主持的政策会议详细记录要在5年后才公开，所以我无法查证，但从会议发布的报告来看，估计这些数量型指标——除了央行资产负债表中涉及的之外——都被撇在了一边。从数量型政策到价格型政策的转变是大趋势，我们在介绍国际货币基金组织与中国第四条款磋商中也提到中国正在逐步完成同样的转变。未来中国的货币政策执行报告也许会逐步淡化对数量型指标的关注。

第一部分“货币信贷概况”除了汇报货币总量的增长之外，也会谈到社会融资规模的增长和市场利率水平的趋势。人民币汇率走势与跨境人民币业务的发展也会涉及。历年报告中出现频次较高的表述为“人民币双向浮动弹性明显增强”。

第二部分“货币政策操作”首先讨论的是公开市场操作，报告中最常用的表述为“灵活开展公开市场操作”，其次介绍各种借贷便利的操作情况、存款准备金率的升降、基准利率的变化、利率市场化进程、宏观审慎政策框架的完善以及窗口指导等内容。支持小微企业和民营企业等重点领域和薄弱环节也是一个长久的话题。对这一部分我们最需要关注的是央行货币政策的取向，即央行货币政策的取向是宽松、适度宽松、稳健中性、适度从紧，还是从紧。拿到刚出炉的报告，大家应当要做的第一件事就是搜索这些相关关键词。在2004年之前连续6年的报告中央行使用的都是“稳健货币政策”这一表达，而在2004年第一季度的报告中则提出货币政策将适度从紧，随后很快又转回到“稳健”。在2007年的报告中央行则明确表明货币政策进入“从紧”阶段，当年央行加息五次。在2008年全球金融危机之后，中国货币政策经历了“宽松—从紧—宽松”的循环，并在2018年第三季度处于“稳健中性”的阶段。在“稳健中性”的背景下，基准利率较少调整，但利用存款准备金率的变化进行微调这一做法并不少见。

建议大家拿到报告先搜索“政策取向”这一关键词，我并非暗示

第二部分的其他内容都不重要，而是觉得报告发布的时间一般滞后相应季度一个半月，官方和市场上已有更多新的数据值得关注。

第三部分“金融市场运行”首先分析货币市场利率走势。如果货币市场利率下行，则意味着银行体系流动性合理充裕。然后分析债券市场利率走势和收益率曲线。此外，这部分对股市、保险业、外汇以及黄金市场也有所论及。这些概况性的文字只能起到记录在案的作用，对市场参与者的启示不大。我一般会关注一下本季度收益率曲线的移动。除了金融市场概况之外，第三部分还包括对金融市场制度建设比如监管新规的讨论。

第四部分“宏观经济形势”值得细读一下。虽然媒体上也有很多金融机构发布的宏观分析报告，但央行的报告体现的是央行的判断，对国务院货币政策的制定有一定的影响。与美联储的报告类似，这部分又细分为国际和国内两个部分。国际部分先谈美国、欧元区、英国、日本、印度、巴西、俄罗斯和南非的经济形势，着重点放在 GDP 增长率、通胀率、劳工市场和 PMI 等指标上。接着分析国际金融市场，诸如股市、债市和外汇市场等方面。在对发达经济体和新兴市场国家的货币政策进行讨论之后，国际部分会更新“国际经济展望”并点明值得关注的问题。国内部分先谈“三驾马车”——消费、投资、进出口，再谈产业结构，即第一、第二和第三产业的此消彼长，最后讨论财政、就业和物价的现状。除此之外，通常该部分还含有行业报告，着重分析房地产行业和选择性地分析汽车行业、现代农业、电子行业和网上零售以及快递业等行业。

第五部分“货币政策趋势”是阅读重点。这部分细分为中国宏观经济展望和下一阶段主要政策思路两个方面。中国宏观经济展望如果以“平稳”为主，而且政策思路突出“稳健”二字，那么我们一般可以认为下季度货币政策只会进行微调或者减息，而不会突然加息。央行加息通常会给民众一些时间做好思想准备，比如在报告的展望部分强调“偏快”和“过热”，且政策思路部分使用“加大调控力度”等表达，这样的话，下季度央行加息的可能性会很大。

除了利率政策之外，第五部分还会谈到宏观审慎政策，比如“充分发挥宏观审慎评估的逆周期调节作用的同时，适当发挥其结构引导作用”，以及“用好结构性货币政策工具，定向滴灌，在激发微观主体活力方面精准发力”。如果某些表述在不同场合下重复出现，大家应当加以重视。以下为中国货币政策执行报告第五部分的节选内容以及我的个人分析。

第五部分　货币政策趋势

一、我国宏观经济展望

2006 年以来，我国国民经济呈现平稳快速的发展态势，尤其是二季度 GDP 增长率达到了本轮经济周期新的高点。在继续加强宏观调控各项政策措施的综合作用下，下半年经济增长可望略有放缓，但总体上仍将保持平稳较快的发展势头。（经济增长总体较快）

从投资需求看，近期国家出台了一系列加强土地和信贷调控的措施，从严控制新开工项目，其政策效应会逐步显现，但较高的居民储蓄率、企业大量自有资金的积聚、外资继续流入以及“十一五”规划项目逐步启动等因素，将继续推动投资较快增长。从消费需求看，国内消费将继续趋旺。2005 年我国城市居民人均可支配收入实际增长 9.6%，农民人均纯收入实际增长 6.2%，前者为近五年来的最快增长，后者连续两年增速达到 6% 以上。今年上半年城乡居民收入继续较快增长，汽车、通信产品、住房等将继续拉动消费结构升级，城市居民提高最低工资标准、公务员增加工资、低保水平改善、收入分配制度深入改革等措施，将继续改善居民收支预期，预计下半年消费将延续目前较为旺盛的态势。从进出口看，2006 年世界经济出现了加快增长的趋势，美、日、欧等我国主要贸易伙伴经济增长前景良好，有利于我国出口保持较快增长。（近 5 年来的最快增长）

从价格走势看，未来我国价格走势虽然存在不确定因素，但上行风险大于下行风险，通货膨胀压力有所加大。从下行风险看，主要是部分行业生产资料与消费品的产能过剩会抑制相关产品价格上升，粮食有望继续增产，粮价有一定的下降压力，可能会成为影响 CPI（宏观经济指标）下行的因素。从上行风险看，一是投资与出口快速增长，对生产资料、投资品的需求会持续旺盛，未来生产资料价格仍然存在上涨压力；二是资源性产品价格改革将继续推动未来价格水平上升；三是货币信贷增长偏快会对未来价格上涨造成一定压力；四是随着对企业环境保护、职工劳动保障、安全生产等方面要求的不断提高，企业成本将有所增加。考虑到二季度我国经济增速进一步提高，全球经济继续保持平稳增长，一定时期内价格总水平出现下跌的可能性相对较小，价格水平特别是服务价格、资产价格膨胀压力加大。中国人民银行 2006 年第二季度全国城镇储户问卷调查显示，居民对“物价过高”判断的占比升至 24.4%，比上季提高 2.3 个百分点，未来物价预期指数比上季提升 12.3 个百分点，居民对未来物价预期不乐观。（通胀压力）

总体判断：国民经济将保持平稳较快增长，但要高度关注固定资产投资增长过快、货币信贷投放过多、国际收支不平衡、能源消耗过多、环境压力加大以及潜在通胀压力上升可能对我国经济带来的风险。

二、下一阶段主要政策思路

当前，供给条件对我国经济运行的约束较轻，各方面加快发展的积极性较高，而资源环境成本又难以构成比较有效的硬约束。在结构矛盾突出、国际收支继续双顺差的背景下，控制货币信贷过快增长的任务仍然比较艰巨。中国人民银行将继续认真贯彻落实国务院对经济工作的决策和部署，协调运用多种货币政策工具，加强流动性控制，合理控制货币信贷增长，维护总量平衡。同时，从多方面采取着眼于中长期的综合性措施，加快落实扩大内需等各项政策，加快经济结构性调整，促进国际收支趋于基本平衡，实现向以内需为主导，内外需并重的经济发展战略转型。（加强流动性管理，控制货币信贷增长）

总体判断：加息已提上议事日程。

中国人民银行货币政策委员会每年季度例会后，相应的政策执行报告要过一个半月或更长时间之后才会在网上发布，但例会召开后的翌日委员会会发布一份简要报告，约 700 字。历次会议后发布的简要报告内容相近，我们通过分析其中的细微变化，可以更准确地判断央行的政策倾向性。

除了央行季度会议之外，中国还有很多其他的重要会议都会谈到货币政策，如每年 3 月的全国两会、12 月的中央经济工作会议以及中央政治局会议，我们需要一并关注。中央政治局会议在 2018 年召开了 13 次，其中 4 月、7 月、10 月和 12 月的会议重点为分析、研究当前经济形势和经济工作。我们也可以把历次会议之后的新闻稿拿出来做前后对比，可以找出细微差别。

从中美两国的历次经济决策会议的透明度来看，美国明显地更注重问责和向市场传递会议精神。国会对美联储高管的听证会以及公开会议录像等措施，以及美联储主席的新闻发布会和详尽的会议记录等措施可以让市场有充分的信息去判断美联储的下一步举措。你如果有兴趣，可以查一下在全球金融危机期间美联储联邦公开市场委员会于2009年1月27日至28日的详细会议记录，欣赏一下委员们是如何据理力争的。我最敬佩的是时任奇蒙德联储主席莱克先生，尽管我认为他的判断是错误的。莱克先生对美联储主席的“定量宽松”议案提出异议，并指出可能产生的副作用。他在发言告一段落时声称：“What I would like to do is respectfully register a negative vote on this.”（我想做的就是对此议案尊敬地投出反对的一票）。这让我想起宋太祖与一位坚持己见的大臣之间的对话。

> 宋太祖尝弹雀于后园，或称有急事请见，太祖亟见之，其所奏乃常事耳。帝怒，诘之，对曰：“臣以尚急于弹雀。”帝愈怒，举斧柄撞其口，堕两齿，其人徐俯拾齿置怀中，帝骂曰：“汝怀齿，欲讼我乎！”对曰：“臣不能讼陛下，自当有史官书之。”帝悦，赐金帛慰劳之。

我们对不同的意见要宽容，并向对方致以敬意，只要对方本着专业的态度和真诚的精神行事。多年前，美联储前副主席、普林斯顿大学经济学教授艾伦·布林德（Alan Blinder）写了一本关于央行改革的书，名为《无声革命：央行走向现代化》（*The Quiet Revolution:Central Banking Goes Modern*）。书中最主要的内容是，一些央行采取了开放式沟通和更加透明的举措，摒弃了长期以来保密和出其不意的传统。借用布林德这本书的副标题，当央行开始不保密，转而公开说话时，它就“走向了现代化”。对此，国家外汇管理局中央外汇业务中心首席经济学家、中国金融四十人论坛特邀研究员缪延亮有很好的解读。

美联储在世纪之交缓慢地朝着这个方向前进。它终于在1994年开始宣布利率决定，并在2000年开始定期发布新闻稿（尽管直到2011年才举行定期新闻发布会）。这些变化反映出，央行官员认识到，短期政策利率的变化是如何通过预期和市场定价影响经济的。

今天，中国人民银行正在经历一场悄无声息的革命。与之前的美联储一样，中国央行正变得更加善于沟通。但中国政府真正的改革涉及汇率政策，中国央行正日益允许市场力量决定人民币的价值。这两个发展都是受欢迎的。

中国央行与市场的有效沟通与2018年3月任命的新行长易纲有很大关系。上个月，央行举行会议，解释最新的经济和货币数据。易纲本人也主动解释了政策决定，特别是他支持中小企业融资的“三支箭”。尽管这种干预可能会让央行的传统人士感到惊讶，管理层偶尔也会插手股市的波动。

另一项重大举措出现在1月份，中国央行推出了其英文网站的新版本。此前，该网站只有大约2%的内容是英文的，这使得外国投资者抱怨不公平的竞争环境。新英文网站几乎涵盖了政策的所有主要方面，从公开市场操作和决策，到行长的讲话和活动。例如，网站展示了易纲去年12月在清华大学就中国货币政策框架发表的演讲，以及他最初幻灯片的英文版，而幻灯片的中文版本并没有出现在官网。

这种公开沟通无疑很重要，同时中国央行日益灵活的汇率政策更具变革性。2015年至2016年，中国央行动用了大约1万亿美元的外汇储备来支撑不断贬值的人民币。如今，中国央行不再定期干预外汇市场，也不设汇率目标。

自2018年初以来，这种灵活性日益显著。

……

布林德在 2004 年描述的“无声革命”正在中国上演。诚然，中国央行在沟通和汇率政策方面还有很大的改进空间。但迄今为止的进展对中国和国际政策制定者来说都是好消息。

思考题

中国央行发布的《中国货币政策执行报告》中关于央行货币政策取向的关键词值得我们尤为关注。请问，在“稳健中性”的背景下，你认为央行通常会采取提高基准利率、降低基准利率、进行公开市场购买以及微调存款准备金率这四种货币政策操作中的哪一种呢？

如何精读货币政策报告

读美联储货币政策报告，先读摘要，再留意其与上一份报告摘要之间的细微区别。比较 2018 年 2 月和 7 月的两份报告，我们发现 2 月的报告声称通胀率维持在联邦公开市场委员会的较为长远的 2% 的目标之下，而 7 月的报告指出通胀率已略微越过 2% 这一目标。需要注意的是，7 月报告中的这句话并没有就此结束，而是多出“受到能源价格大幅上涨的推动”这一表达。这个表达可不是在画蛇添足，它一方面说明了通胀上涨的原因，另一方面也暗示了如果将来能源价格大幅下跌，通胀率也许可以降低，那么美联储加息步骤也就不用那么紧。事实上，在 2 月的报告发布之后，联邦公开市场委员会于 3 月还是决定加息 25 个基点，也就是 0.25%。加息理由是就业仍很强劲，通胀接近 2% 的目标，委员会认为这一轮加息有利于经济的平稳运行。其后，美联储于 6 月继续加息 25 个基点。在 7 月的报告发布之后，9 月的议息会议开始前，由于石油价格仍然高企，市场认为美联储会议继续加息为大概率事件，事实证明果不其然。

市场不仅关注美联储议息会议是否决定加息，还关注美联储对利率的前瞻性表述。美联储在2018年3月加息时对未来息口的表述为：委员会预计经济状况的发展将促使联邦基金利率进一步逐渐上升；联邦基金利率可能在一段时间内维持在长期合理水平之下。然而，联邦基金利率的实际路径将取决于未来数据所揭示的经济前景。换句话说，美联储会走一步看一步，但当时的利率水平离长期合理水平还有一段距离，随后还将进一步加息。其后的发展是：美联储于6月加息，7月底8月初暂停了一次，9月继续加息。美联储在9月的前瞻性表述中没有再暗示“离长期合理水平还有一段距离”。

2018年12月19日，美联储联邦公开市场委员会结束了一次议息会议。在鲍威尔主席召开新闻发布会之前，道琼斯指数早段上升360点，市场憧憬着美联储虽然很可能会决定加息，但也有可能会宣布降低2019年继续加息的概率。毕竟，2018年第四季度金融市场波幅较大，投资者对中美贸易摩擦、英国脱欧以及法国政治动荡等不确定性情况非常担忧。鲍威尔于美国东部时间下午2:30召开的新闻发布会中主要谈了以下内容：

劳工市场继续增强，失业率仍然很低。家庭支出继续强劲增长，而商业固定投资在经历2018年早些时候的快速增长后有所放缓。总体通货膨胀率和核心通货膨胀率都接近2%。鉴于已实现的和预期的劳工市场状况与通货膨胀，委员会决定将联邦基金利率的目标上下限各提高25个基点。委员们对2019年所面临的各种风险都有充分的认识，已将原有的加息三次的预期改为加息两次，并且强调这一预期并非板上钉钉，美联储将会继续监测全球经济和金融的发展，并评估它们对美国经济前景的影响，从而出台适当的货币政策。

鲍威尔的讲话虽然比 9 月的要温和得多，但投资者仍然担心美联储对前景过于乐观，2019 年预期的加息步伐过于进取。下午 2:40 道琼斯指数掉头向下，收市时倒跌 351 点。我个人认为美联储的处理还是比较专业和理性的。美联储确实处于一个尴尬的境地，假设美联储如投资者所愿，表示明年加息机会不大，市场也许会短暂地舒一口气，但继而也许会猜想：美联储这么做是否因为它所掌握的情况表明经济形势比想象的更为糟糕？如果是这样的话，那么市场的抛售情绪或许更夸张。

美联储在 2019 年 1 月联邦公开市场委员会会议之后发布的信息则更加温和，这一次美联储指出，鉴于全球经济和金融的一系列不确定性以及美国国内趋缓的通胀压力，委员会对未来的加息步骤可以更有耐心。随后，道琼斯指数大涨 435 点。道琼斯指数自 2018 年圣诞夜当天大跌 653 点至收市 21792 点，其后在中美贸易谈判取得实质性进展以及美联储加息态度变得更为温和的大背景下大幅上扬，两个月内上涨 4300 点，上涨幅度将近 20%。2018 年第三季度至 2019 年第一季度，中美贸易摩擦、美国股市和美联储这三者之间有着十分戏剧化的联系。2018 年第三季度，也即中美贸易摩擦初期，因此华尔街比较乐观，股市上扬，美联储关注通胀和资产价格泡沫而继续加息。其后，中美贸易摩擦进入胶着状态，华尔街失去耐心，加之美联储继续关注通胀压力，因此华尔街以 2018 年底的暴跌向特朗普政府施加压力，希望尽早结束贸易摩擦。随着贸易摩擦对全球实体经济的负面影响逐渐显现，美联储变得更为温和，中美结束贸易摩擦的意愿有所加强，美股强烈反弹。

下面我们举例来看如何细读中国人民银行的简要报告。我们读报告最重要的是判断未来货币政策的倾向性，最普遍的做法是比较前后两次会议后所发布的简要报告在措辞上的细微差别。央行在 2018 年第三季度和第四季度政策会议之后所发布的简要报告的对比如图 10-4 所示。画线部分是修改和增删过的，显示出这两次简要报告之间的细微差别。第三季度简要报告共 687 个字符，第四季度简要报告改动了 88 个字，约占整体字符的 13%。改动分为四类：删去，小改，大改，增添。

会议分析了国内外经济金融形势。会议认为，当前我国经济保持平稳发展，经济增长保持韧性，总供求基本平衡，增长动力加快转换~~。内需对经济的拉动不断上升~~，人民币汇率及市场预期总体稳定，应对外部冲击的能力增强。稳健中性的货币政策取得了较好成效，宏观杠杆率趋于稳定，金融风险防控成效显现，金融对实体经济的支持力度~~较为稳固~~进一步增强。国内经济金融领域的结构调整出现积极变化，但仍存在一些深层次问题和突出矛盾，国际经济金融形势更加错综复杂，面临更加严峻的挑战。

会议指出，要继续密切关注国际国内经济金融~~走势和环境的新变化，~~形势的边际变化，~~高度重视逆周期调节，加强形势预判和前瞻性预调微调。~~增强忧患意识，加大逆周期调节的力度，提高货币政策前瞻性、灵活性和针对性。稳健的货币政策~~保持中性，要松紧适度，管好货币供给总闸门~~要更加注重松紧适度，保持流动性合理充裕，~~引导~~保持货币信贷及社会融资规模合理增长。继续深化金融体制改革，健全货币政策和宏观审慎政策双支柱调控框架，进一步疏通货币政策传导渠道。按照深化供给侧结构性改革的要求，优化融资结构和信贷结构，努力做到金融对民营企业的支持与民营企业对经济社会发展的贡献相适应，综合施策提升金融服务实体经济能力~~，推动形成经济金融良性循环。~~推动稳健货币政策、增强微观主体活力和发挥资本市场功能之间形成三角良性循环，促进国民经济整体良性循环。~~主动有序~~进一步扩大金融对外开放，增强金融业发展活力和韧性。

会议强调，要以习近平新时代中国特色社会主义思想为指导，认真贯彻落实党的十九大和中央经济工作会议精神，继续按照党中央国务院的决策部署，坚持稳中求进工作总基调，坚持稳就业、稳金融、稳外贸、稳外资、稳投资、稳预期，创新和完善宏观调控，综合运用多种货币政策工具，~~把握好结构性去杠杆的力度和节奏~~保持人民币汇率在合理均衡水平上的基本稳定，在利率、汇率和国际收支等之间保持平衡，促进经济平稳健康发展，稳定市场预期，打好防范化解金融风险攻坚战，守住不发生系统性金融风险的底线。

图 10–4　2018 年第三季度和第四季度中国人民银行政策会议简要报告对比

我们先看删去了哪些部分。第一段将“内需对经济的拉动不断上升”删去，这一做法还是实事求是的。2018 年第四季度在贸易摩擦的大背景下经济形势确实不尽如人意。第三段将“把握好结构性去杠杆的力度和节奏”删去，这一做法相当重要，删去并不是指这句话讲错了，去杠杆确实需要把握好力度和节奏，删去这句只是为了避免出现“去杠杆”这一敏感词。实际上，我们在 2017 年至 2018 年前三个季度的去杠杆力度和节奏是有些问题的，没有注意到风险叠加。2019 年 3 月的政府工作报告在没有提到“去杠杆”一词的情况下表达了同样的意思，“在当前经济下行压力加大的情况下，出台政策和工作举措要有利于稳预期、稳增长、调结构，防控风险要把握好节奏和力度，防止紧缩效应叠加放大，决不能让经济运行滑出合理区间”。

第三段增添了两句，第一句是“创新和完善宏观调控”，结合上文谈到的货币政策报告中的内容，这里可能是指窗口指导、定向降准等精准滴灌方面的创新，为了更好地解决中小企业融资难、融资贵的问题。第二句是“保持人民币汇率在合理均衡水平上的基本稳定”，这一句过去也时常出现，这次重新强调“基本稳定”意在缓和贸易摩擦期间人民币的贬值预期。

“小改”的部分一般是加重语气。第一段谈近期货币政策时将“金融对实体经济的支持力度较为稳固”中的“较为稳固”改为“进一步加强”。第二段在谈下一阶段货币政策时将“引导货币信贷及社会融资规模合理增长”中的“引导”改为“保持”，将“主动有序扩大金融对外开放”中的“主动有序”改为“进一步”。我认为这些小的改动只是在显示政策的连续性。

“大改”的部分更需要关注。第二段中将“稳健的货币政策保持中性，要松紧适度，管好货币供给总闸门”简化为“稳健的货币政策要更加注重松紧适度”，不再强调“保持中性”，也不再强调“总闸门”。这一系列措辞上的变化在2018年12月的中央经济工作会议报告与2017年的中央经济会议报告的比较中也有体现，这预示着下一阶段央行根据需要会适度释放流动性。第二段结尾处将“推动形成经济金融良性循环”作了延伸，变为“推动稳健货币政策、增强微观主体活力和发挥资本市场功能之间形成三角良性循环，促进国民经济整体良性循环”，我认为这里有让“货币政策”担当更大责任的意思。

如果小结一下上面的对比，那就是“经济形势不尽如人意，去杠杆暂时搁置，维持人民币汇率基本稳定，下一阶段适度释放流动性，央行要准备担当更大责任”。

以上谈了我关于解读货币政策报告的体会，但我更鼓励大家利用自己所学的宏观经济学知识和对实体经济的了解去对宏观形势做出独立的判断。我们不排除央行的行为和看法可能是错的，比如2000年8月的日本央行加息以及2011年4月的欧洲央行加息，两者均为时过早。雷费特·居尔卡伊纳克（Refet S. Gürkaynak）、布赖恩·萨克（Brian Sack）和埃里克·斯旺林（Eric Swanson）在其文章中讨论了央行是否“行胜于言”，下面简要意译一下他们文章中引言的第一段：美联储在2004年1月28日政策会议后发布的公告，导致了美国国债市场有史以来最大的反应之一，其中2年期和5年期的国债收益率在公告发布前后的半小时内分别上涨20个和25个基点，这是我们搜集的14年的数据所涵盖的联邦公开市场委员会公告引起的最大的变动。更为显著的是，这种大规模的反应不是由美联储的行动引发的，而是由美联储的言论引发的。实际上，金融市场已完全料到美联储维持联邦基金利率不变的决定，但联邦公开市场委员会决定在公告中删掉“宽松政策可以维持相当长的一段时间”，而代之以“委员会认为它可以耐心地逐步退出宽松政策”，这被金融市场解读为美联储将比预期更早地重启收紧政策。因此，如果学者仅从美联储维持息率不变这一行为来推断当天没有出现“意外”则显然是错过整个故事的关键。看来，细读央行公告确实很重要。

大家要关注世界上和身边发生的事情。当中国人民银行的报告还在坚持“稳中向好”的时候，也许我们已亲身体会到周边的“困难重重”了。如此，未来的降准甚至减息便是大概率事件，中国人民银行也是会适时转向的。

思考题

鲍威尔在2018年12月19日的新闻发布会中宣布，美联储联邦公开市场委员会决定将联邦基金利率的目标上下限各提高25个基点，请问你认为他们做出该决策的原因有哪些？

本章要点总结

1 美联储货币政策报告反映了美联储对美国经济乃至全球经济形势的看法，对全球的资金成本和资金流动都有着深远的影响。

2 美联储政策执行过程比较透明，且每年提交两份货币政策报告。报告虽在形式上有变化，但内容一般涉及三个部分：近期经济和金融形势、货币政策、经济展望。

3 美联储货币政策报告第一部分“近期经济和金融形势”包括美国劳工市场、通货膨胀、经济活动和金融形势等内容。劳工市场的讨论涉及失业率等多个方面；通货膨胀可以从供给和需求这两个方面的压力来分析；经济活动的讨论一般会突出房地产市场、汽车产业等方面；金融形势的讨论则围绕债券市场、外汇市场和股票市场这三个方面展开。

4 美联储货币政策报告第二部分“货币政策”包括对政策利率和美联储资产负债表的讨论，第三部分“经济展望”即为最近一次的美联储联邦公开市场委员会会议纪要附录，包括对未来联邦基金目标利率的预测。

5 《中国货币政策执行报告》由中国人民银行发布，包括五个部分，分别为货币信贷概况、货币政策操作、金融市场运行、宏观经济形势以及货币政策趋势。

6 中国人民银行的货币政策执行报告与美联储的货币政策报告相比，在内容和篇幅上大致相当，区别在于：中国关注数量型指标，而美联储关注价格型指标。而从数量型政策到价格型政策的转变是未来的趋势，中国也在逐步完成该转变。

7 中国的货币政策执行报告的第二部分包括公开市场操作、存款准备金率和基准利率的变化等内容。对该部分我们最需要关注的是央行货币政策的取向。

8 中国的货币政策执行报告的第三部分包括货币、债券等金融市场的利率走势和收益率曲线分析，以及关于制度建设的讨论。报告的第四部分包括对国际经济形势、国际金融市场的分析，以及对国内产出动力、产业结构和行业分析。

9 中国的货币政策执行报告的第五部分包括中国宏观经济展望和下一阶段主要政策思路，其中值得重视的是不同场合下重复出现的表述。同时，我们可以通过分析报告中的细微变化，来更精准地判断央行的政策倾向性。

10 我们在精读美联储货币政策报告时可以先读摘要，并留意它与上一份报告摘要之间的细微区别。市场可以从美联储对当前通胀率的描述和解释及对利率的前瞻性表述中判断美联储的加息步伐。

11 除了精读美联储货币政策报告，解读美联储主席的公开讲话内容也十分重要。2018 年 12 月 19 日，鲍威尔在新闻发布会中谈及美国劳工市场、家庭支出、商业固定投资和通胀率的现状，温和地表明加息预期。

12 细读中国人民银行的货币政策执行报告，最重要的是通过比较前后两次政策会议后所发布的报告在措辞上的细微差别，以此来判断未来货币政策的倾向性，这些细微差别包括删去、增添、小改和大改的内容。

13 通过简要对比 2018 年第三季度和第四季度的央行政策会议的简要报告，我们可以解读出：当前中国“经济形势不尽如人意，去杠杆暂时搁置，维持人民币汇率基本稳定，下一阶段适度释放流动性，央行要准备担当更大责任”。

PART 3

财政失控，危机四伏

第十一章 税收体制变迁

主要税收体制

虽然货币政策是媒体的宠儿，且理解货币政策是学习宏观经济学的一大要务，但财政政策是一个国家长远发展和繁荣稳定的基石。财政政策涵盖一系列问题，比如政府收入水平和结构、政府支出水平和结构、中央政府与地方政府之间的收入分配与支出义务、财政政策对经济周期的影响、财政政策与长期增长之间的关系以及财政失控的原因等。我们将结合中国的实际情况开展讨论，当然也会涉及跨国比较和历史回顾。

我们先介绍政府收入水平和结构。虽然 20 世纪社会主义国家的政府收入在计划经济体制下主要来源于国企利润，但当今世界上绝大多数国家均以税收为政府收入的主要来源。某些石油输出国是例外，比如沙特阿拉伯。沙特阿拉伯政府 2018 年的政府预算中，有 63% 的政府收入来自石油出口收入，在连续数年财政赤字的大背景下，沙特阿拉伯于 2018 年 1 月出台增值税，增值税率为 5%。国际货币基金组织在与沙特阿拉伯的第四条款磋商中提出，如果将来油价持续偏软，那么沙特阿拉伯应考虑将增值税率提高到 10%。

既然税收是绝大多数国家政府收入的主要来源，我们就来分析一下政府税收的结构。先介绍一点税收的历史沿革。

世界上最早和最普遍的税收形式是徭役，也就是强制为国家出苦力。徭役这一形式一直延续到近代，到 18 世纪甚至 19 世纪仍有欧洲国家盛行徭役。此外，由于土地是财富的主要存在形式，基于土地的税收自古也很普遍。在中东地区的两河流域，人民需缴纳某个比例的谷物税，后来甚至发展出了牛头税。在埃及古墓中出土的艺术品显示，大约在公元前 2400 年就有谷物税了，而最早有文字记载的谷物税是中国春秋战国时代的“初税亩”。所以说税收是一个十分古老的现象。①

在很长一段时间内，徭役和谷物税是税收的主要形式，也是直接税的代表性税种。直接税就是直接向个人或机构收取的税。现代社会的直接税包括所得税、物业税、遗产税等。间接税是指在交易环节当中征收的税，比如增值税、消费税、印花税和关税等。关税是特朗普最喜欢的税，或者说是他最喜欢的工具，他自称“I am a tariff man”（我是关税侠）。如果大家读他的推文，就会觉得关税大棒能让美国国库“财源滚滚”，实际上，当下关税在政府税收中所占份额已经很小了，比如 2018 年美国联邦政府财政收入为 3.33 万亿美元，而关税收入为 410 亿美元，仅占联邦政府财政总收入的 1.23%。2017 年中国关税占政府财政总收入的比重为 1.74%，中国在加入世界贸易组织之前这一占比一般在 5% 以上。关税比较容易征收，只要在主要港口设立海关即可，

① 1696 年，英国国王威廉三世出台“窗户税”，因为窗户个数容易度量且与房屋价值成正比。“窗户税”非常成功并被西班牙、法国等国家借鉴（法国直到 1926 年才将其取消）。当然，大家应该都能预计事情会怎样发展……如果你在英国、法国、西班牙发现一些古老的房子窗户很少时千万不要吃惊，如果你在荷兰发现某些房子大门很窄时也不要吃惊，那是因为荷兰曾有根据门框尺寸征税的历史。

因此在历史上它曾经是各国重要的税收来源。当然，这也引起走私盛行。《基督山伯爵》这部小说中的主角爱德蒙·唐戴斯（Edmond Dantès）在逃出监狱后流落海上时，就被一艘走私船搭救了。大仲马出版该书是在1844年，写的是走私在1815年前后的事。其实，关于的记载可以一直追溯到13世纪，而走私在18世纪达到顶峰。在过去25年里，各国关税在全球化的大背景下大幅下降。世界银行数据显示，全球关税税率的加权平均值从1994年的8.57%下降至2017年的2.59%。

古代税收常出现税收累退现象，即有势力的群体甚至整个城市能争取到税收豁免，因此税收负担压在弱势群体身上。古埃及的僧侣阶层在势力变强大之后便迫使王室免除他们的纳税义务。另外，据公元前5世纪希罗多德撰写的《历史》这本名著记载，在大流士一世的波斯帝国时代，波斯人作为帝国的主宰民族基本上是不用纳税的。现代社会的税收设计，尤其是所得税，一般都是累进制的，也就是说收入越高者面对的纳税税率也越高。当然，高收入人群利用税收体制漏洞大幅降低纳税额的也不在少数。

合法避税与非法逃税的存在是对税收体制设计的挑战，各国的税收部门投入大量人力物力提升征收效率。美国税务总局（Internal Revenue Service）经过多年的经验积累建成了一套效率颇高的所得税稽查征收系统，这也是为什么美国一直没有出台联邦增值税制度，因为转换成以增值税为主的新体系又得需要多年后才能达到高效率征收。美国是经济合作与发展组织的36个成员国中唯一一个没有增值税的国家。

现代意义上的增值税是在1954年由法国在其当时的殖民地象牙海岸推出的，1958年在法国本土实行，其后逐渐在欧洲地区盛行并被其他国家广泛采用。全球目前有166个国家和地区设有增值税，可见增值税的普及程度。平均而言，增值税收入约占政府收入的20%，而在法国增值税收入则占到政府收入的50%。中国于1979年引入增值税并于1884年和1993年做过两次重大改革，后于2016年5月将营业税全面改为增值税，2017年国内增值税收入约占政府收入的三分之一。

增值税这一税种被认为是税收方面最为高效的税种，其中的关键在于增值税的缴纳会留下一串印记（papertrail）。因为增值税对每一生产和交换环节征收，后一环节税负主体在缴纳增值税时可以将在前一环节中支付给供货商的增值税部分抵扣掉，这样也会使前一供货商难以逃税。

间接税中除了增值税外，另一重要的税种为消费税。消费税只对特殊商品征收，如烟、酒、化妆品、首饰及珠宝、汽油、汽车等。消费税税率采用比例税率和定额税率，比例税率可以低至3%而高至45%。某些商品会被同时征收消费税和增值税。2017年，中国国内消费税收入约占财政总收入6%。

直接税中的重要税种为企业所得税与个人所得税。个人所得税的历史不算太长，到19世纪中叶才出现，在一战时大约80%的国家设有个人所得税，当今只有屈指可数的几个国家没有引入。2017年，中国个人所得税收入占财政总收入的7%，而企业所得税收入占19%。中国实行的其他税种包括契税、城市维护建设税、印花税以及前面提到的关税等。

我们再来看看美国的情况。2017年，从美国联邦政府税收构成来看，个人所得税收入占47.9%，企业所得税收入占9%，社保收入占35%等。从2018年的全口径收入，即包括联邦政府、州政府和地方政府的收入来看，个人与企业所得税收入占36%，社保收入占23%，财产税和销售税收入占24%。中美税收结构口径不一致，不大容易比较，比较清晰的结论是美国比较依赖直接税，而中国则更依赖间接税。两种税收体制的优劣难以下结论。任泽平团队的一篇关于中美税负比较的分析文章指出，[①]中国的劳动者报酬比重在过去20年内于50%左右徘徊，甚至在2003年至2007年间连续5年低于48%。当然，中美企业成本负担问题要想彻底厘清，还需更为细致的比较。我个人认为，粗略估算，中美企业的负担是不相上下的。至少可以肯定地说，国内学者中的下述两种声音是矛盾的：一种认为中国企业负担过重，另一种认为中国应该设法提高劳动者报酬比重[②]。

税收设计到底应该以直接税为主还是以间接税为主，这与信息采集和征收效率有很大关系。税收设计的其他原则包括尽可能减少市场扭曲以及兼顾公平。

思考题

任泽平团队的一篇关于中美税负比较的分析文章指出中国企业负担过重。这一对比有失公允，请问你认为原因在于文章在比较中忽略了中美税收体制、劳动者报酬、政府效率和产业政策这四个方面中的哪方面的差异?

中国税制改革[③]

改革开放之前，中国处于计划经济时代，税制相对简单，国家财

---

① 关于美国劳动者报酬比重的研究，见美国劳工统计局（Bureau of Labor Statistics）于2017年发布的《评估美国劳动者报酬比重》（Estimating the U.S. Labor Share）一文。

② 关于中国劳动者报酬比重的研究，见白重恩、钱震杰的文章《国民收入的要素分配：统计数据背后的故事》。另一篇相关文章为刘亚琳、茅锐、姚洋所发表的《结构转型、金融危机与中国劳动收入份额的变化》。

③ 就中国财政政策研究而言，我曾参考过的一本书是马骏于1997年著的《政府间关系与中国经济管理》（*Intergovernmental Relations and Economic Management in China*）。马骏当时在世界银行工作。这本书是基于他的博士论文形成的。其后，他还就公共财政政策写了不少文章。马骏于2000年加入投行，先后活跃在体制外、体制内以及学术圈。这位金融界的成功人士早年是不折不扣的财政专家。

政收入的一半来自国有企业上缴的利润。1983 年至 1984 年，中国把有 30 多年历史的国有企业利润上缴制度改为纳税制度，即“利改税”。其后，集体企业所得税、私营企业所得税等税种也都进一步被规范化，到 1993 年底，中国共设有 37 个税种。

1994 年的税制改革意义重大。第一，这次改革推出以增值税为主体，以消费税和营业税为辅助的货物和劳务税制；第二，将过去分别征收的国营、集体和私营企业的企业所得税合并、统一；第三，将过去分别征收的不同的个人所得税和个人收入调节税等税种合并为统一的个人所得税。第四，扩大资源税的征收范围，开征土地增值税，以及对其他税种进行了比较细微的调整。

1994 年的税制改革方案是在积极借鉴发达国家税制建设成功经验的基础上结合中国的具体国情而制订的。1995 年可以看作是这一改革的转型期，政府收入占 GDP 的比重滑到自 1980 年以来的最低点，只有 10.7%。但此后，这一占比持续稳步上升至 2015 年的 22%。近些年在营业税改为增值税和减税降负的大背景下，该占比有轻微下降。

我们来看一下 1980 年至 2017 年中国政府收入占 GDP 百分比的趋势图（图 11–1），1995 年很显然是一个转折点。问题是，是什么原

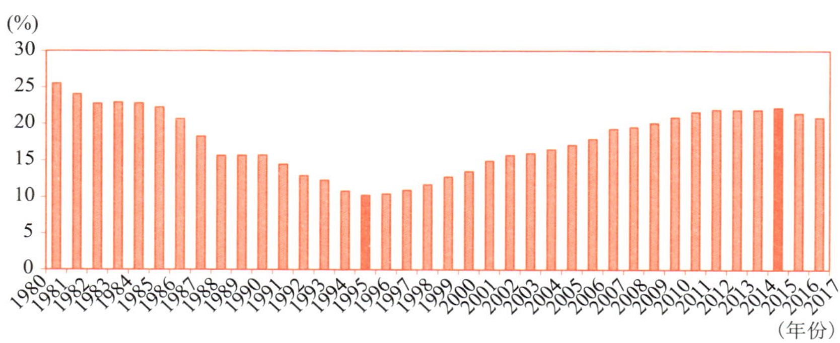

图 11–1 1980 年至 2017 年中国政府收入占 GDP 百分比

因导致了1980年至1994年间政府收入占GDP比重的下跌呢？1994年的改革又是如何使这一占比稳步回升的呢？

1980年至1994年间政府收入占GDP比重下跌的主因有两点：第一，这一阶段正是改革开放的第一阶段，中国正处在从计划经济体制向社会主义市场经济体制转型的过程中，旧的体制逐渐退出，而新的体制尚未健全，因此政府征收的效率偏低；第二，这一阶段中国实行的是中央与地方收入分享制，且地方和中央就收入承包和分享有各种讨价还价。很自然地，地方政府有隐瞒收入的动机，将应纳入预算内的收入转移到预算外，设立小金库。因此，有记录的政府收入占GDP比重连年下降。此外，包干部分通常固定5年，5年后再调整，因此随着经济增长，地方政府收入增长幅度快过中央政府，即中央政府收入占总的政府收入比重在这一阶段也是在不断下降的。换句话说，在这一阶段的财政承包制下，中央政府的财权不断弱化。

1994年的改革引入分税制来取代此前的财政承包制。除了前面提到的税种方面的改革，比如向增值税等间接税倾斜的设计之外，分税制还就中央和地方各自税收征收的范围问题确定了中央税、地方税以及中央和地方共享税的划分。分税制改革还包括分设中央和地方两套税务机构分别征管税收。地区间平衡问题通过中央对地方的转移支付来解决。①

这一改革大大增强了中央政府的财权，这也是为什么在推出此项改革的过程中中央和地方有过多轮的博弈和讨价还价。实行分税制后，中央政府收入占全部政府财政收入的比重从1993年的22%跳升至1994年55.7%。此后，该比例维持在50%左右。

---

① 2004年，我在香港科大讲解“China in the Global Economy”（全球经济中的中国）这一课程时曾参考过吴敬琏教授的《当代中国经济改革》。该书专门有一章讨论中国财政改革历程，对中国从财政承包制转向分税制的全过程有一个非常清晰的概括。

1994 年的税制改革大幅提高了征收效率，一方面增值税本身就增加了逃税的难度，另一方面中央和地方的两套独立的征管体制也有利于提高政府税收的征收能力。国税局的建立确保了中央财政收入不会被地方政府侵蚀，因此地方政府一方面会想办法提高自己管辖范围内的征管效率，另一方面会将注意力集中在经济发展以提高税基上。比如，各地方政府都纷纷注意到，利用财政收入来改善基础设施和加强公共服务对招商引资很有帮助，并能因此而给地方税基带来进一步扩大。可以说，分税制改革激励了地方政府大力发展经济的意愿。

总之，1994 年的税制改革通过改善地方政府激励机制和提高中央及地方的税收征管效率从而促使了政府财政收入相对于 GDP 的稳步增长。在这之后，中国的税制仍有需要完善的地方，但基本框架没有大的改变。比较重要的改变是于 2016 年 5 月完成的营业税改增值税。这一改变意在减少重复纳税和促进企业经营规范化，但对于单个企业是否因此而得以减轻税负的问题则不能一概而论。确实存在有些企业税负不减反增的现象。2016 年，谢获宝、李从文就营业税改增值税的实际效果进行了理论和实证方面的探讨。他们经过推演得出如下结论：每个行业都存在一个临界值，如该行业中某家企业的毛利率高于该临界值，则营业税改增值税后流转税负会不减反增。他们通过测算发现，建筑行业的毛利率临界值为 24%，而房地产业的毛利率临界值为 40%。随后，他们通过对上市公司的实际毛利率的观察，发现营业税改增值税十分有利于降低建筑业的税负，但对降低房地产业的税负而言只是轻微有利。

税收征管方面的重大改变是政府自 2018 年 4 月开始逐步推行的国税与地税的合并。这一合并征收模式一方面简化了纳税流程，另一方面也消除了不同部门间的信息壁垒。这一改革的成效和副作用都需要相关部门及时进行评估。

中国的税制目前是否还存在大的问题呢？[①] 中国社会科学院财贸物资经济研究所（现为财经战略研究院）的杨之刚教授认为目前的税收体制存在两大问题：一是基层财政困难，二是地区间差距日益扩大。他对中国基层逐步陷入财政困境的轨迹做了以下刻画：划分税种后基层政府收入结构改变→基层政府更依赖自有的农业税收→规范的农业各税数量不足，且转移支付制度不规范→基层政府不得已采取非规范的筹资行为→解决农民负担的税费改革堵住了基层政府的乱收费渠道→取消农业税后基层政府收入来源更少。其中转移支付制度的不规范则是导致地区间差距拉大的因素之一。

杨教授对基层财政困境的上述刻画发表在分税制改革后的第 10 年，即 2004 年。2014 年，也就是又一个 10 年后，基层财政困境仍然不见好转，武内宏树（Hiroki Takeuchi）教授在他的专著《中国农村税务改革》（*Tax Reform in Rural China*）中对此进行了详细的描写。武内宏树教授走访了中国 8 个省，集中采访了县城和乡村一级的干部和群众，采访的样本不算大，共 108 人，其中基层干部 61 人。采访除了包含标准化的提问之外，Takeuchi 教授还尽量想办法与这些采访对象在比较宽松的环境下，比如一起就餐和休息的当口，展开自由对话。这种非正式场合下的交流过去被有些人称为“Guerrilla Interview”（游击式采访）。武内宏树教授认为通过游击式采访所获取的信息可能更具含金量，尤其是那些干部，在正式采访时对是否存在乱收费等敏感问题要么用标准、正统的否认来回答，要么支支吾吾。而在游击式采访的环境下，这些干部才开始吐露心声，对基层财政困境表示无奈，对

① 在公共财政研究领域中最具国际影响力的中国学者是邹恒甫教授。他和张涛发表于 1998 年的文章《财政分权、公共支出与中国经济增长》（Fiscal Decentralization，Public Spending，and Economic Growth in China）被引用 1200 多次（谷歌学术）。他们得出的结论“财政分权拖累经济增长”引起众多经济学家的兴趣和广泛的讨论。张涛现任国际货币基金组织副总裁。

滥收费的现象表示实在迫不得已。一方面，中央政府要堵住基层政府的滥收费渠道来缓解民众的抱怨，但另一方面基层政府又确实没有足够的经费，有时别说是提供公共服务和建设了，连负担基层政府日常开支的经费都筹不齐。

像美国这样的西方国家，其基层经费主要来自三个渠道，即房产税、地方收入税和地方销售税，但各个州以及州下面的县市采用的渠道组合都不尽相同。有的地方不设地方收入税，有的不设地方销售税。房产税应该是这三个渠道中应用最普遍的，对地方财政的贡献也是最大的，但这一财政贡献占比从 1930 年的 97% 逐渐下降到 20 世纪 80 年代的 75%。地方销售税贡献占比从几乎为零上升到 16%，地方收入税贡献占比则上升到 6%。

与美国相比，中国在房产税方面较为落后。我们习惯将房产税看作是平抑房产价格的工具，但这是不对的。是否应当开征收房产税要从理论上来探讨。理论上来说，房产税一向被认为是支持地方公共服务与建设的最公平的税目，因为房主是这些公共建设的直接受益人，他们理当承担税负。

思考题

1994 年的中国税制改革意义重大，请问具体改革内容包括哪些？

减税需谨慎

特朗普上台不久后即推出大幅减税的措施，中国媒体曾断定这一措施将推动美国制造业回流，提振美国经济，是高瞻远瞩之举。中国的减税降费措施也在多年筹备之后相继出台，广受民众支持。减税永远是受人们推崇的。我们所说的减税一般指的是降低税率或提高起征点。降低税率实际上是20世纪70年代诞生于美国的供给学派（Supply-Side Economics）的两大基石之一（另一基石为放松管制）。我们下面先介绍美国降低税率这一措施出台的背景、实施的效果以及对当今中国的启示。

1974年，在《华尔街日报》副主编裘德·万民斯基（Jude Wanniski）的安排下，阿瑟·拉弗（Arthur Laffer）教授与时任白宫副幕僚长迪克·切尼（Dick Cheney）进行了一次面谈。据称谈话期间，拉弗教授在一张餐巾纸上画了一条曲线来描述税收收入与税率之间的关系。这条倒V形曲线即著名的拉弗曲线（Laffer Curve）。这条曲线的经济学含义很简单，我们不妨以企业所得税为例来说明，即当税率为零时，企业所得税税收收入自然为零。当税率为100%时，自然不会有企业继续经营，企业所得税税收收入同样为零。因此，倒V形曲线最容易符合我们的想象。

拉弗曲线给我们提供了巨大的想象空间。试想，如果如图11-2所示，目前的税率在60%，那么在将税率降至40%时，经济活动受到刺激导致税基扩大，同时由于税率降低，逃税的行为也会减少，从而税收收入不减反增，这是多么两全其美的事——民众享受到税率降低

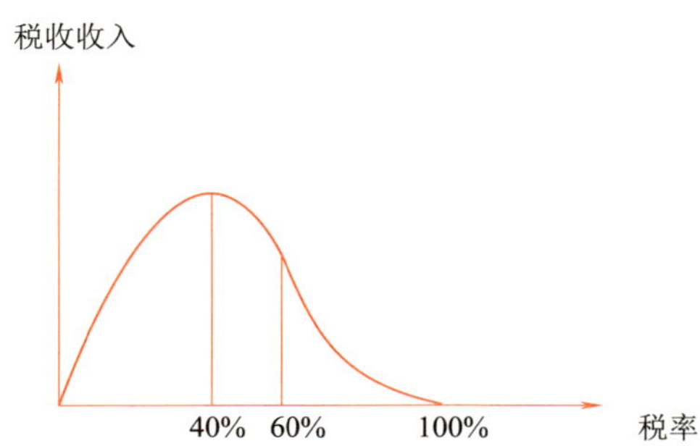

图11-2 拉弗曲线

的好处，政府获得了更高的税收。这样的好事过去是否发生过呢？确实发生过！美国于1922年将个人所得税最高边际税率从73%降到50%，接着又在1926年将其降至25%，这一措施使美国政府从富有阶层收取的税收收入大幅提高。类似地，美国政府于1963年将个人所得税最高边际税率从91%降至77%，接着又下调至70%，也使其从富有阶层收取的税收收入大幅提高。魏尚进教授等人曾发表过一篇很有意思的文章，文章讨论的是“关税+进口增值税”方面的拉弗曲线现象。他们通过分析“逃税幅度”来量化税率对逃税行为的影响。“逃税幅度”通过内地进口香港物品的申报与香港出口物品到内地的申报这两者之间的差异来度量。他们的研究结果表明，税率每增加1个百分点就会导致逃税额增加3%。他们的点估计结果认为中国大陆的“平均关税+进口增值税”已经在拉弗曲线错误的一端了，即在峰值的右侧。此时轻微地降低税率会增加税收，而提高税率则会降低税收。

供给学派的这一信仰逐渐深入人心，尤其是在20世纪80年代初美国处于滞胀局面，即失业率和通胀率皆居高不下时，降低税率的呼声越来越高。在这一背景下，里根政府推出了两次减税措施。下面参考了伯南克的宏观经济学教科书中的部分内容。

20世纪80年代，美国里根政府推出了两次减税措施。第一次是通过1981年*Economic Recovery Tax Act*，即《经济复苏税收法案》进行的，分三期减税，并于1984年完成。第二次是通过1986年*Tax Reform Act*，即《税收改革法案》进行的。这一系列减税措施将个人所得税最高边际税率由50%下调至28%。如果按照供给学派的理想推断，个人所得税税率的大幅下调将会刺激劳动供给和经济活动，从而带来政府税收收入的增加，但事实并非如此。

先谈1981年的《经济复苏税收法案》。该法案不仅下调了个人所得税边际税率，也造成了个人所得税平均税率的下降：平均税率从

20.9% 下降至 19.2%。从劳动供给理论来看，当平均税率下降时，人们觉得自己变得更为富有，因此这一财富效应会促使人们减少劳动供给，从而部分地抵消了边际税率下调对劳动供给的刺激作用。这一点我们可以从美国于 1981 年至 1984 年侧面反映劳动供给的劳动参与率数据里得到印证，该数据在这一期间变化不大，保持在 64% 上下。

1986 年的《税收改革法案》在下调个人所得税边际税率的同时轻微地上调了个人所得税平均税率，于是从理论上来讲劳动供给应有所上升，而实际情况也确实如此，但上升幅度有限：劳动供给只上升了 0.9%，与供给学派给我们描绘的美好蓝图相去甚远。美国的财政状况在减税和增加政府开支的大背景下急剧恶化，致使美国政府债务在里根总统执政期间极速膨胀，至今仍是一大问题。

与里根政府推出减税措施的大约同一时期，英国在撒切尔夫人的领导下也在大力减税。个人所得税最高边际税率从 1979 年的 83% 下调至 60%，基础税率从 33% 下调至 30%。经济合作与发展组织的数据显示，英国政府税收收入占 GDP 的比重从 1979 年的 30.7% 上升到了 1982 年的 36.7%。

为什么英国的减税措施以及美国于 1922 年和 1963 年的降低个人所得税税率的措施能使税收增加，而里根政府于 1981 年和 1986 年的减税措施却未能取得同样的效果呢？减税效果的不确定性源于我们并不知道拉弗曲线的税收收入最优税率究竟在什么位置。也许英国在 1979 年的个人所得税最高边际税率 83% 明显高于税收收入最优税率，因此将其降为 60% 有助于提高税收收入，但如果当下的税率已经低于最优税率，那么降低税率带来的只可能是税收减少。里根政府的减税措施也许对应的是后一种情形。

特朗普政府的减税方案前景如何呢？中国刚刚出台的一系列减税方案的效果又将如何呢？

特朗普于2017年年底签署的减税法案包含两个部分[①]，第一部分是个人所得税税率下调，最高边际税率由39.6%下调至37%，其他档次的税率也有所下调，标准扣除额则几乎翻了一番。这一部分还包括一些很细的内容，诸如遗产税的免税额和有关医药费、房贷利息以及捐款的扣税细则。这第一部分个人所得税税率的下调将于2025年底结束。第二部分是企业所得税税率下调，最高边际税率由35%大幅下调至21%。这一下调没有结束期，因此它表面上看起来是长期的，但实际上能维持多久却很难说。如果纵观企业所得税最高边际税率的历史，你就会发现在1909年初次引入该税种时，其最高边际税率为1%。1916年，也就是7年之后，调整到2%，之后起起伏伏，于1967年上升至52.8%。在特朗普政府税改前的企业所得税最高边际税率为35%，从1993年面世至2017年已存在了24年之久，是有史以来最稳定的。这一次，特朗普政府居然将35%这一生存期最久的最高边际税率直接降到21%，力度可谓非常大。特朗普政府宣称这一措施将使制造业回流美国，维持美国经济强劲增长，从而带来税收收入的进一步上升。总之，他们兜售的还是供给学派的那一幅美好蓝图。

对于供给学派给出的这幅美好蓝图，我是不信的。我认为美国的个人所得税率也好，企业所得税率也好，与欧洲相比都不算高，它们在拉弗曲线上的位置应该都处于峰值的左侧，因此特朗普政府减税后最有可能出现的局面是美国财政赤字占GDP的比重将会居高不下，美国国债占GDP的比重将会持续攀升。美国国会届时只有两种选择，要

① 特朗普政府的《减税和就业法案》大概有500页，涵盖议员们关心的方方面面。这一法案的通过得益于时任白宫经济顾问加里·科恩在国会议员间所做的协调。当然，共和党当时在参议院和众议院均占有过半数的席位也非常关键。加里·科恩因不满特朗普总统对钢铝加征关税的做法于2018年3月提出辞职，于4月2日卸任。其实，据鲍勃·伍德沃德（当年报道“水门事件”的两位《华盛顿邮报》记者之一）于2018年出版的书中记载，加里·科恩在2017年8月就已萌生退意，但最后还是坚持到推动减税法案通过之后。

么修改税法，提高税率，要么削减政府开支。克鲁格曼教授也预测在特朗普政府减税后美国政府税收必然下滑，并认为特朗普政府减税是一个巨大的骗局。一旦政府债务上升，共和党就会以此为由要求削减医疗和其他社会保障，无视弱势群体的利益。果然，美国财政部公布的2018年美国财政赤字占GDP的比值达4%，显著高于2017的3.4%。美国参议院多数派领袖米奇·麦康奈尔（Mitch McConnell）借此机会提出削减福利开支的必要性。当然，在2018年11月6日美国中期选举之后，民主党夺得众议院的控制权从而使共和党难以推动这类议案。一般而言，削减政府开支会伤及自己选区的支持者，议员们尤其是民主党议员们都很不情愿这样做，因此美国将来提高税率几乎是不可避免的。前文提过，减税很容易得到民众支持，但如果减税最后导致财政政策不可持续而不得不加税，那么民众是会有情绪的。小布什总统的父亲老布什在1988年竞选总统时曾很硬气地表态："我是那位不会加税的人……国会会让我加税，我会说'不'；国会会继续让我加税，我仍然会说'不'；国会一再催我加税，我会对他们说：'听好了，不要加税'。"[①] 台下的支持者一片欢腾。老布什当选总统后在与国会谈判财政预算时不得不放弃他的竞选承诺，还是加了税，最后他在竞选连任时也因此被选民无情地抛弃了。

所以，减税需谨慎，承诺不加税也同样需要谨慎，需量力而行。减税分两种，一种是暂时减税，用于在经济失速阶段刺激经济反弹，这时可以明文规定减税何时结束或者在什么条件下自动结束。设置一

① 老布什在1988年竞选中的这段话的英文原文为："And I'm the one who will not raise taxes. My opponent now says he'll raise them as a last resort, or a third resort. But when a politician talks like that, you know that's one resort he'll be checking into. My opponent won't rule out raising taxes. But I will. And the Congress will push me to raise taxes and I'll say no. And they'll push, and I'll say no, and they'll push again, and I'll say, to them, 'Read my lips: no new taxes'"。

个自动机制非常重要，这便于管理民众预期。另一种是长期的减税，在这种情况下，如果税改前的税率已经处于峰值的左侧，那么政府就要做好税收收入下降的思想准备，并且要在政府支出端进行相应改革。中国在 2019 年全国两会上公布将制造业等行业现行 16% 的增值税税率降至 13%，将交通运输业、建筑业等行业现行 10% 的增值税税率降至 9%。这些增值税税率全面且大幅低于欧盟国家平均 21.3% 的增值税税率。由于欧洲国家实施增值税已有相当长的历史，20% 左右的增值税率应该是处于拉弗曲线峰值左侧的。因此，中国的税改应该注意面对现实，税收收入占 GDP 的比重势必会出现下滑，政府必须考虑在某些公共部门选择退出，从而不至于让财政不可持续的局面出现。

思考题

供给学派的基石之一就是降低税率。基于拉弗曲线，我们知道如果税收收入位于最优税率右侧，那么一定程度上降低税率，会使税收收入不减反增，请问这是为什么呢？

本章要点总结

1 财政政策是一个国家长远发展和繁荣稳定的基石。当今世界绝大多数国家均以税收为政府收入主要来源，除了某些石油输出国家之外。

2 世界上最早和最普遍的税收形式是徭役，此外谷物税、牛头税也很普遍。税收可分为直接税和间接税，直接税是指直接向个人或机构收取的税；间接税是指在交易环节当中征收的税。

3 古代税收常出现税收累退现象。现代社会的税收设计，尤其是所得税，一般都是累进制的。合法避税与非法逃税的存在对税收体制设计是一大挑战。

4 增值税是对每一生产和交换环节征收的，因此其缴纳会留下一串印记，这一税种被认为是税收方面最高效的。就各国平均而言，增值税约占政府收入的 20%。

5 从政府的税收结构来看，美国比较依赖直接税，而中国则更依赖间接税。两种税收体制的优劣难下结论，本章认为中美企业的负担是不相上下的。税收设计与信息采集和征收效率有很大关系，此外它还应尽可能减少市场扭曲以及兼顾公平。

6 1994 年的中国税制改革意义重大，这一改革方案是在积极借鉴发达国家税制建设成功经验的基础上结合中国具体国情而制订的。

7 1980 年至 1994 年，中国政府收入占 GDP 的百分比持续下跌，原因在于体制改革初期政府征收效率偏低以及地方政府有隐瞒收入的动机。在这一阶段的财政承包制下，中央政府的财权不断弱化。

8 1994 年中国分税制改革大大增强了中央政府的财权，大幅提高了中央及地方的税收征管效率，激励了地方政府大力发展经济的意愿，从而促使政府财政收入相对于 GDP 的稳步增长。

9 中国于 2016 年 5 月完成营业税改增值税，此举意在减少重复纳税和促进企业经营规范化，但对于单个企业是否因此而得以减轻税负则不能一概而论。

10 我国税制目前存在两个大的问题，一是基层财政困难，二是地区间差距日益扩大。与美国相比，中国在房产税方面较为落后，健全和规范土地财政并全面推出更规范的房产税将是未来的改革方向。

11 降低税率是供给学派的两大基石之一。著名的拉弗曲线呈倒 V 形，描述了税收收入与税率之间的关系。如果税率位于峰值右侧，则税收收入随税率降低而增加；如果税率位于峰值左侧，则税收收入随着税率降低而减少。

12 20 世纪 80 年代，在美国经济处于滞胀的背景下，里根政府分别于 1981 年和 1986 年进行了两次减税，致使美国财政状况急剧恶化，政府债务急速膨胀。

13 减税效果的不确定性来源于我们并不知道拉弗曲线的税收收入最优税率的准确位置。如果最高边际税率明显高于最优税率，则减税有助于提高税收收入。

14 为了维持美国经济强劲增长，特朗普政府于 2017 年底签署的减税法案包括个人所得税税率下调和企业所得税税率下调这两个部分。最可能出现的结果是政府税收下滑、财政赤字恶化、国债攀升，未来美国将不可避免地提高税率。

15 减税分为暂时减税和长期减税，其机制和效果有所不同。减税需谨慎，中国的税改也应该注意面对现实，注重财政可持续性。

第十二章 财政支出变迁

财政支出：发达国家与发展中国家对比

在上一章我们谈了税收体制、中国的税制改革等内容，并指出了减税需谨慎。如果减税会导致政府库房常年不足，那么政府必须面对现实，相应减少开支。问题是，哪些政府开支是必须的呢？哪些是具有长远影响的呢？一个国家在不同的发展阶段，其财政支出的构成是否有所不同呢？本章就先来探讨一下各国的政府支出规模取决于哪些因素？相应的理论和实证结果如何？政府支出的构成有哪些规律？发达国家与发展中国家的政府支出各有哪些特点？

现有的财政支出理论各不相同，也各有侧重点，有的关心各国的经济开放度，有的关心国家的大小，还有一些关心的是国家内部民族的多样性、语言上的差异、宗教上的差异等，所有这些因素都会影响到政府支出规模的大小。其他相关因素包括国民收入的高低、收入不均的程度、国民政治权利的多寡、民主制度的形式等，下面我将选择性地做一些介绍。[①]

如果我问你经济开放度与政府支出规模之间有什么样的关系，那么你会从哪几个角度去思考？这里的经济开放度高低由进出口的总额与其占 GDP 的比值来确定。戴维·卡梅隆（David Cameron）教授早在 1978 年就对这一问题进行了研究。他通过对 18 个经济合作与发展组织国家的考察提出了如下假设：越开放的经济体一般会拥有越强大的工会，这些工会会要求政府增加社会保障和提供再教育，因此政府的财政支出规模会更高。我的第一感觉是这个解释虽然逻辑清晰但比较牵强。当然，戴维·卡梅隆教授是有他的实证分析作支撑的。丹尼·罗德里克（Dani Rodrik）教授于 1998 年在一个更大的样本中同样建立了经济开放度与政府支出规模之间的正相关关系，但他认为他的样本包含了大量劳工保护低下的国家，因此戴维·卡梅隆教授的假设难以成立。罗德里克教授提出了另一个角度。他指出，开放度越高的国家受到的外部冲击更多，比如更多的汇率风险以及需求与供给方面的冲击，因此政府支出作为某种应付这些冲击的保险也就越高。为什么私有保险体制不能处理这些外部冲击而必须依赖政府呢？这是因为这些冲击中的一部分可能是系统性风险，如 2008 年全球金融海啸那样，私有保险体制无法将这些系统性风险分散掉。

国家大小与政府支出规模有什么样的关系呢？一个大国的政府支出占 GDP 的比值是否应当高于小国的呢？总体而言，结果正好相反。为什么？第一，当一个国家的人口越多，共享那些非竞争性公共品，比如城墙、灯塔、路灯等的人均成本就越低；第二，一个国家的人口越多，在是否应当提供某项公共品的问题上就越发难以达成一致，于

① 本节内容主要参考卡梅隆·谢尔顿（Cameron Shelton）于 2007 年发表的一篇文章《政府支出的规模和构成》（The Size and Composition of Government Expenditure）。

是时常不了了之。基于这两个原因，大国的政府支出占 GDP 的比值反而更小。阿莱西那和瓦茨阿尔格（Alesina and Wacziarg，1998）为此提供了实证支持。

民族和语言的多样性与政府支出规模的联系也很有意思。一方面，民族和语言的多样性意味着在是否应当提供某项公共品的问题上大家难以达成一致，因此公共品的提供会较少。但另一方面，民族的多样性会促使某些特定群体积极争取特殊待遇。大家都知道我国是多民族国家，少数民族在某些方面享有特殊政策。同时，民族多样性有可能更容易导致纷争，因此政府在治安方面需加强投入。

宗教的多样性会导致更高的收入再分配吗？答案是肯定的，但其中的原因可能不那么明显。我们知道，一个人的宗教信仰是可以改变的。如果这个国家的宗教比较多样，就说明占主导地位的宗教比较宽容，没有强迫他人改变信仰。这种对弱势群体的宽容态度既解释了宗教的多样性，也解释了比较充分的转移支付。

国民收入的高低与政府支出占 GDP 的比重又有怎样的联系呢？我们一般认为，当一个社会变得更为富有时，它的政府部分也会变得更为庞大。这一论断，我们称之为瓦格纳法则（Wagner's Law）。阿道夫·瓦格纳是 19 世纪德国经济学家，他是通过对美、日等国的研究得出这一结论的。他将政府支出增长的因素归结为两类：政治因素和经济因素。从政治上来讲，随着一个社会走向富裕，这个社会也变得更为复杂，于是引发社会对公共规管、司法体系和公共秩序维护的需求上升。从经济上来讲，某些公共品比如教育机构和设施及博物馆等都属于奢侈品。因此，国民收入的上升意味着人们对这些公共品需求的更大幅度地上升。瓦格纳早期的实证结果在现代实证文献中虽有争议，但持支持态度的学者还是占大多数的。① 从时间序列数据来看，瓦格纳法则是颇为清晰的。图 12–1 中发达国家公共社会支出占 GDP 的比重的历史趋势，可供我们参考。

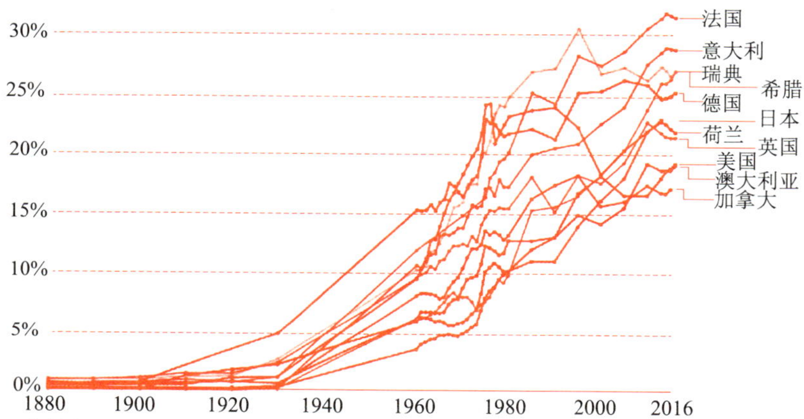

资料来源：Our World in Data。

图 12–1　1880 年至 2016 年发达国家公共社会支出占 GDP 比重的变化

收入不均的程度、国民政治权利的多寡、民主制度的形式与政府支出规模的关系这里就不一一叙述了。谢尔顿教授对这几个因素以及前面介绍的贸易开放度、民族多样性、瓦格纳法则等因素都有一些补充看法。首先，他的实证分析说明了民族多样性并不一定会导致政府开支的普遍下跌，反而会提高财政分权，即政府开支更多地转向各个地方政府；其次，他找到了瓦格纳法则成立的其他理由：第

① 虽有不少理论和实证支持瓦格纳法则，但也有人持反对意见。哈佛大学理查德·马斯格雷夫（Richard Musgrave）教授在他于 1969 年出版的《财政制度》(*Fiscal Systems*）这本书中就提出了质疑。他发现，虽然将发展中国家与发达国家放在一起来考虑时，瓦格纳法则是成立的，但将两者分开考虑时，瓦格纳法则就不成立了。马斯格雷夫教授于 1959 年出版的《公共财政理论：一种公共经济研究》(*The Theory of Public Finance: A Study in Public Economy*）一书是该领域的奠基性作品。他在书中强调了公共财政对收入分配和私有部门资源分配的影响。马斯格雷夫教授参加过政府的政策制定工作，因此在公共财政理论和实践这两方面都有独到的见解。

一，随着国民收入上升，税收技术也同时在提高，这为增加政府开支提供了条件；第二，随着国民收入上升，人们更为长寿，老龄化人口增加，这激发人们对社会保障的进一步要求。他对贸易开放度的研究发现，开放度的提升不仅仅增加了人们对公共保险的需求，而且增加了人们对所有公共服务的需求。谢尔顿教授也讨论了其他影响政府开支的因素，比如收入分配不均以及民主制度的形式等。

下面我们简要地对比一下发达国家与发展中国家的财政支出的构成。先谈相似的部分，即公共债务利息费用占政府支出的比重。全球公共债务从二战开始至 20 世纪 70 年代中期处于下行阶段，但在随后的 20 年中形势逆转，尤其是发达国家的公共债务上升速度相当快。20 世纪 90 年代中期之后，由于欧盟要求其成员国削减政府赤字和债务，发达国家整体债务占 GDP 的比值开始下降，朝着 65% 逼近。在亚洲金融危机以及随后的拉美、土耳其、俄罗斯金融危机当中，发展中国家政府由于需要拯救金融业而不得不大肆举债。在全球金融海啸之后，无论是发达国家还是发展中国家都背负上了沉重的债务。根据保罗·莫罗（Paulo Mauro）等人的一篇文章介绍，从 1800 年至 2011 年，平均而言，发达国家的公共债务利息支出占政府支出的 10.5%，发展中国家的相应占比为 13%，大致相当。当然，不论是发达国家还是发展中国家，公共债务利息负担特别沉重的、利息支出占政府支出 30% 甚至 40% 的都是有的。

下面我们来看看发达国家与发展中国家在财政支出上的主要区别。第一，发达国家在社会保障方面的开支占总体政府开支的 48%，而发展中国家的相应占比为 22%。这里的社会保障涵盖医疗、失业救济、养老、工伤赔偿、家庭补助等方面。

第二，发展中国家的政府开支与发达国家的相比更为重视资本开支，比如基础建设开支。根据斯特姆（Jan-Egbert Sturm）的文章来推算，

1988 年至 1994 年间，公共资本开支在发展中国家占总体政府开支的 15%，而经济合作与发展组织国家的相应占比在 2012 年至 2015 年间平均为 8%，2016 年经济合作与发展组织国家的政府支出占 GDP 的比值如图 12-2 所示。

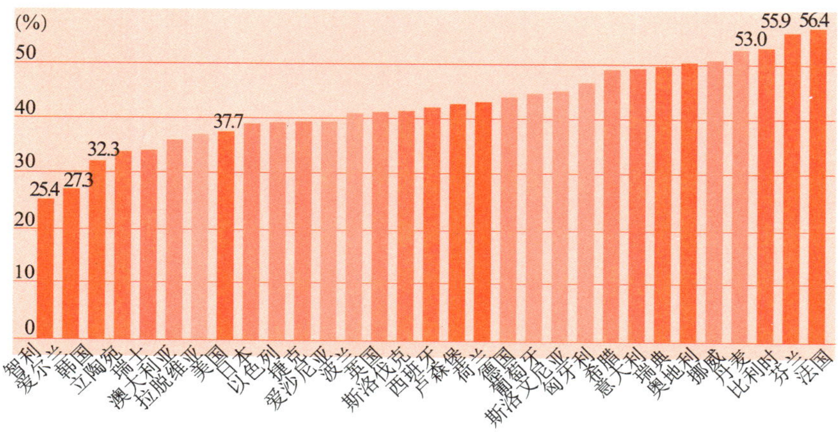

图 12-2　2016 年经济合作与发展组织国家的政府支出占 GDP 的比重

最让人吃惊的可能是政府部门薪酬的开支对比。国际货币基金组织在 20 世纪 90 年代发布的一份报告中对 80 个国家的中央政府开支进行了分析，结果显示高收入国家和低收入国家在中央政府部门薪酬开支占政府开支的比重上大致相当，约为 11.7%，而中等收入国家的相应占比为 21.2%，高出将近 10 个百分点。我们一向认为发达国家高薪养廉，政府官员拿着丰厚的收入，那么怎样解释中等收入国家的政府部门薪酬开支占政府开支的比重反而大幅高于高收入国家的呢？一个可能的解释是，发达国家政府部门中的人虽然薪酬很高，但人浮于事的较少。世界银行近期发布的数据更让人吃惊：相当多的非洲国家其中央政府部门薪酬开支占中央政府开支的 30% 至 50%，而欧洲发达国家的相应占比仅为 5% 至 15%。

除了支付政府部门薪酬以外，中央政府还需采购其他物品和服务，上述的国际货币基金组织的报告显示，这个方面的开支占中央政府支出的比重在 80 个国家中的平均值为 14.6%，高收入国家相应占比略高。

上述这些讨论只给出了一个大概的结论，国际货币基金组织和世界银行有那么多公共财政专家，尚且无法给我们一个非常清晰的对比，我们自己要想了解得更准确，那得投入多少精力？我个人觉得困难在于各国统计口径不完全一致和信息不透明，尤其是涉及地方政府层面。就拿我们中国来讲，直到现在我们也还不能确定地方政府债务规模到底有多大，显性的有多少，隐性的又有多少。

思考题

请问，你认为发达国家与发展中国家在财政支出构成上的区别主要有哪些？

中国财政支出模式

我们先简单回顾一下中国财政体制的改革历程。第一阶段，也就是从 1978 年至 1993 年，中国逐渐以财政包干体制取代改革开放前的统收统支体制。统收统支体制有利于调动全国资源，因此在新中国成立之初百废待兴的困难时期发挥过一定的作用，但其造成的资源配置扭曲问题随着经济发展也越来越明显。中央政府的决策常常难以与地方民众的需求相符。财政包干体制的出台，其导向为行政分权，即给予地方政府更多的事权。这一阶段的改革初衷是好的，也激发了地方政府的积极性，但其后续的发展是存在问题的：在财政包干这一制度下，地方政府可以利用税收减免这一手段，一方面挤占中央政府的财政收入，另一方面将资金转移到预算外。这些问题催生了第二阶段的改革，即 1994 年的分税制改革。

分税制改革产生了两个结果；第一，财政总收入更为透明，预算外资金逐步纳入规范化预算内管理，财政总收入占 GDP 的比值进入了上升轨道，由 1995 年的 10.7% 逐步上升到 2015 年的高位——22%；第二，中央财政收入在财政总收入中的占比由改革前的 22% 跳升至 50% 左右并多年保持稳定，支出方面虽几经反复，但大方向仍是进一步的分权，即：地方政府支出占政府总支出的比重从 1994 年的 70% 逐步上升到 2017 年的 85%，如图 12-3 所示。

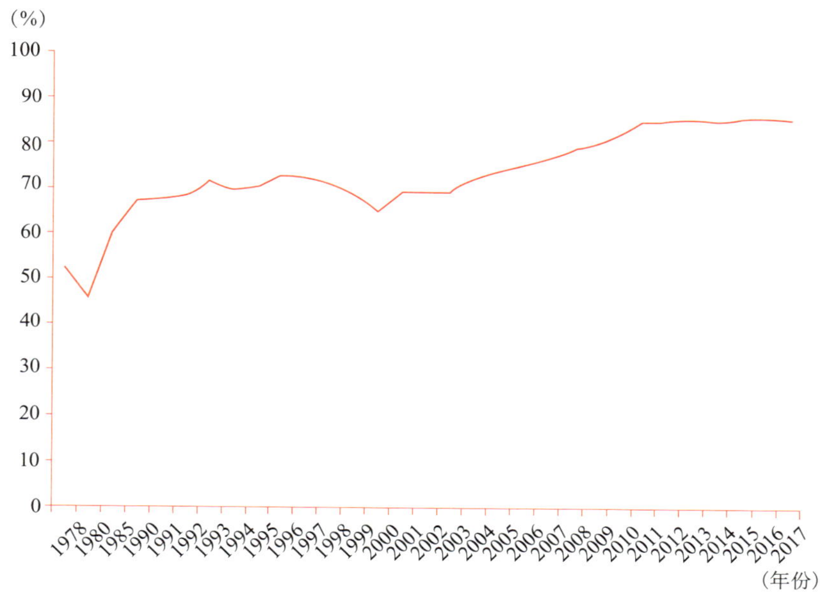

图 12-3　1978 年至 2017 年地方政府占政府总支出的百分比

地方政府本级收入只占总财政收入的约 50%，却需要担负 85% 的支付责任，这一定意味着中央财政必须给地方财政提供支持。其支持方式可以概括为两类：税收返还和转移支付。转移支付又可以分为一般转移支付和专项转移支付。专项转移支付必须专款专用，一般转移支付可以被地方政府灵活支配。以2018年的财政预算执行数据为例，地方政府一般公共预算收入为16.8万亿元，其中本级收入为9.8万亿元，其他部分来自中央政府对地方政府的税收返还（0.8万亿元）和转移支付（6.2万亿元）。加上地方财政从地方预算稳定调节基金、政府性基金预算、国有资本经营预算调入资金及使用结转结余中获得的收入1.2万亿元，地方收入总量达到18万亿元。地方政府一般公共预算支出18.8万亿元。收支总量相抵，地方财政赤字约8000亿元。

中央政府一般公共预算的情形又如何呢？中央政府一般公共预算收入为8.55万亿元，加上从中央预算稳定调节基金调入0.21万亿元，从中央政府性基金预算、中央国有资本经营预算调入0.03万亿元，中央政府收入总量达到8.8万亿元。本级支出3.3万亿元，对地方政府的税收返还和转移支付共7万亿元，另补充中央预算稳定调节基金0.1万亿元，中央政府支出总量为10.3万亿元。收支总量相抵，中央财政赤字1.5万亿元。

大家可以看到，中央政府先将资金收了上来，然后通过税收返还和转移支付的形式发放给地方政府。这种做法在理论上有两个优点：第一，它避免了20世纪80年代税收资金被地方政府挪至预算外和私设小金库的风险；第二，它使中央政府可以将部分收入转移到不发达地区，从而改善地区间财力不均的局面。这种做法在实施过程中暴露出的缺点也不少：一是地方政府时常向中央政府哭穷、打报告，请求更多的中央政府资助；二是不少地方政府因为没有自身的财力而无法保持财政支出上的独立性。

那中国学术界对分税制后的一系列改革持何种态度呢？分税制是否有效地改善了地区间因经济发展不平衡而带来的地区差异？分税制之后基层政府有没有出现困境？地方政府的支出效率有没有改善？分

税制改革、财政分权与经济增长的关系又如何？我们下面引述部分中国学者的研究成果来回答这些问题。

北京大学周飞舟教授在其2006年发表的文章中认为，分税制可以看作是财政收入的集权和财政支出的分权，地方政府的收支缺口由中央政府通过再分配来解决。从总量上来看，这一再分配机制的运行还是有效的。从周教授提供的数据中我们可以看出，县乡政府在获得税收返还和转移支付后的收支缺口占其支出的百分比在分税制改革后呈现下降的趋势，这一占比由1993年的5.7%下降到2002年的1.7%。但是，周教授指出，总量分析并不能完全说明问题。由于地区间经济发展的不平衡，某些地区乡县财政仍存在困难。他举例说，中部地区人口稠密，大部分是农业区，农村的公共服务支出任务繁重，县乡两级所供养的财政人口也多。但是相比之下，中部地区得到的中央转移支付的水平在东部、中部、西部三个地区当中却是最低的。因此中部地区的县乡政府只能另谋出路，设立各种名目收费来维持收支平衡。按照陈抗等人在《财政集权与地方政府行为变化》（2002）一文中的说法，那就是地方政府被迫伸出“攫取之手”。

周飞舟教授的总体判断是，虽然分税制有效地提高了财政总收入占GDP的比重，也同时提高了中央政府的财力，但地区间公共服务水平不均的问题不但没有得到解决，反而在一定程度上更加严重了，尤其是中部地区，其教育、医疗、水利、交通的服务水平每况愈下，地方政府连维持日常运转都有困难。造成这一现象的主要原因是东部地区靠工业化，西部地区靠中央补助，这两个地区的人均财力在分税制改革后的10年中都有明显而迅速地增长，唯有中部地区基层政府由于两头都靠不着而人均财力增长缓慢，从而与东部地区和西部地区的差距越来越大。

关于基层政府的财政困难，我们介绍过中国社会科学院杨之刚教授的类似观点以及武内宏树教授的采访所给出的印证，周飞舟教授的文章则强调了地区间财力上的差异。为了应对失去的财权，地方政府在分税制改革后开始从土地征收中为自己聚集财力，“城市化”成为地方政府的新增长点。我们从《中国国土资源年鉴》的数据中可以看出，土地出让净收益占地方政府本级收入的比重在 2003 年至 2008 年间平均约为 17%，但《中国国土资源年鉴》于 2009 年终止了土地出让净收益这一数据的发布。实际上，如今我们能够肯定的是土地出让毛收入仍在逐年上升，但净收益数字可能已经失去意义。这是因为如果地方政府将地块周边绿化和修建市政道路等公共财政开支都纳入土地出让成本，土地出让净收益额很容易被做低，甚至为负。我个人认为土地出让收支管理上还有很多细节上和重要的工作要做。

中央政府为了解决基层政府的财政困难，也推出了一系列政府治理结构改革，包括撤乡并镇改革和省直管县体制创新等。据贾俊雪、郭庆旺和宁静在 2011 年做的县级面板数据分析显示，这些改革在增强县级财力自给能力和改善财政状况方面并没有取得明显成效，其中省直管县体制创新反而不利于县级财政自给能力的增强。

贾康、白景明在《县乡财政解困与财政体制创新》一文中指出，中国的地方财政困难主要源于制度缺陷。第一，财政划分模式与职责划分模式不对称；第二，政府层级过多；第三，地方政府缺乏“因地制宜”的财政弹性空间。因此，解困的治本之策在于相应的制度创新，比如减少政府层级、给予地方政府税率调整权甚至一定条件下的设税权等。

陈诗一和张军于 2008 年在《中国社会科学》期刊上发文，就中国地方政府财政支出效率问题进行了讨论。他们的研究结果显示，中国大部分省级政府的支出都不是很有效率的，但比较而言，东部地区和中部地区的政府支出效率相对较高，西部地区的政府支出效率则低得多。从趋势来看，东部地区和西部地区的政府支出效率在分税制改革后有了显著改善，中部地区的政府支出效率只是略有改善。陈诗一和张军将这些效率差异归结于初始条件的差异。他们发现，人口密度较大、居民受教育水平较高的地区，其政府支出效率的初始评估得分也相对较高。地区收入水平则起着相反的作用，开放程度和外商直接投资对政府支出效率的影响则不确定。

分税制改革、财政分权与中国经济增长之间的关系又如何呢？张晏和龚六堂（2005）就这一问题曾发表了详尽的论述。财政分权与经济增长的关系是一个很有争议的课题。张涛和邹恒甫（1998）通过对中国经济的研究发现财政分权不利于经济增长。我、邹恒甫和哈米德·达乌迪（Hamid Davoodi）（1999）通过对美国经济的研究得出了相同的结论。林毅夫和刘志强（2000）利用中国省级面板数据发现自20世纪80年代中期以来的财政分权促进了经济增长。张晏和龚六堂发现中国经济发达地区的财政分权比不发达地区的更有利于经济增长，这一结论也意味着财政分权不利于缩小地区差距。

郭庆旺、贾俊雪在《地方政府间策略互动行为、财政支出竞争与地区经济增长》一文中指出，1994年分税制改革明显改变了地方政府间策略互动行为模式，有效遏制了地区间过度竞争态势，对地区经济增长产生积极的促进作用，但同时也过度削弱了地方政府在经济性支出方面的竞争性行为，加剧了经济性支出对地区经济增长的不利影响。

最后，我再次提出一个大家需要关注的问题，即中国的财政负担到底算不算重。我们继续以2018年的数据为例进行说明。如果我们只看一般公共预算支出，那么该支出数字为22.2万亿元，只占90万亿元GDP的25%，很低。可惜这只是表面现象，我们必须注意到这一数字没有包含政府性基金支出、国有资本经营支出和社会保险支出。这些全都算上的话，中国的财政负担会重到什么地步？中国财政体制是否需要改革？朝什么方向改革？

思考题

在衡量中国的财政负担大小时我们不能只看一般公共预算支出。请问，你认为还有哪些支出需要被注意到？

中国财政体制改革方向

在了解了中国的税收体制、政府支出模式、政府支出效率等内容之后，本节内容可以看作是一个总结和对未来财政体制改革的一些探讨。我们将讨论三个问题：第一，中国的财政负担到底算不算重，如果重的话如何减负；第二，怎样解决基层财政困难；第三，在减税的大背景下如何保持财政政策的可持续性。

先谈中国的财政负担。在上节结尾处我们指出，2018 年中国政府一般公共预算支出为 22.2 万亿元，只占 90 万亿元 GDP 的 25%，很低。但除了一般公共预算支出外，还有政府性基金支出 8 万亿元、国有资本经营支出 0.2 万亿元和社会保险支出 6.5 万亿元。如果将这些数字简单相加，那么你会发现政府总支出为 36.9 万亿元，占 GDP 的 41%，已经接近 42.2%，即处于经济合作与发展组织国家中位数的水平，可以说是相当高的了。问题是，我们是否应该简单相加这些其他支出呢？我认为简单相加是不妥的，需要更为细致的分析。比如在政府性基金支出的 8 万亿元当中，国有土地使用权出让收入安排的支出为 7 万亿元，其中征地补偿和拆迁费为多少似乎没有公布。

2011 年中央政府公布的预算执行情况中涉及政府性基金收入和支出的部分，“地方政府性基金本级收入 38233.7 亿元，增长 13.8%。其中：

国有土地使用权出让收入 33166.24 亿元，城市基础设施配套费收入 857.26 亿元，彩票公益金收入 311.6 亿元，地方教育附加收入 688.13 亿元。加上中央政府性基金对地方转移支付 946.62 亿元，地方政府性基金收入为 39180.32 亿元。地方政府性基金支出 37485.56 亿元，增长 18.4%。其中：国有土地使用权出让收入安排的支出 32931.99 亿元，包括征地拆迁补偿等成本性支出 23629.97 亿元、农业土地开发整理和农村基础设施建设以及补助农民等支出 2351.06 亿元、用于教育支出 197.46 亿元、用于农田水利建设支出 120.35 亿元、用于保障性安居工程支出 668.58 亿元、按城市房地产管理法规定用于城市建设支出 5964.57 亿元；彩票公益金用于社会福利、体育、教育等社会公益事业支出 301.4 亿元；城市基础设施配套支出 741.04 亿元；地方教育附加安排的教育支出 386.51 亿元。地方政府性基金收入大于支出部分结转下年使用”。可见，征地拆迁补偿等成本性支出占国有土地使用权出让收入安排支出的 72%。

2015 年全国土地出让收支情况为：“2015 年，全国土地出让支出 33727.78 亿元……在成本性支出中，用于征地拆迁补偿和补助被征地农民支出 17935.82 亿元……”可见，用于征地拆迁补偿和补助被征地农民支出占全国土地出让支出的 53%。

我们按照上面的 2011 年与 2015 年中央政府公布的数据来做一个保守估算，2018 年这 7 万亿元中征地补偿和拆迁费大约占到 3 万亿元。我的直觉是，这 3 万亿元更像是资产和资产增值的转移，而不是政府花去了 GDP 中的一部分，因此我们在计算政府支出占 GDP 的比值时似乎不应纳入这 3 万亿。此外，社会保险支出是否应该百分之百地认为是财政负担也很难说，因为社会保险当中有些部分近似于强制储蓄，社会保险的缴纳者也是最终的受益者，很难说是被政府拿走了。中国的财政负担到底算不算重要看如何解答上面这两个问题。需要申明的是，我考察这些问题也没有很久，想法还不成熟，在这里分享是为了引发大家的思考和讨论。

大家可能会问，讨论财政负担为什么是讨论政府支出，而不是讨论政府收入，即政府从经济活动当中抽走了多少资金呢？其原因是，首先，绝大部分经济体中的政府支出高于政府收入；其次，虽然政府可以通过借贷来使其当期的支出低于收入，但政府迟早需要靠提高税收去偿还这些借贷。因此，政府支出能更准确地反映民众所背负的财政负担。当然，你可以说，将来的税收是未来人的负担，不是你现在的负担。话这么说没错，不过，如果大家在乎后代未来的负担，那么我们还是会关注政府支出，而不仅仅是关注自己向政府纳了多少税。其实，这里已经涉及李嘉图等价定理的一些思想，李嘉图等价定理是指在一定条件下，无论政府是发行公债还是征税，这两种筹资方式对当期消费的影响是等价的。①

关于第二个问题，如何解决基层财政困难，我同意全面推出房产税的建议。发达国家的地方政府收入主要依靠房产税，且房产税一向被认为是支持地方公共服务与建设的最公平的税目。华夏新供给经济学研究院首席经济学家贾康以及其他财政专家多年来不断呼吁出台房产税。贾康强调，房地产税的税基需每隔若干年进行重新评估，从而政府可以获得公共服务和基础建设带来的房地产升值的好处。这样，

① 2017年在香港科技大学经济系的博士录取面试环节，我曾就李嘉图等价定理进行过提问，比如李嘉图等价定理理论上成立的条件是什么，在现实当中是否成立等。回答比较到位的申请人不到50%。20世纪80年代中期，我在罗彻斯特大学攻读博士的时候，罗伯特·巴罗给我们开讲宏观经济学，不久后他就让我们研读他的名为"Are government bonds net wealth?"的著名文章，该文的观点是：如果政府采用举债而不是现时征税，那么消费者会利用从税上节省下来的收入相应地增加储蓄以支付未来甚至后代的税收负担，因此消费需求不会上升。换句话说，减税并不能起到刺激消费的作用。20世纪90年代中期，我在香港科技大学工作期间读到萨缪尔森对这一观点的不屑。当萨缪尔森从一位青年才俊那里听到这一观点时大笑起来，问："你不会相信这个逻辑吧？"对方毫不退让，答："我确实相信，而且所有40岁以下的优秀经济学家都信。"萨缪尔森怀疑究竟是自己真的老了，还是年轻一代对现实世界太缺乏了解。

房产税就会逐渐随着市场经济发展而成为地方政府的一个支柱性的重要税源。同时，面积和造价差不多的一处不动产，坐落于繁华闹市区还是坐落于边远的郊区，其在税基的体现上可以相差数倍甚至数十倍。在市场经济条件下，地方政府应该看重的是优化投资和周边环境，使辖区的繁荣程度提升，房地产不断升值，从而形成稳定的、大宗的财政收入来源。

目前地方政府依赖土地出让收入只是权宜之计。毕竟，出让地块年度的管理与土地出让收入使用方面的管理都难以规范化，因此地方政府收入和支出行为都存在相当程度上的任意性。《2015 年全国土地出让收支情况报告》中谈及这些收支管理问题时明确指出，“土地违法案件未得到彻底遏制，大多数违法用地未缴纳土地出让收入，造成土地出让收入流失；土地市场化配置比例偏低，工业用地和基础设施等其他用地存在粗放利用现象，导致土地价值难以完全实现；一些地方仍存在减免或变相减免土地出让收入、通过空转等方式虚增土地出让收入和违规安排支出等问题，违规现象时有发生”。推出房产税可以减少地方政府对土地出让收入的依赖。当然，房产税具体推出时间，还是需要斟酌的。由于房产税的推出必然引发房地产市场上的抛售，打击投资者信心和影响投资情绪，在经济下行期间不宜贸然推出。

下面我们来讨论最后一个问题，即在减税的大背景下如何保持财政政策的可持续性。减税一般基于两种考虑，一种是为了缓和经济衰退，刺激经济复，效果如何取决于李嘉图等价定理是否成立。如果该定理成立，那么减税并不能改变总体消费，因此也不能刺激经济。绝大部分政策制定者和经济学家倾向于认为减税还是有一定刺激效果的。另一种是为了促进投资和创新以及提高国际竞争力，着眼点在长远的经济增长。中国最近几年的减税是基于哪一种考虑呢？

答案是两种考虑都有。一方面我国经济由于去杠杆而处于下行周期，同时还经受贸易摩擦等负面因素的困扰，诸如减税这样的积极财政政策是有必要的。另一方面，国内的供给侧结构性改革需要一个比较宽松的税收政策。国际竞争的大环境，包括美国推出的大幅降低企业所得税的措施，也迫使中国在减税降负方面有所回应。

在上一章中，我曾提请大家注意“减税需谨慎”。我认为特朗普政府的大幅减税是不可持续的，美国政府债务会不断攀升。美国国会届时只有两种选择，要么修改税法，提高税率，要么削减政府开支。这二者都将是痛苦的选择。中国的减税方案，比如增值税率的降低，也意味着政府税收的减少，因为我深信税改前的增值税率的位置已经处于拉弗曲线峰值的左边。中国的地方政府债务负担势必进一步加剧。那么中国将面临哪些选择呢？怎样保持财政政策的可持续呢？

哥伦比亚大学魏尚进教授在 2019 年 4 月指出，“中国最新的减税政策是应对经济下行压力的有力一招。未来债务危机的风险应通过几项配套措施来化解——明确增值税减税政策的暂时性，扩大针对温室气体排放和其他污染的税收，并缩减政府规模。这些改革措施能使中国变得更高效而持续繁荣”。这里我们看到，魏尚进把中国这一轮的减税当作短期刺激政策来解读，同时他希望明确增值税减税政策的暂时性。我则认为中国这一轮减税也包含着对长远增长的考虑。尽管如此，我仍然同意为增值税率的降低设定时限的主张，至少让它看上去是暂时的。为什么呢？第一，这种看起来是暂时的减税反而会产生更强烈的效果，因为企业希望抓住这一时间窗口；第二，这既给了时限到期后继续延期的选择（延期总是受到人们欢迎的），又可以在债务不可持续的判断下到期自然结束降税，而不用重新修改税法。

魏尚进的另一建议是扩大针对温室气体排放和其他污染的税收，这种做法英文叫作“Taxing the Bads”，也就是“对坏的东西征税”，是一举两得的做法，既产生了税收又推动了清洁能源的开发和改善了环境保护。当然，这种做法也有副作用，那些没有能力采用环境友好技术的企业只有削减生产，减少就业岗位。

我们前面提到，在适当时候的推出房产税也可以缓解降低增值税率所带来的政府收入缺口。

最后就是缩减政府规模。缩减政府规模通常涉及多个利益方的博弈，一般是个漫长的过程。从中国改革开放的历史来看，尤其是通过考察深圳等城市的成功经验，我认为政府可以尽量对民营企业放开准入。在民营企业担当得了的领域政府可以放心退出。政府应将精力和税收资源放在市场维护、体制建设、公共服务、社会保障、宏观调控以及事关国家安全和社会稳定的敏感领域中。即便像具有正外部性的基建领域，政府也不必自主经营，只需给民营企业提供适当的补助即可达到社会最优。总之，缩减政府规模在中国还是有相当大的空间的。

思考题

缩减政府规模有助于保持财政政策的可持续性，请问你认为政府应该将精力和税收资源放在哪些方面？

本章要点总结

1 现有的财政支出理论各不相同，各有侧重。诸如经济开放度、国家大小、民族多样性、语言或宗教差异、国民收入、政治制度等因素都会影响各国政府支出规模。

2 有研究表明经济开放度和政府支出规模呈正相关关系，其解释为：开放度越高的国家受外部冲击更大，因此政府支出作为应对冲击的保险就相应越高。

3 研究表明人口越多的大国其政府支出占 GDP 的比值反而更小，宗教多样性会导致更高的收入再分配。瓦尔纳法则指出国民收入越高，政府支出规模越高，并将这一结论归结为政治和经济这两个方面的因素。

4 通过对比发达国家与发展中国家财政支出的构成可以发现，二者相似的部分是公共债务利息费用占政府支出的比重，主要区别在于社会保障方面的开支以及对资本开支的重视程度。

5 国际货币基金组织的报告显示，高收入国家和低收入国家的中央政府部门薪酬的开支占总体政府开支的比重大致相当，而中等收入国家的这一占比反而大幅高于高收入国家的。

6 中国财政体制的改革历程分为两个阶段。第一阶段是 1978 年至 1993 年，中国逐渐以财政包干体制取代统收统支体制；第二阶段是 1994 年的分税制改革。

7 1994 年的分税制改革一方面使财政总收入更为透明，让其占 GDP 的比重进入上升轨道，另一方面通过进一步分权使地方政府支出占政府总支出的比重逐步上升。

8 中央财政通过税收返还和转移支付的方式给地方财政提供支持。转移支付又可以分为一般转移支付和专项转移支付两种。

9 北京大学的周飞舟教授认为虽然分税制有效地提高了财政总收入占 GDP 的比重，并提高了中央政府的财力，但其在一定程度上也加剧了地区间公共服务水平不均的问题。

10 中国政府为了解决基层政府的财政困难，推出了一系列政府治理结构改革，包括撤乡并镇改革和省直管县体制创新，但有实证研究显示改革并没有取得明显成效。陈诗一和张军（2008）发现中国东、西部地区的省级政府财政支出效率在分税制后有了显著改善，但中部地区的政府财政支出效率只是略有改善。

11 衡量中国的财政负担时，不应将一般公共预算支出、政府性基金支出、国有资本经营支出和社会保险支出进行简单相加，而是需要更为仔细的分析。

12 在解决基层财政困难的问题上，建议全面推出房产税。房产税一向被认为是支持地方公共服务与建设最公平的税目，推出房产税可以减少地方政府对土地出让收入的依赖，但其具体推出时间尚需斟酌。

13 减税一般有两种考虑：一种是为了缓和经济衰退，着眼于短期刺激；另一种是为了促进投资和创新、提高国际竞争力，着眼于长远增长。中国当前的减税基于以上两种考虑，但增值税率的降低意味着政府税收的减少，中国地方政府债务负担势必进一步加重。

14 在保持财政政策可持续性的问题上，魏尚进教授提出了几项配套措施，包括明确增值税减税政策的暂时性，扩大针对温室气体排放和其他污染的税收，并缩减政府规模。

第十三章 财政可持续性

拉美债务危机①

前几章我们介绍了政府财政收支的一些规律，也提到了主权债务的可持续性。下面我们举一些不可持续的例子，以探讨政府债务危机为什么会出现以及如何解决。这些讨论对中国的地方政府债务问题的处理可能会有些启发。

政府债务危机有着久远的历史，许多国家在争取独立的过程中和经济发展初期都有过大量举债的阶段，美国政府也不例外，其在1775年、1782年和1790年出现债务危机时最终都是通过超发纸币来解决的。这种解决办法带来的后果是恶性通货膨胀。

战争时期政府举债是容易理解的，但在经济发展初期政府为什么通常也需要举债呢？阿贝尔和伯南克在他们的《宏观经济学》一书中

① 美国联邦存款保险公司于1997年出版了《20世纪80年代的历史，未来的教训》（*History of the Eighties, Lessons for the Future*，两卷本）。第一卷第五章专门论述20世纪80年代的欠发达国家债务危机，比较权威。

指出，经济体在经济发展初期资本匮乏，但此时资本回报率相应较高，因此投资需求旺盛。但发展初期的经济体自身储蓄有限，通常以向他国举债来满足这些投资需求，求取快速发展。这就解释了为什么拉美国家和一些亚洲国家，包括墨西哥、巴西、阿根廷、韩国、菲律宾等，都在20世纪70年代借了不少外债。

既然这些借债是正当和有理论依据的，那么20世纪80年代的欠发达国家的债务危机，尤其是拉丁美洲的墨西哥、巴西、阿根廷这三个国家的，又是什么原因导致的呢？

起因是20世纪70年代的两次石油危机。1973年和1979年的石油价格暴涨引发了全球的经济衰退，欠发达国家的出口市场萎缩。而我们知道，欠发达国家从美、日、德、英等国的银行所获得的贷款都是硬通货，绝大部分是美元。它们要想偿还这些债务，就需要通过出口来赚取足够的外汇。出口市场的萎缩意味着债务偿还出现困难，欠发达国家只得借新还旧，因此债务负担日益沉重。以拉丁美洲为例，拉丁美洲国家外债总额由1970年的280亿美元上升至1978年的1590亿美元，这一发展趋势令人担忧。一方面，债务国感觉这笔债越还越多，似乎永远都无法还清。另一方面，债权人，那些西方的银行和财团，也在担心有那么一天债务国不堪重负而宣布破产。银行家们其实已经渐渐不大愿意继续对债务进行展期，但除了提高利息外似乎也别无更好的办法。令人啼笑皆非的是，布鲁金斯学会，美国著名智库之一，曾在1977年发布一篇其研究员罗伯特·所罗门（Robert Solomon）撰写的会议论文，该文认为这些银行家的担心是多余的。文章认为拉美这些国家出口表现良好，经济增长稳健，债务可持续性没有问题。格林斯潘从1974年9月至1977年1月任美国经济顾问委员会主席，是该篇论文的主要评论员。格林斯潘比较客气，一方面对所罗门的主要结论表示同意，但同时也表明他比所罗门更为保守，没那么乐观。他强调，所罗门那一套基于历史数据所得出来的各种债务可持续性的度量对于银行家们而言是没有价值的。银行家们关注的是未来，即这些国家能否经得住未来的冲击。格林斯潘担心将来这些国家难以对即将到期的短期债务进行展期。该文的另外两位评论员就不像格林斯潘那么客气了。约翰·卡雷肯（John Kareken）觉得所罗门有点脱离实际。他认为《华尔街日报》和《经济学家》周刊上的关于秘鲁和土耳其的文章足以让人提心吊胆，经济前景远非所罗门所假设的那般理想。戈拉·奥林（Goran Ohlin）则提到了连锁反应的可能性。如果某一国家出现债务违约的情况，那么银行家们可能会担心其他国家也会出现类似问题，从而拒绝它们的新的贷款请求，以至引发更多的违约事件。罗伯特·索洛（Robert Solow）也参与了讨论，他认为欠发达国家的债务风险不可被低估，尤其是当将来的实际利率开始攀升时更是如此。

令人担心的事情果然发生了！1982 年 8 月 20 日，墨西哥财务部部长赫苏斯·席尔瓦·埃尔索格（Jesús Silva-Herzog）宣布单方面暂停还款并要求启动债务重组谈判，这引起整个国际金融市场的震动。就在一年前，也即 1981 年，上面提到的那位布鲁金斯学会的研究员罗伯特·所罗门再次撰文，表示他继续看好欠发达国家的信用。通过对历史数据的分析，他判断在债务负担较重的 5 个拉美国家和 3 个亚洲国家当中只有巴西和墨西哥需要密切关注。墨西哥的石油出口以及其经济持续快速增长的前景是其维持信用的重要保证。巴西的出口表现及其压缩进口的能力为其预防债务失控提供了很好的保证。从长远来看，巴西的“奇迹”应该可以继续下去。总的来说，他认为这 8 个国家都是有信用的。他对发展中国家债务前景的判断还是较为乐观的。

罗伯特·所罗门在这篇文章中的分析比他在 1977 年的文章中的分析略为谨慎，比如他谈到第二次石油危机对全球经济以及债务国的负面影响，并且在该文的结尾处给自己留了一点退路。他表示文中较为乐观的结论是基于实际利率将从1981年的高点下降并保持下降趋势这一假设之上的。如果该假设未能实现，不仅是这些发展中国家，整个世界经济都将陷入严重的困境。

加入讨论的其他经济学家虽然有持不同意见者，但似乎没有任何一位站出来大声疾呼，对即将到来的债务危机加以预警。要知道，布鲁金斯学会每年举行两次讨论会，能够参会的都是重量级经济学家和政府要员，比如哈佛大学的杰弗里·萨克斯和格林斯潘。截至2019年9月，共有23位诺奖得主多次参会。1981年的这次会议判断可以说是布鲁金斯学会与会人员的一次集体误判，是非常令人遗憾的。

墨西哥宣布单方面暂停还款后，连锁反应出现了，此后约有40个国家相继发生违约事件。如何解决这一威胁到全球经济安全的危机便成了大家的当务之急。经济学家和政商界有识之士纷纷出谋划策，提出各种拯救计划。

我们知道，债务违约事件出现后，债务方和债权人必然会经历各种诉讼、谈判和债务重组。据世界银行估计，拉美债务的80%以上为主权债务，即债务方为各国政府、政府机构以及拥有政府担保的私营企业。债权方为商业银行，其中美国的银行在拉美债务中风险敞口最大。从杰弗里·萨克斯和哈里·赫依津哈（Harry Huizinga）的文章提供的数据来看，拉丁美洲外债的38%来自美国银行，20%来自英国银行，15%来自日本银行等。债务危机如果不能有序地解决，则势必会对这些发达国家的金融体系造成重创。因此，谈判和重组必然要在政府层面展开。美国政府更是必须要牵头设计和推出拯救方案。

在解决方案出台之前，拉美借新还旧在所难免，外债利率当然是越来越高，借债条款越来越苛刻。截至1987年，拉美各国外债总额已从1978年的1590亿美元上升至约4800亿美元。如果不继续放贷，那么拉美债务国只能宣布破产，银行贷款血本无归，银行股票会出现暴跌而且银行本身甚至也可能面临破产。如果继续放贷，那么风险敞口越来越大，银行最后能收回多少债务实难预料。

发达国家政府能不能为此买单呢？答案是发达国家即使有能力，其纳税人也不会答应，更何况很多发达国家政府本身就负债累累。美国政府债务受里根总统的减税影响，其占 GDP 的比重从 1981 年的 31% 上升至 1987 年的 48%。因此，这条路难以走通。

那能否借助世界银行和国际货币基金组织的力量来进行救助呢？在这两大机构中美国作为最大出资国占有相当份额的投票权。美、欧、日联手即可左右这两大机构的决策。如果违约只出现在个别国家，那我们可以相信这两大机构能够帮助它们解决问题，可是面对如此可怕的连锁反应，世界银行和国际货币基金组织的财力也难以应付了。

多方经过协商，最终于 1989 年出台解决方案“布雷迪计划”（Brady Plan），该方案以美国财政部部长尼古拉斯·布雷迪的名字命名。罗斯·巴克利（Ross Buckley）在他的一篇文章中[①]总结美国财政部部长尼古拉斯·布雷迪的建议为：第一，一系列基于市场的处置；第二，邀请债权人自愿参与；第三，将债务减免与发行有抵押的置换债券相捆绑；第四，允许债务国在二级市场上以市场折扣价回购自己的债务；第五，鼓励债转股。该方案包括如下几个关键元素：减免债务势在必行，各大银行必须为自己所犯下的错误承担损失。简单的债务重组不可能解决问题，减免债务是唯一的办法。债权人之间取得这一共识是困难的，但每位债权人也清楚问题只会越拖越严重。据估计，通过“布雷迪计划”中的协议拉美债务国在 1989 年至 1994 年期间处理掉 1910 亿美元贷款，

① 罗斯·巴克利的文章中还给出了用于担保的美国国库券的资金来源：墨西哥出资 13 亿美元，日本出资 20 亿美元，国际货币基金组织和世界银行共出资 37 亿美元。美国虽然没有直接出资，但因为它是国际货币基金组织和世界银行的最大出资国，所以从间接意义上讲，还是动用了美国纳税人的钱。

各国银行共为 18 个债务国提供了 610 亿美元的债务减免，减免幅度平均高达 32%。贷款银行的股东承担了主要的损失。

即便在如此大幅减免的条件之下，剩下的债务如何重组仍然很费周折，其内容也很复杂，其中最著名的部分就是用布雷迪债券置换市场价值大幅缩水的银行贷款。举例而言，假设某银行对巴西贷款 10 亿美元，这笔贷款的市场价值只剩下 5 亿美元，也就是说二级市场投资者认为这笔贷款最终只能收回一半。在"布雷迪计划"的安排下，巴西发行 6 亿美元 30 年期的主权债券置换那 10 亿美元贷款，也就是说银行承担了 40% 的损失，这样做比在市场中出售这笔贷款少损失 10%。如何保证这 6 亿美元主权债券将来的回报呢？在"布雷迪计划"下，这批新发行的主权债券的本金和首 18 个月的利息由美国国债来担保。这批美国国债一部分由巴西购买，剩下的部分由美国政府、日本政府、世界银行和国际货币基金组织出资购买，然后全部存放在一个托管账户下。如果将来巴西再次违约，则该银行可向这个托管账户提出赔偿。我在这里只是举例说明，真实案例可以看一下墨西哥"布雷迪计划"。墨西哥是尝试"布雷迪计划"的首个国家，债权银行可以有三个选择:（1）银行可以在将贷款置换为减值 35% 之后的"平价债券"的利率固定为 6.25%。本金担保和 18 个月利息的滚动保证以存放在托管账户中的美国国库券来承担；（2）银行可以将其贷款转换为新发行的 30 年期债券，利息为 Libor（伦敦同业拆借利率）加上 0.8125%，本金减值 35%。担保安排同上；（3）银行可以选择在未来 4 年向墨西哥新增贷款，新增幅度不超过其对墨西哥中长期贷款额度的 25%。从事后来看，美国、法国、英国的银行中分别有 19%、12% 和 6% 选择了第三项，其他国家的银行都选择了前两项。各国银行的选择具体见表 13-1。

表 13–1　拉美债务危机中各国债权银行的选择

国家	平价债券	折价债券	新增贷款
法国	79%	9%	12%
美国	58%	24%	19%
日本	18%	81%	0%
加拿大	48%	52%	0%
德国	80%	20%	0%
英国	48%	45%	6%

虽然“布雷迪计划”在 20 世纪 90 年代就结束了，但此方案引入的许多创新都保留在后来的主权债务重组中，例如在俄罗斯和厄瓜多尔的相似案例中。厄瓜多尔在 1999 年成为第一个布拉迪债券遭到违约的国家。“布雷迪计划”在化解发展中国家债务危机方面起到了积极作用，但也引发了诸多道德风险，比如，债务国可以通过单方面宣布暂停还款从而引发市场抛售其贷款，然后通过第三方在市场上以打折价进行回购来降低举债成本。在讨论 2008 年金融海啸时我们也提起过潜在的道德风险，危机处置和道德风险这两者之间应如何取舍确实是一大永恒的难题。

思考题

我们知道，战争时期政府举债是容易理解的，那么请问，你认为在经济发展初期政府为什么通常也需要举债呢？

俄罗斯与土耳其债务危机

在 20 世纪 80 年代拉美债务危机发生后，新兴市场国家和银行家们并未引以为戒，因此于20世纪90年代之后又出现了墨西哥第二次债务危机、亚洲金融危机、俄罗斯卢布危机、阿根廷经济危机与土耳其经济危机。这些危机有些源于财政政策的不可持续，或者源于由于金融市场动荡迫使政府救助而导致的财政困境。总之，危机的出现或深化是由于政府显性或隐性的债务负担。下面我们详细讲解1998年的俄罗斯卢布危机[①]和简要地讨论一下2001年的土耳其经济危机。

先谈俄罗斯卢布危机。1998年俄罗斯卢布危机的起因有很多，其中一大原因是在亚洲金融危机爆发前后石油价格的暴跌，布伦特油价从1997年年初的每桶将近25美元跌至1998年年中的每桶不足11美元。我们在第一章中就曾指出，1991年苏联的解体在很大程度上受到了1985年沙特阿拉伯大幅增加石油产量而不再遵行减产保价政策的影响。1998年的俄罗斯卢布危机也是一样，只不过这次油价暴跌的主要原因是世界经济的不景气。

苏联解体之后，面对失控的经济，俄罗斯奉行了Shock Therapy，即休克疗法。休克疗法是大众媒体的一种流行说法，曾于20世纪70年代在拉美的智利和玻利维亚实行过。它在智利的实行相当成功，不仅在短期内稳住了智利经济，而且就长期而言智利经济也颇具竞争力。而该法在玻利维亚的实行过程中经历了长达5年的阵痛期，其后玻利维亚经济增长企稳，通货膨胀得到很好的控制。这两个国家都是在恶性通货膨胀的背景下不得不痛下决心实施休克疗法的。休克疗法简而言之就是债务国迅速采纳华盛顿共识，包括放开价格管制、放开外汇管制、贸易自由化以及私有化改革等内容。休克疗法的名声其后得益于杰弗里·萨克斯自1989年起给波兰政府建议的一揽子改革措施。这

① 关于1998年俄罗斯卢布危机的内容，本节主要参照基奥多和欧阳（Chiodo and Owyang）的《货币危机研究——以1998年俄罗斯违约为例》（A Case Study of a Currency Crisis: The Russian Default of 1998）一文。该文还梳理了第一代、第二代、第三代货币危机理论模型。

些改革对波兰从计划经济体制转型为市场经济体制起到了积极的作用。其后，萨克斯又被俄罗斯政府聘为顾问。哈佛大学另一位教授安德鲁·施莱弗（Andrei Shleifer）后来也参与进来。令人扼腕的是施莱弗因一方面给俄罗斯政府就私有化项目出谋划策，另一方面又参与投资这些项目，其中某些项目还涉及美国政府机构对俄罗斯的援助，故被美国政府告上法庭。诉讼时间长达5年，2005年8月施莱弗认罚200万美元但无须认罪，从而与美国司法部达至解决。哈佛大学也是该案的被告之一并最终认罚2650万美元。[①]

俄罗斯在推行改革6年之后，宏观经济逐渐企稳，通货膨胀率从1995年的131%下降到1996年的22%，再到1997年的11%。私有化也有所进展，整体经济1998年首次获得年度正增长。没曾想1998年8月俄罗斯却不得不宣布主权债务违约、卢布贬值，并暂停商业银行对国际债权人的还款。这到底是怎么回事呢？

由于受亚洲金融危机的拖累，尤其是受到亚洲多种货币包括泰铢、马来西亚令吉、印尼盾以及韩元的大幅贬值的牵连，卢布也于1997年11月遭到炒家狙击，俄罗斯央行不得不拿出60亿美元入市支持卢布。油价于1998年6月已跌破每桶11美元，而1997年俄罗斯出口的45%都为燃料。油价的下跌意味着俄罗斯的出口创汇大幅减少。此外，俄罗斯仍继续背负着苏联高达600亿美元的债务。1998年俄罗斯工人平均实际工资还不到1991年苏联解体前的一半。除了这些问题之外，最要命的是在1998年之前的几年，俄罗斯的税收体制很不健全，税收收不上来。于是，俄罗斯主权债务危机浮出水面。

1998年2月，俄罗斯向国际货币基金组织求助应急贷款。3月，

---

① 安德鲁·施莱弗教授被美国政府告上法庭一案，详见戴维·麦克林蒂克（David McClintick）的文章《哈佛是怎样在俄国栽倒的》（How Harvard lost Russia）。施莱弗是哈佛大学教授，1999年克拉克奖获得者。

叶利钦解散了政府，任命35岁刚加入政府不久的银行业和石油业高管谢尔盖·基里延科（Sergey Kiriyenko）担任总理并组阁。4月，卢布再次遭到狙击。5月初，央行行长谢尔盖·杜比宁（Sergei Dubinin）召开会议并提请与会部长级官员密切关注可能即将到来的债务危机，但他没想到列席的还有媒体人士。5月中旬，美国财政部副部长萨默斯到访俄罗斯，总理基里延科的手下因萨默斯只是副职而拒绝安排相见，俄罗斯错失与美国沟通的一次重要机会。5月23日，国际货币基金组织代表人员离开俄罗斯，双方未能达成协议。[①] 5月27日，俄罗斯央行为了打击炒家一度将隔夜拆息率提高到年化150%。[②] 7月20日，国际货币基金组织终于批准了俄罗斯应急贷款并完成了第一笔48亿美元的支付。8月13日，俄罗斯股票、债券、卢布遭到抛售。8月17日，俄罗斯政府已别无他法，只得将卢布贬值，宣布国内债券违约，并暂停对国际债权人的还款。8月23日，基里延科被解除职务，这位俄罗斯最年轻的总理只干了5个月就黯然下台。9月2日，卢布开始自由浮动，当月兑美元的汇率与8月17日的相比大幅贬值67%。1998年，俄罗斯整个年度实际GDP下跌近5%。[③]

---

① 俄罗斯卢布危机没有得到国际社会的鼎力救助，在某种程度上这是因为国际社会对这种救助所带来的道德风险的顾虑。对道德风险检测的专门讨论见施纳贝尔等人的文章《道德风险和国际危机贷款：一次测验》（Moral Hazard and International Crisis Lending: A Test）。他们通过对债券市场利差的研究发现：放弃对俄罗斯的拯救降低了未来的道德风险。

② 1998年5月27日，为了打击炒家一度将隔夜拆息率提高到年化150%，俄罗斯央行行长杜比宁还放出狠话，“你要是听谁嚷嚷卢布要贬值，就照着他的眼睛吐唾沫”。1998年8月17日，卢布贬值。9月2日，卢布自由浮动。看来，央行行长越是信誓旦旦，本币币值就越发难保。

③ 推荐吉列尔莫·卡尔沃（Guillermo Calvo）的文章《理解俄罗斯病毒：特别涉及拉丁美洲》（Understanding the Russian Virus: With Special Reference to Latin America）。他将投资者分为知情的和不大知情的。知情的为机构投资者，通常高杠杆操作。因此，一旦某个重大违约事件出乎预料地发生，这些知情的投资者不得不抛售资产来应对补充保证金通知（margin call），而不大知情者此时不敢轻易入场，这样就会导致资产价格过分下跌。他认为俄罗斯没有得到国际机构的及时救助就是这样一个出乎预料的重大事件。现在我们回过头去看，2008年的雷曼兄弟破产事件也可以归于这一类，它最后导致了金融市场流动性枯竭。

纵观1998年俄罗斯卢布危机，下面几点值得谨记：第一，主权债务危机需格外重视；第二，周边或者类似经济体的危机具有传染性；第三，不恰当的处理措施会使危机进一步恶化。在俄罗斯的这场危机中，如果政府预计到政策不可持续，早早放弃卢布汇率，或许这一危机对实体经济的打击会小得多。

下面我们来谈谈土耳其经济危机。在20世纪90年代，土耳其的GDP增长率平均达4%，既有五个年头增长在7%以上，也有两个年头下跌约5%。不管怎么说，GDP平均年增长率能达4%还是一个相当不错的成绩。但这样的增长率是怎么得来的？是否可持续？对于这两个问题的回答，大家只要看一下土耳其经济在20世纪90年代的其他宏观指标，就会发现土耳其的经济存在很多问题。

首先，土耳其政府平均财政赤字占其GDP的12%，离欧盟对其成员国要求的3%的赤字占GDP的比重上限相去甚远。这也是为什么土耳其一直等到2005年其财政赤字状况大幅改善后才正式向欧盟递交加盟申请书。土耳其何时能被欧盟接纳仍是个未知数，因为它在人权和民主制度这两项指标上还达不到欧盟的要求。

其次，除了巨幅财政赤字外，土耳其的年通胀率平均高达75%。在长达10年的时间，每年75%的通胀率是什么概念大家能想象吗？这样的高通胀必然意味着名义汇率的不断贬值。1990年初，1美元兑换2600土耳其里拉，到1999年末，1美元可以兑换54万土耳其里拉。土耳其里拉相对于美元贬值了99.5%，几乎等同于废纸。

换句话说，土耳其的经济增长靠的是大水漫灌和财政赤字，是完全不可持续的。那土耳其是怎样处理这个烂摊子的呢？

土耳其央行显然已经没有任何可信度，改革货币政策势在必行。土耳其于1999年底在国际货币基金组织和世界银行的帮助下开启了基于汇率的经济稳定改革，即将其汇率机制改为爬行盯住美元—欧元货币篮子从而对其货币政策加以约束，结束大水漫灌。在爬行盯住汇率体制实行的前 9 个月土耳其经济运行似乎令人较为满意，但入秋之后，问题开始显现，起初国际货币基金组织给予了援助，但几个月后改革明显不济，难以维持。改革不济的主要问题出在银行系统。土耳其银行系统非常落后，银行过去在一定程度上依赖于政府债券的高回报来维持盈利。而当通货膨胀下来后，政府债券的回报率下降了，银行系统出现亏损。我们知道，银行体系是经济的命脉，如果银行体系的运转出现问题，那么经济活动必然大受影响。土耳其于 2001 年 2 月重新回到自由浮动汇率体制，这比原先计划的退出时间提前了 3 个月，更为糟糕的是通货膨胀率应在 2000 年一度走低之后又重新上升，远离原先设定的目标，这使土耳其在 2000 年上半年吸引入境的国外资本在 2000 年秋季之后重新流出。

资本外流加上经常账户赤字的上升使土耳其里拉在浮动后越发贬值得厉害。这对土耳其经济的打击是不言而喻的，尤其是所有相信了政府的爬行盯住汇率改革并因此从国际市场以美元或欧元借贷给土耳其的银行和企业都陷入了绝境。2001 年土耳其总体经济下跌了前所未有的 9.5%。2003 年 4 月，1 美元兑 176 万土耳其里拉。推出新的货币已是土耳其政府唯一的选择。2005 年 1 月 1 日，土耳其政府推出新里拉，1 个新里拉等于 100 万旧里拉，也就是将旧里拉货币一口气删去了 6 个零。

想了解土耳其的经济危机有多么严重，只要看它的国债利率就很清楚了。2001 年土耳其发行的 90 天国债年化利率平均为 100%，成本最高的是于 2001 年 3 月发行的国债，年化利率高达 193%。想象一下，如果国债利率都高得如此离谱，那私有企业的借贷成本将会高到什么地步？当然，我们介绍过，考虑借贷成本时要看实际利率，而不是名义利率。土耳其实际利率在改革前约为 30%，在 2000 年改革第一阶段时明显下降，但在改革失败后的 2001 年超过了 40%，这确实让人难以想象。

从俄罗斯卢布危机和土耳其经济危机这两个案例中，我们看到危机出现的原因是多方面的，危机深重的时候会导致 ABC 三重危机，即 Asset Crisis、Banking Crisis 和 Currency Crisis，也就是股票、债券、房产等资产价格危机、银行危机和货币危机。如果政府财政实力雄厚，就有可能渡过难关；但如果政府本身就寅吃卯粮，则除了 ABC 三重危机外，还会出现主权债务危机。主权债务危机一旦显现，就会引发资本外逃，外国直接投资也会趋于枯竭，这一系列对整体经济的打击是非常沉重的，因此政府财政的健康状况需要特别关注。

思考题

债务危机出现的原因是多方面的，危机深重的时候会导致 ABC 三重危机。请问，其中 ABC 指的是什么？

中国地方政府债务风险

中国地方政府债务分为显性债务和隐性债务。显性债务即反映到地方政府资产负债表中的债务，由财政部预算司进行统计披露。比如，从财政部的网站上我们可以查到预算司于 2019 年 5 月 17 日发布的公告。公告显示：全国地方政府（显性）债务余额为 19.7 万亿元，其中一般债务 11.6 万亿元，专项债务 8.1 万亿元。这些债务的绝大部分为政府债券，约 19.4 万亿元，也就是说 98.5% 的地方政府显性债务均是以政府债券形式存在的。可以看出，中国地方政府显性债务的管理已经非常规范[①]。下面我们简单回顾一下我国地方政府发债的历史，从而明了这一成就是多么来之不易。

新中国成立初期，地方政府就曾发行过债券。但到了20世纪70年代，政府债务作为融资工具的一种已被抛弃。记得当时《人民日报》“元旦社论”中时常出现的句子就是“革命形势一片大好”“我国既无内债也无外债”。1981年国债恢复发行。1981年至1985年，有28个省级政府开始举债。20世纪80年代末和90年代初，不少地方政府上马基建项目，都曾经发行过地方债券来进行融资，后由于担心失控而于1993年被国务院叫停。1994年颁布的《预算法》明确规定，除法律和国务院另有规定外，地方政府不得发行地方政府债券。

1998年，为了应对亚洲金融危机，中央财政为地方政府发行了550亿元国债，交由地方政府用于刺激经济，将来由地方政府还款给中央财政，再由中央财政支付给投资者。类似地，2009年，为应对全球金融危机，财政部经国务院批准同意，以地方政府为发行和偿还主体，按照记账式国债发行方式，采用荷兰式招标，通过“财政部国债发行招投标系统”面向承销机构进行招标，由承销机构代理发行2000亿元可流通记账式债券。这2000亿元地方债被分配至各省，其中四川省由于受汶川大地震影响，获得的发行额度最大，达到180亿元。

这种由中央财政代发地方政府债券的做法，除了能帮助中央政府控制地方政府债务规模外，也规避了违反1994年《预算法》中禁止地方政府发债的条款。随着时间的推移，学界和社会上支持地方政府独立发债的呼声越来越高。[②]这主要基于以下几个原因：

① 中国财政科学研究院宏观经济研究中心研究员王志刚在《中国财政政策可持续性分析》一文中认为，由于中国政府近年债务多是生产性支出带来的，故其有利于长期增长，所以总体上看中国财政相对稳健。

② 沈炳熙在《关于规范地方政府发债方式的思考》一文中建议制订相关法律法规，承认地方政府发行债券的合法性和合理性。

第一，如果由中央政府代发，那么尽管发行时债券会以地方政府命名，比如2009年四川省政府债券（一期），面值90亿元，但因为其由财政部代发，所以实际上是中央财政为各地方政府债券提供了隐性担保。这样做的好处是可以降低地方政府发债成本，坏处是加大了中央政府的隐性债务。试想，如果四川省政府到期无力支付，那么中央政府势必会替其兑付给投资者，而中央政府的隐性债务也就突然变为显性的了。

第二，地方政府独立发债有利于债券市场建设。如果是地方政府自主发债，那么地方政府对资金的使用会更加谨慎、负责，同时也会接受更为严格的市场监督。债券市场投资者也会根据风险来决定债券利息的高低。万一某地方政府出现资不抵债的情形，投资者也只有面对债务重组的现实。

第三，分税制后的财政困难以及城市化发展的需要，再加上金融上的创新，这些都使得地方政府的财务状况难以厘清。通过允许各地方政府自主发债来对其财务状况做一清理更便于中央政府掌握各地风险敞口的头寸并有针对性地加以处理。

为了确保地方政府债务规模得到控制[①]，《新预算法》[②]加入了这一条款："经国务院批准的省、自治区、直辖市的预算中必需的建设投资

① 如果政府债务负担过高会导致经济金融危机，那么是否应当立法限制政府债务规模呢？世界各国为此有不同程度的努力，这类立法统称为"预算平衡修正案"。其实很少法案能真正平衡预算，大多数是对债务占GDP的比重设定某个上限，比如60%。德国、法国、意大利、奥地利以及美国都有立法。即便如此，这些立法通常也允许破例的情形，比如发生战争、国家紧急状况或经济衰退时。一般而言，由于"累进所得税"和"失业救济金"这两种传统的"自动稳定器"（automatic stabilizer）的存在，政府在经济衰退期税收收入减少且支出增加，这必然导致政府赤字增加和政府债务攀升。如果立法强行要求政府平衡预算，则政府必须加税或减少开支，如此反而抵消了"自动稳定器"的作用。美国通过国会设定国债上限来限制政府借贷规模，中国则通过全国人民代表大会来设定政府债务限额。

② 此处的《新预算法》指2014年十二届全国人大常委会通过的2014年修正版《预算法》。——编者注

的部分资金，可以在国务院确定的限额内，通过发行地方政府债券举借债务的方式筹措……举借的债务应当有偿还计划和稳定的偿还资金来源，只能用于公益性资本支出，不得用于经常性支出。”注意这里提到的“限额”和“资本支出”，此外《新预算法》还强调“除前款规定外，地方政府及其所属部门不得以任何方式举借债务”以及“除法律另有规定外，地方政府及其所属部门不得为任何单位和个人的债务以任何方式提供担保”。

我认为这些条款都是非常必要的，否则中国难免重蹈阿根廷的覆辙。发生在 2001 年前后的阿根廷债务危机就是由于地方政府开支失控而导致的——地方政府除了发行债券外，还发行花花绿绿的各种东西替代货币，最终中央政府不得不出面拯救，从而使自身的债务负担激增而难以偿还。阿根廷经济于 2001 年至 2002 年陷入严重衰退，其政府债券于 2005 年减值达 70%。

中国政府凭借上面的条款对地方政府的显性债务实现了相当规范的管理，但问题远没有解决，因为地方政府的隐性债务负担仍然难以摸清，爆发地方政府债务危机的风险仍然存在。中国地方政府债务对实体经济的影响如何？从理论上来讲，政府借贷要么会直接挤占私有部门借贷，要么会导致利率上升，从而使私有部门借贷成本高昂，进而导致借贷萎缩，投资下降，经济下滑。这就是所谓政府债务的“挤占效应”。马尔科·帕加诺（Marco Pagano）等人对中国地方政府债务的“挤占效应”做了实证研究，研究发现私有企业受挤占影响较大，而国企和外资制造业企业所受影响不大。为此，2014 年国务院 43 号文出台关于加强地方政府性债务管理的意见。其中引人注目的有三点：第一，剥离融资平台公司政府融资职能，融资平台公司不得新增政府债务；第二，地方政府举债采取政府债券方式。没有收益的公益性事业发展确需政府举借一般债务的，由地方政府发行一般债券融资，主要以一般公共预算收入偿还。有一定收益的公益性事业发展确需政府举借专项债务的，由地方政府通过发行专项债券融资，以对应的政府性基金或专项收入偿还；第三，对甄别后纳入预算管理的地方政府存量债务，各地区可申请发行地方政府债券置换①，以降低利息负担，优化期限结构，腾出更多资金用于重点项目建设。

这三点中的前两点意在阻止地方政府产生新的隐性债务，第三点在于化解旧的隐性债务，将过去的隐性债务通过地方政府发行债券来将之显性化，同时降低利息负担。利息之所以能降下来是因为新的债券明确了地方政府的偿债义务，而旧的借贷中地方政府只有担保责任或救助责任。从降低利息负担的角度来看，第三点中的债券置换与布拉迪债券类似，但布拉迪债券涉及本金的减免，而中国的债券置换计划似乎还没这么进取。实际上，某些省份的债务余额已经超过其综合财力，即债务率已高于全国人民代表大会常务委员会确定的100%的警戒线，或许减免本金才能真正解困，但难点在于如何避免此举带来的道德风险。

2015年至2018年这4年中国地方政府共发行置换债券12.77万亿元，在如此显性化之后，至2018年底全国地方政府显性债务余额约18万亿元。目前中国地方政府隐性债务规模还剩下多少仍是众说纷纭。国际货币基金组织、国际清算银行、标普、穆迪以及中国本土券商在过去几年和最近对中国地方政府隐性债务都有过一些估算，粗略而言，地方政府债务在显性化后至2018年底剩下的隐性债务大约30万亿元左右。地方政府显性和隐性债务相加得48万亿元，占2018年90万亿元GDP的53%。中央政府债务约15万亿元，占2018年GDP的

① 中国财政科学研究院金融研究中心研究员封北麟在《中国地方政府债务历史、现状、成因、预测与风险研判》这篇文章的结尾和摘要中强调：债券置换这一做法所带来的隐藏的道德风险不可忽视。

17%。地方政府与中央政府的债务相加得全口径政府债务，约 63 万亿元，占 2018 年 GDP 的 70%，比 60% 这一欧盟中长期目标高出 10 个百分点。

要想得到比较有意义和准确的估计，需要国家对具有代表性的省市的隐性债务进行排查，然后得出规律从而帮助推算整体的隐性债务规模。我认为国际机构和本土券商的估算当中有相当多的任意性。但不管最终的中国政府总体负债占 GDP 的比重是 60%、70%，还是 80%，关键是政府要着手解决问题。我认为中国政府最近这些年在管理地方政府债务方面还是有进步的，至少在立法和出台执行意见等方面是这样的。但中国政府必须注意的是，解决地方政府债务问题需要时间，正如欧盟要求其成员国向 60% 这一中长期负债率目标迈进一样，中国降低负债率也必须有一个中长期的着眼点，切忌刹车过猛。降低政府负债率这一中长期的方向一旦明确，即使短期内由于贸易摩擦、科技摩擦而不得不对债务的增加网开一面，即使房产税不得不押后推出，但假以时日问题总能解决，关键是要保持健康的经济增速。

思考题

地方政府为化解旧的隐性债务，可将过去的隐性债务通过地方政府发行债券将之显性化，同时降低利息负担。请问，你认为利息之所以能降低是由哪些原因导致的?

本章要点总结

1 许多国家在争取独立的过程中和经济发展初期都有过大量举债的阶段，如拉美的墨西哥、巴西、阿根廷以及亚洲的韩国、菲律宾。

2 20 世纪 80 年代欠发达国家债务危机的起因是 20 世纪 70 年代的两次石油危机。石油价格暴涨引发全球经济的衰退，欠发达国家的出口市场萎缩，导致其偿还债务困难而只能借新还旧。然而，美国著名智库布鲁金斯学会对拉美国家债务的可持续性有所误判，没有意识到危机即将到来。

3 1982 年 8 月，墨西哥宣布单方面暂停还款并要求启动债务重组谈判，这在整个国际金融市场引起震动并出现连锁反应，此后约有 40 个国家相继发生违约事件。

4 美国的银行在拉美债务中风险敞口最大，美国财政部于 1989 年出台“布雷迪计划”以解决债务危机。

5 “布雷迪计划”旨在减免债务，并对剩下的债务进行重组，比如用布雷迪债券置换市场价值大幅缩水的银行贷款等。“布雷迪计划”在化解发展中国家债务危机方面起到了积极作用，但也引发了诸多道德风险。

6 20 世纪 90 年代之后，墨西哥、俄罗斯、土耳其等新兴市场国家出现债务危机，危机的出现或深化是由于政府显性或隐性的债务负担过重。

7 在苏联解体后俄罗斯采取休克疗法以稳住短期经济，即迅速采纳华盛顿共识，包括放开价格管制等一系列改革措施。1998 年 8 月，受到亚洲金融危机、世界经济不景气引发的石油价格暴跌等因素的影响，卢布贬值，俄罗斯陷入主权债务危机。

8 1998年的俄罗斯卢布危机带给我们的启示有：需格外重视主权债务危机；周边或类似经济体的危机具有传染性；政府不恰当的处理措施会使危机进一步恶化。

9 在20世纪90年代土耳其的GDP增长率相当可观，但巨幅的财政赤字和高通胀率表明其经济增长是不可持续的。加之落后的银行系统，导致其经济活动大受影响，包括资本外流、经常账户赤字上升、本币贬值、利率高涨。

10 ABC三重危机指资产价格危机、银行危机和货币危机。当这三重危机出现时，若政府债务负担过重会继而引发主权债务危机，表现为资本外逃、外国直接投资暴跌、整体经济受损。

11 中国地方政府债务分为显性债务和隐性债务。显性债务即反映到地方政府资产负债表中的债务，由财政部预算司进行统计披露，并且绝大部分以政府债券形式存在。

12 我国于1994年颁布《预算法》，禁止地方政府发债，所以在应对1998年和2009年的金融危机时我国采取的是中央财政代发地方政府债券的做法。

13 随着时间的推移，学界和社会上支持地方政府独立发债的呼声越来越高。《新预算法》增加条款允许地方政府在特定条件下发行债券并对这一行为加以严格限定，这体现出中央政府对地方政府的显性债务实现了相当规范的管理。

14 中国地方政府的隐性债务负担仍然难以摸清。2014年国务院出台加强地方政府性债务管理的意见，这样做一方面是为了阻止地方产生新的隐性债务，另一方面是通过债券置换计划来将旧的隐性债务显性化。

15 中国地方政府债务问题的解决需要时间。中国在降低负债率时必须有一个中长期的着眼点，切忌刹车过猛，关键是要保持健康的经济增速。

PART 4

经济增长，从长计议

第十四章 经济增长

贵在可持续

我们在介绍宏观经济学现状时曾提到宏观经济学分为两块，一块研究经济的长远增长，一块研究经济周期。前文大部分谈论的都是经济周期，尤其是政府如何防止经济过热以及如何在经济出现下滑时出台刺激政策。在第三部分我提醒大家需特别关注财政政策的可持续性并指出经济危机和金融危机有可能派生于主权债务危机。本书之所以花那么多篇幅讨论经济周期是因为我们在日常生活当中时常能感受到它的存在，比如通货膨胀、股市的暴涨暴跌、央行的加息减息、减税降费措施、房地产新政的出台、身边朋友失业等，所有这些都与我们的切身利益息息相关。

如果我们停下来，仔细想想，就会发现长远经济增长实际上比经济周期更值得研究、更值得关注。中国今日的国际地位正是来自改革开放 40 多年以来经济的高速增长。中国人均实际 GDP 从 1978 年的约 300 美元上升至 2018 年的将近 7800 美元，这里所说的美元指的都是

2010年的美元，也就是说已将通货膨胀的因素剔除掉了。中国人均实际GDP于40年间翻了25倍，平均年增速为8.5%，如此持久的高速经济增长是史无前例的。1985年我去美国留学时，美国《晚间新闻》几乎很少提到中国，而现在很少不提中国。

持久地增长所带来的变化是令人难以想象的。我们人类的直觉在很多方面都极为出色，但对复合增长的长期影响的判断时常错得离谱，因此我们必须依靠计算才能得到正确的结果。我们来看一个例子。1626年，荷兰驻美洲总督彼得·米纽伊特（Peter Minuit）花了大约24美元从印第安人手中买下了纽约曼哈顿岛。这24美元经过通货膨胀调整后约相当于今日的1120美元。如今曼哈顿岛的土地价值如何呢？根据贾森·巴尔（Jason Barr）等人于2018年发表的文章数据来推算，今日曼哈顿岛的土地价值约两万亿美元。

如果1626年的印第安人将与今日1120美元等值的资金拿去投资，假设实际年投资回报率为5%，那么393年后他们将拥有2400亿美元，只有当下曼哈顿岛土地价值的1/8。如果年投资回报率增加一个百分点，变为6%，那么印第安人将拥有多少财富呢？答案是9.8万亿美元，将近当下曼哈顿岛土地价值的5倍。

年投资回报率增加了一个百分点，393年后的财富则跳到了另一个数量级！这一方面说明了复合增长的长期影响之巨大，另一方面也说明了维持长远增长是相当困难的，至少我没读到过任何可信的记录能证明某个家族的财富维持了几百年6%的实际增长率。

卢卡斯教授在于1988年发表的文章中将印度与韩国进行了比较。1960年至1980年这20年间，印度的人均实际收入年增长率只有1.4%，而韩国则有7%。印度人民的收入需要50年才能翻倍，而韩国人民的收入10年就能翻一倍。因此，一个印度人的收入平均而言只是50年前他祖父收入的两倍，而一个韩国人的收入则是50年前他祖父收入的32倍。多么巨大的差距！卢卡斯教授写道，“我不明白为什么面对这些数字我们看不到背后隐藏的机遇，印度政府有没有什么措施能使印度的经济像韩国经济一样快速增长呢？如果有，那到底是什么措施？如果没有，那印度到底有什么特别之处使其经济无法快速增长？”随后，卢卡斯教授进一步感叹说：“人们一旦开始思考这个问题，就很难再思考其他问题了。”

一个国家的经济怎样才能更快地增长呢？卢卡斯教授曾在他于1993年发表的一篇文章中写道：“单纯地建议一个国家去模仿韩国就有点像是告诉一位有志向的篮球运动员去遵从乔丹模式。”说起来容易做起来难，我们不能泛泛而谈，要总结出一套理论。

其实，经济学家对于如何才能达到经济快速增长曾提出过不少建议，开出过不少药方，诸如加大投资、普及教育、控制人口、减免债务以及将国际援助与改革挂钩等。威廉·伊斯特利（William Easterly）在他的一本关于经济增长的专著中对这些药方的效果提出质疑和批评。这部专著的中译本取名为《在增长的迷雾中求索》[①]。该书是在2001年出版的，当时伊斯特利还在世界银行研究部工作，是该部门的灵魂人物之一。他所批评的这些药方正是世界银行于过去半个世纪在欠发达国家所推行的改革的依据，因此该书出版后伊斯特利继续待在世界银行已不合适。他在2001年离开世界银行，在几家智库短暂过渡后于2003年加盟纽约大学，成为经济学教授并任纽约大学发展研究所联席所长。

---

① 在《在增长的迷雾中探索》这一专著出版后，威廉·伊斯特利于2006年和2014年再添两部专著，即《白人的负担：为什么西方的援助收效甚微》以及《威权政治：经济学家、政策专家和那些被遗忘的穷人权利》。伊斯特利文笔流畅，格局高。这几本书都颇具可读性，既有前沿的研究成果，又与实际紧密联系。

上述药方在理论上都容易理解，也都能站得住脚，但一旦实施起来却容易产生偏差。就拿加大投资来说，加大投资将增加未来的资本存量，从而提高未来产出和经济增长速度。尤其是如果该落后国家处于贫困陷阱中，那么其经济就需要所谓的“Big Push”（大推进）来大力推动一把才能进入增长轨道。由于落后国家储蓄率普遍较低，所以投资缺口只有依靠外部援助来填补。这一思路的理论支撑来自哈罗德—多马模型以及保罗·罗森斯坦·罗丹（Paul Rosenstein-Rodan）的“大推进”理论。这些理论产生于 20 世纪 40 年代，而在 20 世纪 50 年代，罗伯特·索洛却证明只要总体生产函数具有资本收益递减的特性，则随着资本的积累，投资回报率会越来越低以至于最终投资将趋于停滞。经济增长只有依靠技术进步才能长期持续下去。罗伯特·索洛正是由于他在经济增长理论方面的杰出贡献而于 1987 年获得诺贝尔经济学奖。2018 年的诺贝尔经济学奖得主——纽约大学的保罗·罗默教授，以其在 20 世纪 80 年代和 90 年代的一系列论文开创了所谓的“内生经济增长理论”，探讨了技术进步的决定因素。而且，由这套理论又能重新推导出加大投资可以促进长远经济增长。因此，投资与增长的关系在理论上是存在争议的，那么实证结果又如何呢？

实证结果也是存在争议的。伊斯特利分析了 138 个国家的数据后得出结论：投资对经济增长的促进作用并不明显。此外，他认为那些意在促进落后国家增加投资的外部援助也完全没有达到预期的效果。这一结论基于他对 88 个欠发达国家 1965 年至 1995 年的数据的分析。他发现这 88 个国家的数据当中只有 17 个显示外部援助与投资有正相关关系。究其原因，主要是因为受援国的投资环境太差，投资回报率太低，受援国用援助资金去购买消费品而不是去增加投资。

如果说加大投资这一药方没能奏效的话，那普及教育总不会错吧？从直觉上来讲，普及教育对经济增长的作用一定是正面的，虽然不一定能立竿见影，但毕竟教育会提高人力资本和劳动力素质。伊斯特利指出，在世界银行的帮助下，自20世纪60年代以来发展中国家的入学率有了爆炸式的提升，比如，1960年世界半数国家的中学入学率都在13%或更低，而到了1990年，世界半数国家的中学入学率达到45%或更高。然而，令人失望的是，教育的普及并没有转化为经济增长的提高。贫穷国家的经济增长中位数由20世纪60年代的3%，下降到20世纪70年代的2.5%，以及80年代和90年代的负增长和零。这一结论是令人吃惊的，伊斯特利本人一直是很推崇教育的，当然也吃了一惊。

类似地，实证结果让那些推荐控制人口和减免债务的经济学家们大跌眼镜。这到底是怎么回事呢？

伊斯特利的感悟是，我们必须认识到，国际机构和各国政府推行的这些政策都忽视了"激励"这一关键词。比如说，当世界银行给贫穷国家施以援助时，贫穷国家便有了依赖，甚至越发没有激励去增加储蓄：储蓄越低，投资缺口越大，获得的援助也就越多，何乐而不为呢？教育方面也是一样，如果教育的回报率不高，那么即使政府强行提高入学率，教师也没有动力去教，学生也没有动力去学，教学质量一定上不去。教育对经济增长也就产生不了预期的正面作用。

"激励"这一关键词无论再怎么强调都不过分。伊斯特利非常欣赏史蒂夫·兰兹伯格（Steven Landsburg）[①]教授的一句名言，"人们

---

① 兰兹伯格是罗切斯特大学经济系教授。1996年我回母校罗切斯特大学访问时，麦肯齐（McKenzie）教授曾邀我与其他老师共进午餐，兰兹伯格教授也在场。大家闲聊到与另一位同事沃尔特·奥（Walter Oi）教授的交往。Oi教授早年视力不好，后来失明，看论文完全依赖助手录音给他听，工作和生活都离不开他那条忠实的导盲狗。兰兹伯格回忆说，有一次他与Oi教授讨论"公共品"这个概念，Oi教授请兰兹伯格举例。兰兹伯格试着举了几个，Oi教授均不满意，认为这些所谓"公共品"都不够纯粹。兰兹伯格终于放弃了，诚恳地向Oi教授请教他心目中的标准答案。Oi教授一边微笑一边缓缓地说："夕阳普照下的旧金山金门大桥！人人都可以免费从不同角度欣赏这一美景，远也可，近也可，而且互不干扰，是纯粹的'公共品'。"

会回应激励，其余的都是闲扯”，这句英文原文是“People respond to incentives，all the rest is commentary”。

思考题

伊斯特利分析了 138 个国家的数据后得出以下结论：投资对经济增长的促进作用并不明显，并且那些意在促进落后国家增加投资的外部援助也完全没有达到预期的效果。请问，你认为导致这种情况的原因有哪些？

经济增长的决定因素

前文我们先谈了可持续增长的重要性，然后介绍了经济学家开出的一系列帮助贫穷国家提高经济增长率的药方。据威廉·伊斯特利的考察，加大投资、普及教育、控制人口、减免债务及将国际援助与改革挂钩等药方的效果不尽如人意。那么，还有没有其他更好的药方呢？我们能否彻底地搜罗一次呢？1997 年 5 月，哥伦比亚大学的萨拉伊马丁教授在经济学顶尖期刊《美国经济评论》上发表了一篇短文，叫作“I Just Ran 2 Million Regressions”（《我刚做了两百万个回归分析》）。其实，他在 1996 年年底还推出过一个更为细致的版本，叫作“I Just Ran 4 Million Regressions”（《我刚做了四百万个回归分析》）[①]。

所谓回归分析就是一种找出因变量与一个或多个自变量之间关系的统计方法。这种关系如果很复杂，或者因变量为二分类变量，那么

① 请大家注意这篇文章中还谈了很多细节，比如对平均投资率（average investment rate）给予特殊对待等，我们为了简洁省去了这部分内容并对回归次数的计算做了相应调整。有需要的读者请细读原文。

需要做广义线性或非线性回归分析，比如逻辑回归分析或含有二次或更高次多项式的回归分析，然后利用这些回归分析来估计关键系数以及系数的准确性；如果大家完全无法猜想这一关系是哪一种含参数的函数形式，那么可能需要用非参数或半参数估计方法。在绝大多数情况下，我们假设这一关系是线性的，这时所用的就是线性回归。线性回归的估计方法包括普通最小二乘法、广义最小二乘法、最大似然估计、工具变量法等。

不管大家有没有接触过回归分析，读完下面的内容就应该多少能猜出萨拉伊马丁教授要表达的思想和他所得出的结论。

在萨拉伊马丁教授之前，已有众多学者搜集过很多数据并提出过很多的理论。萨拉伊马丁教授筛选出 63 个自变量，他的目的就是要判断这 63 个自变量对经济增长是否有影响，如果有，那该影响是正面的还是负面的。

萨拉伊马丁教授的考察范围包括 134 个国家和地区，但不是每个国家或地区在这 63 个自变量上都有对应的数据，数据缺失的问题是相当严重的。其中，中国就缺了 31 个数据，比如汇率扭曲度、设备投资、法治指标等。[①]

萨拉伊马丁教授考察的因变量为 1960 年至 1992 年的人均 GDP 平均年增长率，我们用字母 G 来表示。假设我们想了解某个自变量 Z 是否对 G 有影响，该怎么做呢？

最简单的就是让 G 对 Z 做一个线性回归，如果得到的系数显著为正，那么我们就说这二者有正的关联，显著为负则有负的关联，不显著则二者没有关联。遗憾的是，这种简单做法是难以令人信服的，因

---

① 萨拉伊马丁教授所使用的数据中有一列给出的是 1960 年至 1992 年间各国人均 GDP 年均增长率。令人气愤的是中国这一数据居然是缺失的！萨拉伊马丁先生，中国的这一数据就那么难得到吗？如此重要的一个经济快速增长的大国完全被排除在他的分析之外，难道审稿人没有提出质疑吗？

为 G 可能还受很多其他因素的影响，而这些因素与 Z 可能有关联，所以如果线性回归没有包含这些因素，则该回归分析给出的 Z 的系数的估计是有偏差的。我们必须考虑在回归分析中加入这些因素，即所谓的控制变量。

那么，到底该加入哪些控制变量呢？有两种解决办法，一种就是机械地轮流去试，另一种就是让经济理论、经济直觉告诉我们该加什么。大家只要轮流地去试着加上几个控制变量，就会发现 Z 前面的系数的符号有可能就改变了，这让我们怎么确定 Z 和 G 的关联呢？而且，这么轮流添加下去的话，一共要跑多少回归啊？萨拉伊马丁教授算了一下，如果每次放上 6 个一组的控制变量，那么机械地轮流完剩下的 62 个变量将需要跑 6100 万个回归。凭他当时的计算机运算速度，光是弄清楚一个自变量 Z 和因变量 G 的关联就需要花上 22 天。弄清楚 63 个自变量与 G 的关联总共得花上将近 4 年的时间。如果他将 6 个一组的控制变量扩大到 7 个一组，那么完成这项工作得花上 29 年！

这工作量太大了，肯定得靠经济理论、经济直觉来帮忙啊！但是经济理论也有争议，一些看似标准的药方都不灵啊！那就尽量挑 3 个争议比较小的经济理论作为固定的控制变量吧，然后剩下的 59 个变量轮流 3 个一组加入控制变量队伍。如此，则要跑的回归数量降至 400 万左右，两天不到就可以完成。

萨拉伊马丁教授认为争议较少的 3 个固定控制变量可以由初始年度的人均 GDP，即 1960 年人均 GDP，以及 1960 年的小学入学率和 1960 年的预期寿命来担当。我们先谈谈这 3 个控制变量为什么争议较小，以及各自是如何影响经济增长的。

首先，我们来看 1960 年的人均 GDP 这一变量。如果 1960 年人均 GDP 很低的话，那么这个经济体就好比处于婴儿状态，而我们都知道婴儿身体和智力的发展都是很迅速的，可以想象这个经济体的经济增长率也比较高。换句话说，起点越低，增速越高，也就是我们通常所说的追赶效应。追赶效应意味着 1960 年人均 GDP 的系数应该是负的，因为起点越低增速越高，起点越高增速越低。当然，追赶效应是有前提的，我们接下来再另行讨论这一前提。

其次，我们来看 1960 年的小学入学率这一变量。小学入学率越高，文盲也就越少，这应该是有利于经济增长的。这一系数应该为正，但这一结论也不是没有争议的。

最后，我们来看 1960 年的预期寿命这一变量。1960 年的预期寿命越高，说明该经济体人民健康素质较高，也即非教育人力资本较高，有利于经济增长，故这一系数理论上应该是正的。

固定这 3 个控制变量后，如果我们想研究变量 Z 和经济增长的关联，就可以在剩下的 59 个变量中轮流抽取 3 个作为控制变量，构建一个回归方程。方程左边是因变量 GDP 平均年增长率 G，方程右边有 7 个变量，分别是我们的研究对象 Z、3 个固定控制变量和 3 个轮流抽取的控制变量。每抽取一组控制变量就是一个新的回归方程，共有 32509 个。变量 Z 前面的系数也就相应地有 32509 个估计值。根据这些估计值的分布情况以及方程的拟合程度，我们可以取加权平均得出该系数的综合估计值并能判定该综合估计值显著为正、显著为负或不显著。

萨拉伊马丁教授的研究方法我们只能解读到这里了。他的主要结论为除了 1960 年人均 GDP、1960 年的小学入学率、1960 年的预期寿命这三个变量之外，还有 21 个变量对经济增长有决定性影响。这 21 个显著变量包括设备投资、资本主义成分等，具体如表 14-1 所示。

表 14–1　21 个对经济增长影响显著的变量

变量	相关关系
设备投资	+
开放年数	+
儒家人口所占比例	+
法制	+
伊斯兰教人口所占比例	+
缺少政治权力	–
拉丁美洲哑变量	–
撒哈拉沙漠以南非洲哑变量	–
缺少民事自由	–
革命和政变	–
矿业占 GDP 比重	+
黑市价差的波动	–
初级产品出口（1970 年）	–
资本主义成分	+
战争哑变量	–
非设备投资	+
绝对纬度	+
汇率扭曲	–
新教人口所占比例	–
佛教人口所占比例	+
天主教人口所占比例	–

在这 21 个变量当中有一系列变量诸如佛教人口占比、伊斯兰教人口占比以及儒家人口等，它们虽然看上去像是宗教或文化变量，但功效却更像是某种地区变量（见表 14–2）。我们不妨以儒家人口占比为例说明一下。儒家人口占比这一变量在 120 多个国家和地区为零，所以这个变量其实指的就是中国以及东南亚的一些国家和地区，这个变量的系数为正不一定真的说明儒家文化之强大，或许这只是体现了这个地区在某个其他方面的共性，比如对出口导向型发展模式的采纳。伊斯兰教人口占比也可能主要代表的是中东这个地区，而该地区的一

个显著共性是石油储备，因此该变量的系数显著为正并不奇怪。

表 14-2 地区变量

变量	相关关系
设备投资	+
开放年数	+
儒家人口所占比例	+
法制	+
伊斯兰教人口所占比例	+
缺少政治权力	–
拉丁美洲哑变量	–
撒哈拉沙漠以南非洲哑变量	–
缺少民事自由	–
革命和政变	–
矿业占 GDP 比重	+
黑市价差的波动	–
初级产品出口（1970 年）	–
资本主义成分	+
战争哑变量	–
非设备投资	+
绝对纬度	+
汇率扭曲	–
新教人口所占比例	–
佛教人口所占比例	+
天主教人口所占比例	–

其他一些代表地区的变量包括拉丁美洲哑变量和撒哈拉以南的非洲哑变量。这两个哑变量的系数显著为负分别与拉丁美洲债务危机所造成的“失去的十年”有关以及当时非洲给我们的缓慢的经济发展的印象比较吻合。

还有一些政治变量（见表 14-3），包括法制指标、政治权利和民事自由等。一个国家或地区的法治程度高，经济增长速度也高，而越是缺乏政治权利或缺乏民事自由，则经济增长越慢。

表 14–3 政治变量

变量	相关关系
设备投资	+
开放年数	+
儒家人口所占比例	+
法制	+
伊斯兰教人口所占比例	+
缺少政治权力	–
拉丁美洲哑变量	–
撒哈拉沙漠以南非洲哑变量	–
缺少民事自由	–
革命和政变	–
矿业占 GDP 比重	+
黑市价差的波动	–
初级产品出口（1970 年）	–
资本主义成分	+
战争哑变量	–
非设备投资	+
绝对纬度	+
汇率扭曲	–
新教人口所占比例	–
佛教人口所占比例	+
天主教人口所占比例	–

另外还有关于市场扭曲和市场表现的一类变量，比如经济开放年数、资本主义成分、黑市价差的波动和汇率扭曲度等（见表 14–4）。其中，经济开放年数或资本主义成分越高，经济增长越快。黑市价差波动越大或汇率扭曲越严重，则经济增长越慢。

表 14–4　关于市场扭曲和市场表现的变量

变量	相关关系
设备投资	+
开放年数	+
儒家人口所占比例	+
法制	+
伊斯兰教人口所占比例	+
缺少政治权力	–
拉丁美洲哑变量	–
撒哈拉沙漠以南非洲哑变量	–
缺少民事自由	–
革命和政变	–
矿业占 GDP 比重	+
黑市价差的波动	–
初级产品出口（1970 年）	–
资本主义成分	+
战争哑变量	–
非设备投资	+
绝对纬度	+
汇率扭曲	–
新教人口所占比例	–
佛教人口所占比例	+
天主教人口所占比例	–

上述这些显著的结果似乎都还比较直观。剩下 20 多个与经济增长关联不显著的变量包括政府开支、通货膨胀、通胀的波动、关税限制、民主程度（1965 年）、城市化比例等。

大家可能对地区变量当中的“绝对纬度”有点疑惑。该变量的系数显著为正，也就是说“离赤道越远的国家经济增长率越高”，大家可能觉得好像未必，但如果我们将这句话换一种说法，即“离赤道越近的国家增长越慢”，大家可能会想到该结果之所以成立是因为靠近赤道的非洲国家当时经济发展确实比较缓慢。其中还有一些变量的分析值得思考，比如政府支出占 GDP 的比值与经济增长没有显著关联。我认为这一结论可以这么去理解。如果政府支出是官员为了自己消费或者是被浪费在军事装备上，那么其对长远经济增长的影响多半为负。如果政府支出是用在基建方面的话，那么其也许有利于长远经济增长。由于各国政府支出倾向性各异，当我们将所有国家放在一起来进行回归分析时，就有可能得出二者的关联不显著的结论。

思考题

萨拉伊马丁教授在为研究经济增长的决定性因素而进行的回归分析中，选用了争议较少的 3 个固定控制变量。请问这 3 个变量分别是什么？你认为选择这 3 个变量的理由是什么？

全要素生产率

在谈全要素生产率之前，我们先了解一下经济增长核算。什么是经济增长核算？经济增长核算就是弄清经济增长有多少来自资本的积累，多少来自劳动的增加，经济剩下的增长来源我们统称为技术进步。我们一般认为资本和劳动受制于边际收益递减的规律，因此经济的可持续增长最终来自技术进步，而估算技术进步也就成为一大要务。

既然技术进步对经济增长的贡献是在剔除了资本和劳动的贡献后所得的剩余，那么该剩余其实包含的就不仅仅是所谓的技术进步了，也包含组织架构的改善、激励机制的优化，甚至还有混杂其间的测量误差、遗漏变量、模型设置偏差等内容。换言之，这一剩余包含许多我们不清楚的内容，莫塞斯·阿布拉莫维茨（Moses Abramovitz）在他的 1956 年的文章中称之为“对我们无知的一种度量”（a measure of our ignorance）。这一剩余有时被称为索洛剩余，以表彰罗伯特·索洛在这方面的贡献。

索洛剩余又被称为 TFP 剩余，这里的缩写 TFP 代表 Total Factor Productivity，即全要素生产率，也就是每单位投入所得到的产出。我们不妨沿用罗伯特·索洛的思路，用总体生产函数的概念来进一步解释如何求取这一剩余。

罗伯特·索洛将一个经济体的生产函数写为 $Y=AF(K, N)$，这里 Y 是总产出，K 是资本存量，N 是劳动，而 A 就是全要素生产率。如果我们对这一生产函数两边都求增长率，那么我们就得到了著名的增长率核算公式：

产出的增长率 =TFP 增长率 + $a\times$ 资本增长率 + $b\times$ 劳动增长率

$$\frac{\Delta Y}{Y}=\frac{\Delta A}{A}+a\frac{\Delta K}{K}+b\frac{\Delta N}{N}$$

这里 ΔY 就是 Y 的增加量，所以 ΔY 除以 Y 就是 Y 的增长率。a 为产出关于资本的弹性系数，b 为产出关于劳动的弹性系数。一旦估计出这两个弹性系数，我们将产出增长率、资本增长率和劳动增长率带入上式即可求得索洛剩余，$\Delta A/A$。

问题是如何估算 a、b 这两个弹性系数。最为流行的办法是，在要素市场为完全竞争的前提下，弹性系数 a 就等于资本收益占 GDP 的比，弹性系数 b 就等于劳动收入占 GDP 的比。以美国经济为例，美国的要素市场基本上可以认为是接近完全竞争的。其资本收益占 GDP 的比重约为 36%，劳动收入占 GDP 的比重约为 64%。根据查尔斯·霍特（Charles Hulten）教授的文章，我们可以看到美国在二战之后到发生第一次石油危机的这段时间，即 1948 年至 1973 年间，TFP 年均增长率达 2.1%；在两次石油危机期间，即 1973 年至 1979 年间，TFP 年均增长率下降为 0.6%，这一下降我们可以归罪为石油危机所引起的油价暴涨。让人难以理解的是在 1979 年至 1996 年间，美国 TFP 年均增长率进一步下降为不足 0.3%。虽然说这当中有过石油危机造成的滞胀困境和保罗·沃尔克大幅收紧货币政策对经济增长造成的负面影响，但这一阶段也包含了计算机和互联网技术的发展所带来的所谓“新经济”的局面。为什么“新经济”没有在 TFP 增长率上有所体现呢？对此问题比较普遍的看法是 GDP 的统计出现了偏差，GDP 中没有充分体现产品和服务质量在“新经济”局面下的改善，比如我们的个人电脑运算速度逐年大幅提升，但其市场售价却反而下降了。

我们再来看几个其他经济增长核算的例子。先看胡祖六与莫辛汗（Mohsin Khan）合作发表的关于中国经济增长的文章《为什么中国经济增长这么快？》[①]（Why is China Growing So Fast?），他们的结论见表 14-5。他们对中国在改革开放前和改革开放后的经济增长分别进行了核算。沿用前面的假设，即要素市场完全竞争，那么我们可以用收入占 GDP 的比值来估算资本弹性系数和劳动弹性系数，两者相加等于 1，即 100%。在改革开放前（1953 年至 1978 年）中国劳动收入占 GDP 的比重约为 39%，在改革开放后（1979 年至 1994 年）中国劳动收入占 GDP 的比重约为 45%。相应地，改革开放前资本收益占 GDP 的比重为 61%，改革开放后这一比重为 55%。在将这些系数代入增长率核算公式后，他们发现中国在改革开放前 TFP 年均增长率为 1.1%，其对经济增长的贡献为 18%，在改革开放后 TFP 年均增长率为 3.9%，

① 胡祖六撰写该文时在国际货币基金组织工作（莫辛汗是他所在部门的副主管），其后他短暂转任达沃斯世界经济论坛首席经济学家并于 1997 年加盟高盛。2010 年辞去高盛大中华区主席一职，投身私募行业。现任春华资本集团主席。胡祖六时常就国际事务发表评论性文章。他于 2019 年 6 月 17 日在《南华早报》上发文《在贸易和科技领域，美国可以做得更好，而不是因为输给了崛起的中国而大发雷霆》（In Trade and Tech, the US can Do Better than Throwing a Tantrum Over Losing to an Upstart China），明确指出“指责中国作弊而无视其对创新的大规模投资只会让美国看起来像个在竞争中输不起的欺凌恫吓之徒”。

其对经济增长的贡献也大幅提升至将近 42%。

表 14–5　改革开放前后中国经济增长贡献来源

变量	1953—1994 年	1953—1978 年	1979—1994 年
总产出增长	7.2	5.8	9.3
资本收益增长	6.8	6.2	7.7
劳动收入增长	2.6	2.5	2.7
TFP	2.1	1.1	3.9
资本收益贡献[a]	55.6	65.2	45.6
劳动收入贡献[b]	14.9	16.8	12.8
TFP 年均增长率贡献[b]	29.5	18.0	41.6

（单位：%）

数据来源：中国国家统计局、各种政府部门公开数据以及胡祖六等人的估计。

[a] 贡献率等于相应要素的增长率乘以相应的弹性系数，再除以总产出增长率。

[b] 贡献率等于 TFP 年均增长率除以总产出增长率。

增长率核算公式也可以用来计算其他要素对经济增长的贡献，比如改革开放后，资本存量的增长率为 7.7%，经济增长速度为 9.3%，我们将 7.7 乘以资本弹性系数 0.55 再除以 9.3 便得出资本积累对经济增长的贡献为约 46%。大家注意在计算贡献率的时候不要忘记乘以相应的弹性系数。

胡祖六和莫辛汗认为中国改革开放后 TFP 年均增长率的提高主要来自市场化改革带来的效率提升、乡镇企业的崛起以及外贸的拓展和外国直接投资的进入。大家注意到他们研究的截至年份为 1994 年，其后 20 年，尤其是中国在 2000 年加入世界贸易组织（WTO）之后，经济的增速令世界瞩目。当然，在 2014 年之后，中国经济进入新常态，中国政府有意识地从以环境污染为代价的难以持续的经济高速增长转向高质量、可持续的经济中高速增长。

另一篇著名的有关经济增长核算的文章是阿尔文·杨（Alwyn Young）于 1992 发表的文章《双城记》（A Tale of Two Cities），文章比较了新加坡和中国香港的 TFP 年均增长率。他发现香港的 TFP 在 1971 年至 1990 年间对经济增长的贡献为 35%，而新加坡的 TFP 对经济增长的贡献却是 –8%。因此，香港的经济增长模式是健康的、可持续的，而新加坡经济增长的 83% 来自资本积累，25% 来自劳动的增长，这种增长是不可持续的。这一结论引起了不少争议。持支持意见的包括克鲁格曼教授，他引用阿尔文·杨的一系列相关工作，并宣称“亚洲小虎”其实是纸老虎（Asian Tigers are Paper Tigers）。克鲁格曼教授指出，李光耀时代的新加坡和斯大林时代的苏联是相同的发展模式，二者均依靠调动资源而不是提高效率来发展经济。这样的发展模式是难以持续的。1997 年爆发的亚洲金融危机似乎佐证了阿尔文·杨和克鲁格曼的观点。迈克尔（Michael B. Devereux）于 2003 年发表了名为“双币记”（A Tale of Two Currencies）的文章，这篇文章讨论了香港的固定汇率制（货币局制度）和新加坡的浮动汇率制的优劣。他认为浮动汇率制更有利于降低经济增长率的波幅，这一优势在亚洲金融危机期间表现得尤为突出。

对阿尔文·杨的研究结论持怀疑态度的也大有人在，他们认为亚洲经济的快速增长不是源于单纯的资本积累和资源调动，而是来自创新、创业和学习。彼得·克莱诺（Peter Klenow）等人认为阿尔文·杨对新加坡的批评在其他亚洲国家或地区中并不具有一般性。伊斯特利和莱文（Levine）认为各国增长的区别不是来自要素积累而是来自 TFP。表 14–6 最后一列为 TFP 对不同国家或地区的经济增长的贡献（百分比）。

表 14-6　不同国家及地区的经济增长贡献来源

经济	资本积累在该国总产出中所占权重	GDP 增长	贡献来源		
			资本	劳动	TFP
经济合作与发展组织　1947—1973 年					
法国	.40	5.40	41	4	55
德国	.39	6.61	41	3	56
意大利	.39	5.30	34	2	64
日本	.39	9.50	35	23	42
英国	.38	3.70	47	1	52
美国	.40	4.00	43	24	33
经济合作与发展组织　1960—1990 年					
法国	.42	3.50	58	1	41
德国	.40	3.20	59	–8	49
意大利	.38	4.10	49	3	48
日本	.42	6.81	57	14	29
英国	.39	2.49	52	–4	52
美国	.41	3.10	45	42	13
拉丁美洲　1940—1980 年					
阿根廷	.54	3.60	43	26	31
巴西	.45	6.40	51	20	29
智利	.52	3.80	34	26	40
墨西哥	.69	6.30	40	23	37
委内瑞拉	.55	5.20	57	34	9
亚洲四小龙　1966—1990 年					
新加坡	.53	8.50	73	32	–5
韩国	.32	10.32	46	42	12
中国香港	.37	7.30	42	28	30
中国台湾	0.29	9.10	40	40	20

数据来源：经济合作与发展组织国家的数据部分来自克里斯滕松（Christenson）和卡明斯（Cummings）等人（1980）以及多尔蒂（Dougherty，1991）；拉丁美洲国家的数据部分来自埃利亚斯（Elias，1990）；“亚洲四小龙”的数据来自阿尔文·杨。

岩太（Iwata）、莫辛汗和武罗夫（Murao）认为阿尔文·杨的经济增长核算是存在问题的。前面我们提到过，增长核算公式中的两个弹性系数的估计非常重要，其中资本弹性系数最为关键，这是因为资本存量的增长率一般远大于劳动的增长率。如果资本弹性系数被高估，那么作为剩余的 TFP 增长率一般会比较小，甚至为负。当经济体接近完全竞争，用资本收益占 GDP 的比值和劳动收入占 GDP 的比值来估计这两个弹性系数是可取的。但在新加坡这样的国家，政府对市场的运作具有重要的指导作用，收入占比和弹性系数可能相差甚远。岩太、莫辛汗和武罗夫建议采用非参数求导来直接估算这两个弹性系数，他们发现新加坡的资本弹性系数为 0.17，而资本收益占 GDP 的比值为 0.49，这意味着阿尔文·杨使用资本收益占 GDP 的比值来估算资本弹性系数的这一做法严重高估了资本积累对经济增长的贡献，并直接导致了 TFP 贡献为 –8% 这一令人难以置信的结论。莫辛汗和武罗夫等人依据非参数求导得出的 TFP 增长率在韩国、新加坡和中国香港及台湾地区中相差无几，均在 3.4% 至 3.8% 之间，TFP 对经济增长的贡献在韩国、新加坡以及中国香港和台湾地区中也很接近，处于 39% 至 42% 之间。

岩太、莫辛汗和武罗夫的结论发表后，新加坡政府曾想邀请莫辛汗做一次采访，但是被莫辛汗拒绝了。莫辛汗当时是我在国际货币基金组织供职部门的主管，他解释说，作为国际货币基金组织的官员，他不方便接受采访，新加坡政府可以采访他的合作者。他的这两位合作者都是学者，有更多的言论自由。

如果要对岩太、莫辛汗和武罗夫等人的工作提点意见的话，那就是他们的数据时间跨度太短。一般而言，非参数求导对数据的长度要求较高，否则的话难以保证估计值的准确度。他们的数据涵盖了 1960 年至 1995 年的，一共只有 35 年。现在一晃又过了 20 多年，如果大家有兴趣，可以用拓展的数据再重新估算一遍，看看他们的结论是否仍然成立。

思考题

请问，胡祖六和莫辛汗认为的中国在改革开放后 TFP 年均增长率的提高主要来自哪些因素?

本章要点总结

1 宏观经济学分为两块，一块研究经济的长远增长，一块研究经济周期。长远经济增长实际上比经济周期更值得研究，更值得关注。

2 中国今日的国际地位正是来自自改革开放以来中国经济 40 多年的高速增长。复合增长的长期影响是巨大的，但维持长远增长是相当困难的。

3 对于一个国家怎样实现快速增长，经济学家们提出过的建议包括加大投资、普及教育、控制人口、减免债务以及将国际援助与改革挂钩等。虽然这些建议从理论上容易理解，但一旦实施则容易产生偏差。

4 20 世纪 40 年代，哈罗德 – 多马模型和“大推进”理论指出加大投资将促进经济增长；20 世纪 50 年代，罗伯特·索洛证明经济增长只有依靠技术进步才能长期持续；20 世纪 80 年代和 90 年代，保罗·罗默开创了“内生经济增长理论”，探讨技术进步这一决定性因素。

5 从实证的结果上看，无论是加大投资，还是加强教育，它们对经济增长的作用都存在争议。伊斯特利认为这些政策之所以不尽如人意的关键原因在于国际机构和各国政府在推行这些政策的过程中忽视了“激励”这一关键词。

6 回归分析指的是一种找出因变量与一个或多个自变量之间关系的统计方法。在绝大多数情况下，我们假设这一关系是线性的，即需要用到线性回归分析。

7 哥伦比亚大学的萨拉伊马丁教授利用 134 个国家和地区 1960 年至 1992 年间的数据，通过线性回归分析考察了 63 个不同的自变量对人均 GDP 平均年增长率的影响，为我们探讨经济增长的决定性因素提供了参考。

8 为了提高线性回归分析估计的可靠性，萨拉伊马丁教授依靠经济理论和经济直觉挑选了 3 个争议较少的指标作为固定的控制变量加入方程右边，并在剩下的 59 个变量中轮流抽取 3 个作为控制变量依次做回归分析，然后取加权平均得出指定系数的综合估计值并形成统计推断。

9 萨拉伊马丁教授通过研究发现有 21 个变量对经济增长有决定性影响。这些变量包括体现地区共性的宗教或文化类变量、真正的地区变量、政治变量、市场扭曲和市场表现类变量等。

10 经济增长核算就是弄清经济增长有多少来自资本积累，多少来自劳动增加，剩下的经济增长来源则统称为来自技术进步。我们一般认为可持续增长最终来自技术进步。

11 在剔除了资本和劳动对经济增长的贡献后所得的剩余，被称为索洛剩余，即 TFP 剩余，它包含了技术进步及其他因素的贡献。TFP 就是全要素生产率，即每单位投入所得到的产出。

12 利用著名的增长率核算公式，一旦估计出资本弹性系数和劳动弹性系数即可求出索洛剩余。美国在两次石油危机期间经历了 TFP 年均增长率的下降。对于中国的经济增长核算，国际货币基金组织的专家指出自改革开放后中国的 TFP 年均增长率有所提高，且对经济增长的贡献也大幅提升。

13 阿尔文 · 杨（1992）通过比较新加坡和中国香港的 TFP 年均增长率发现新加坡的经济增长主要来自资本积累，是不可持续的。而持怀疑态度的学者认为阿尔文 · 杨的增长核算存在问题，其在利用非参数求导直接估算弹性系数后发现，韩国、新加坡以及中国香港和台湾地区的 TFP 增长率及 TFP 对经济增长的贡献都很接近。

第十五章　开放与经济增长

追赶与趋同

首先，从现象上来讲，日本在二战之后的经济崛起是一大奇迹，尤其是其在 1969 年至 1989 年长达近 30 年的时间内的快速追赶，引起世人瞩目。早在 1979 年，哈佛大学傅高义教授出版了专著《日本第一：对美国的启示》。他在书中对日本的组织架构、政策方案以及有意识的规划大加赞赏。韩国、新加坡以及中国香港和台湾地区借鉴日本的出口导向模式也取得了巨大的成功。美国主流媒体于 20 世纪 80 年代后期开始对“亚洲四小龙”的经济腾飞进行报道。世界银行也于 1993 年以“东亚奇迹”为题发布了报告。总之，追赶这一现象已相当普遍，值得研究。

其次，从理论上来讲，追赶也一度被认为是鉴别经济增长模型的一块试金石。从著名的新古典索洛增长模型中我们可以推出落后的经济体会比先进的经济体资本积累更快，其经济增长也就更快，从而经济体之间会形成追赶。究其原因，是在索洛模型中，不论一个经济体的现有资本存量的多寡，资本存量都将趋于同样水平的一个稳定点。

因此，如果经济体 A 已经达到了稳定点，其增长率势必为零；而经济体 B 如果处于落后的位置，其增长率势必为正。换句话说，B 在追赶 A。而且，所有落后于 A 的经济体都会不断地追赶 A，最终这些经济体间会出现趋同现象。索洛模型的数学形式如下：

假设人均生产函数为 $y=A\cdot f(k)$，其中 y 为人均产出，k 为人均资本存量，A 是全要素生产率，$f(k)$ 代表收益递减。如果 A 为常数，资本折旧率为常数 δ，人口增长率为常数 n，储蓄率为常数 s，那么资本积累方程可以写成差分方程：

$$\Delta k=s\cdot A\cdot f(k)-(n+\delta)k$$

其中 Δk 为资本增量，在时刻 t 下 $\Delta k=k(t+1)-k(t)$。给定参数 s，A，n，δ，令 $s\cdot A\cdot f(k)-(n+\delta)k=0$，即可求得其解 k^*。在资本收益递减这一假设下，可以看出 k^* 是上述差分方程的稳定点，即不论起始点的资本存量 $k(0)$ 为何值，资本存量最终会逼近 k^*。经济体间趋同这一结论主要来自生产函数中资本收益递减的这一假设。

前面我们提到的亚洲国家及地区集体追赶发达经济体的现象只能说是与新古典索洛增长模型的结论相符，还不能说新古典索洛增长模型的正确性已被证明。趋同是否真的成立有待更为精细地实证分析。下面我们借鉴纳兹鲁·伊斯拉姆（Nazrul Islam）教授于 2003 年发表的一篇综述性文章[①]来介绍经济学界在趋同这一课题上采取了哪些分析方法，得到了哪些结论。

经济学界针对趋同这一课题所采取的分析方法可以分为 4 类：截面数据分析（跨国比较）、时间序列分析（单个经济体跨时间比较，看这个经济体是否在逼近自己的稳定点）、面板数据分析（前两者的结合）

① 伊斯拉姆教授的文章谈了很多的细节，比如“Convergence Within”和“Convergence Across”的区别、“Convergence in terms of growth rate”与“Convergence in terms of income level”之间的争论等。

以及经济体收入水平的分布状况随时间的变化。

截面数据分析本身可以通过两种形式来实现。我们先介绍直观上很容易理解的粗浅形式，然后再讲解更为正规的严格形式。

粗浅的、比较直观的形式可以这么去思考：如果我们用横轴表示初始年份的经济情况，比如 1960 年的实际人均 GDP，用纵轴表示 1960 年之后的年均人均 GDP 增长率，那么在将所有国家的数据都在坐标轴上标示出来后，我们就应该能判断经济体间是否存在追赶和趋同。追赶和趋同如果存在，那就说明在初始年份较穷的国家其随后的增长率相对较高。换句话说，追赶和趋同如果存在，就代表所有国家的这些点聚在一起应该呈现出向下倾斜的趋势。这一情形被我们称为无条件趋同或绝对趋同。“绝对”这个词表明我们考察的样本包括了所有数据齐全的国家。此外，用截面数据得到的“趋同”有时也被称作“β 趋同”，这是因为在回归方程右边的初始实际人均 GDP 前的系数大家习惯以“β”来表示。β 显著为负说明存在“趋同”。用经济体收入分布随时间的变化而得到的“趋同”有时被称作“σ 趋同”，这是因为我们习惯用“σ”来描述分布的标准差。经济体收入分布的“σ”随时间变长而缩小，则意味着存在“趋同”。

这方面的研究相当多，且研究结论否定了绝对趋同的存在，我们在此引用罗伯特·巴罗（Robert Barro）和萨拉伊马丁教授的总结性专著《经济增长》（*Economic Growth*）中的一个插图（图 15-1）来说明其中缘由。图 15-1 中包含了 114 个国家齐全的数据，数据起始年度为 1960 年。横轴为取对数的 1960 年人均 GDP，纵轴为 1960 年至 2000 年的年均人均 GDP 增长率。显然，我们看不到向下倾斜的趋势，也就是说绝对趋同并不存在。

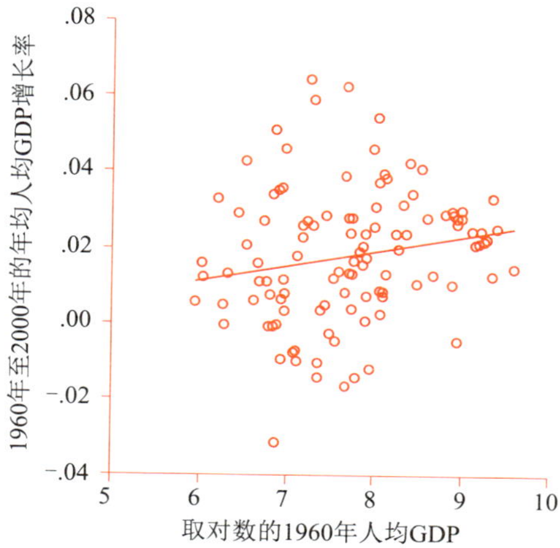

图 15-1 绝对趋同并不存在的情形

更为正规和严格的分析也有不少，其中影响最大的是曼昆与戴维·罗默和戴维·韦尔（David Weil）合作发表的一篇文章①。他们通过回归分析发现绝对趋同确实不存在，但更重要的是他们发现有条件趋同是存在的。他们先在标准的索洛增长模型中推导出一条可以判定有条件趋同的回归方程式。这一方程式的左边为各国人均 GDP 增长率，即被解释变量，右边为常数项、取对数的 1960 年人均 GDP、储蓄率的对数值以及“人口增长率 + TFP 增长率 + 资本折旧率”的对数值。这时他们发现 1960 年人均 GDP 这一变量前的系数显著为负。这就说明在加入了储蓄率、人口增长率、TFP 增长率、资本折旧率等控制变量的条件后，各国经济确实存在趋同。美中不足的是，他们的截面数据所估计出的标准索洛模型导出了一个与事实出入较大的结果，即资本收益占 GDP 的比值高达 0.59，显著高于 0.36（在“全要素生产率”

① 曼昆、戴维·罗默和戴维·韦尔于 1992 年发表文章《经济增长的经验》（A Contribution to the Empirics of Economic Growth），谷歌学术网上显示被引用 18104 次（2019 年 7 月 11 日）。该文开篇第一句就是“This paper takes Robert Solow seriously”，这句话已成为经典，其后不乏效仿者。

这一节中我们曾提到的美国资本收益占 GDP 的比的实际值）。为了弥补这一缺憾，他们将人力资本引入索洛模型，从而得到扩展版索洛模型。扩展版索洛模型不仅弥补了前面提到的缺憾，也进一步确认了有条件趋同的结论。并且，他们得出趋同的速度在包含 75 个中等收入国家的样本中为 1.82%，运用“70 法则”，这意味着一个国家人均收入的对数值与其稳定点人均收入的对数值之间的距离需要 38.5 年方可缩减一半（70 ÷ 1.82 = 38.5）。

有条件趋同还在下面的一系列研究中得到印证。鲍莫尔（Baumol）教授于 1986 年揭示了 16 个经济合作与发展组织国家之间的趋同如图 15-2 所示。虽然他将这一趋同称为无条件趋同，但其后的学者认为这其实属于有条件趋同的范畴，毕竟这些国家的体制机制都有很多共性，且互相之间的国际贸易和文化交流都比较充分。甚至有学者认为使用经济合作与发展组织国家作为样本这一做法本身就涉嫌选择性偏差。

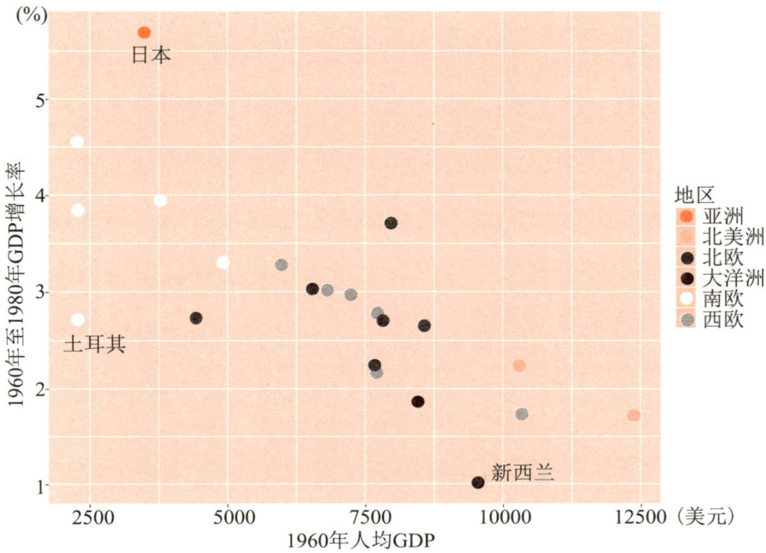

图 15-2　16 个经济合作与发展组织国家之间的趋同现象

巴罗和萨拉伊马丁发现美国各州之间存在趋同现象（图 15–3），日本各县之间也存在。

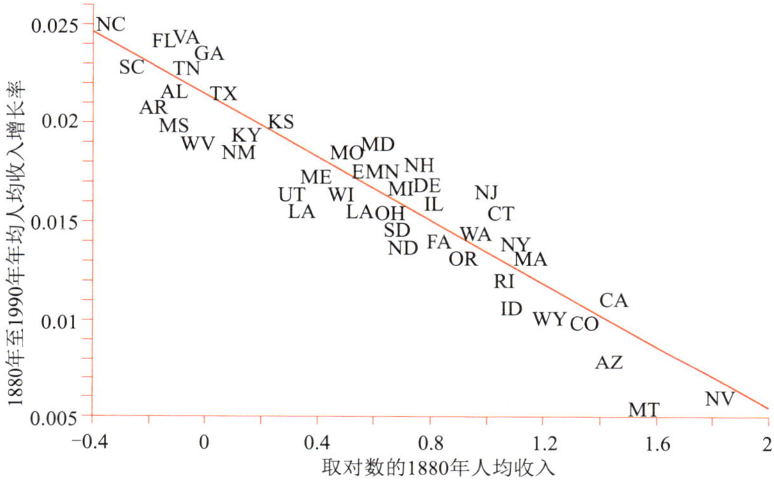

图 15–3　美国各州之间存在趋同现象

国际货币基金组织的人曾做过一个关于中国的研究，分析中国各省之间是否存在趋同。他们发现，1978 年至 1989 年间，中国各省之间的趋同比较明显，而在 1989 年至 1997 年间，趋同现象消失了。究其原因，我个人认为是经济特区的设立。经济特区的设立使沿海城市获得众多政策优势，沿海地区经济迅速发展，且发展得越来越快，内陆地区的经济相对而言则增长较慢。徐现祥和李郇以中国地级以上城市为单位对趋同问题展开研究，并得到了不同的结论。通过对 216 个地级以上城市在 1989 年至 2000 年间的数据的分析，他们发现中国城市经济增长存在“σ 趋同”和“绝对 β 趋同”，这与上面提到的中国省际收入趋同于 20 世纪 90 年代出现停滞形成对比。他们认为，“沿海、内地城市间的差距不大，也没有呈现出不断拉大的态势。这意味着把我国省区差距的重新扩大归因于沿海与内地省区间差距的不断拉大，可能有失偏颇”。这一结论非常值得关注。

时间序列的分析方法涉及比较复杂的单位根检验和协整检验，这一方法的结论基本上是支持有条件趋同的。

面板数据分析方法更为复杂，涉及的潜在问题也更多。伊斯拉姆教授列出了诸如内生性偏差、小样本偏差等问题。面板数据分析的一大优点就是它能通过引入个体固定效应来补救变量遗漏偏差（Omitted Variable Bias）。通过这类方法得到的结论相当繁杂，伊斯拉姆教授认为面板数据分析比较突出的成果是揭示了这样一个事实：各国间收入差别的主要原因来自技术水平的持久差别。

第四类分析方法是考察经济体收入水平的分布状况随时间的变化。就这一领域，我想主要介绍一下柯成兴（Danny Quah）教授的工作。柯成兴于 20 世纪 90 年代发表了一系列文章，给出了几个重要的结论：首先，经济体收入水平的差异具有一定的持续性，也就是说追赶并非理所当然，差异不会自然消失；其次，经济体收入水平的分布越来越凸显“双峰”[①] 的特性（图 15–4），形成落后国家俱乐部和发达国家俱乐部。经济合作与发展组织国家就是典型的发达国家俱乐部。他发现，一个经济体要想加入发达国家俱乐部就必须同这个俱乐部的成员国开展国际贸易。

前面我们提到过，研究趋同现象的初衷之一是为了判定哪一类增长模型有更多的实证支持。新古典索洛增长模型认为经济体的收入会出现趋同，而内生经济增长模型，尤其是那些基于收益递增的模型则认为趋同并非必然，一个经济体的增长率取决于其人力资本、教育体制、法制法规以及效率，不见得经济落后的国家一定就能进行追赶。

① 柯成兴教授于 20 世纪 90 年代写了一系列与趋同现象相关的论文，其中讨论“双峰”的文章是《双峰：分布动力学模型的增长和趋同》（Twin peaks: Growth and Convergence in Models of Distribution Dynamics）。

在一系列有关趋同课题的实证研究涌现之后，新古典索洛增长模型和内生经济增长模型各自出现变化，都变得既可解释趋同又可解释差异。

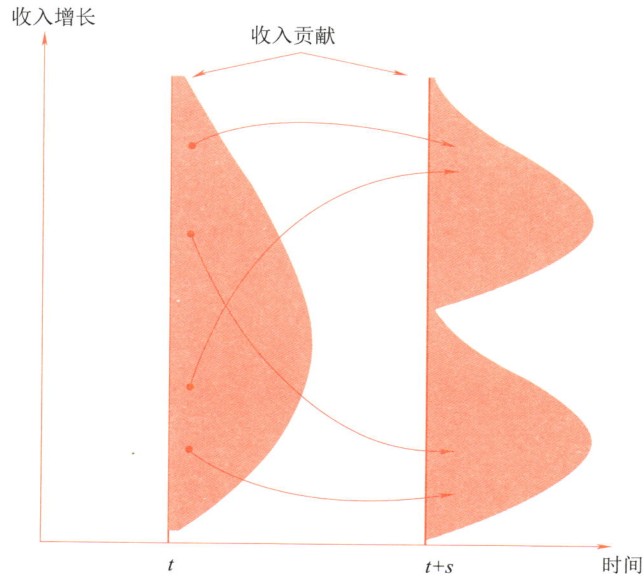

图 15–4　经济体收入水平的分布凸显“双峰”特点

如果要总结一下，那么我们可以说实证研究对有条件趋同这一结论的支持比较充分。新古典索洛增长模型将趋同归因于落后国家相对较快的资本积累，而内生经济增长理论则认为趋同是落后国家从发达国家引进技术和复制发达国家体制机制的结果。

思考题

日本在二战之后经济的快速崛起引世人瞩目，亚洲其他国家和地区借鉴日本的出口导向模式也取得了巨大的成功，这被称为“东亚奇迹”。请问，这些国家或地区包括哪些？

开放是追赶的前提

从理论上来讲，开放可以带来哪些好处，又存在哪些弊端呢？

开放可以带来的好处有如下几点：第一，国外先进技术得以引进；第二，本国可以利用外资；第三，国外巨大的市场促使国内产业进一步专业化；第四，国际市场的竞争迫使本国企业提升效率；第五，先进观念和思想得以引进。第五点是保罗·罗默教授极其强调的，他写过多篇文章阐述 Economics of Ideas（经济观念）。他认为，一种观念、思想或想法具有某种特殊属性，即它可供不同的人在不同的地点同时使用。这一特殊属性使得观念、思想或想法的引进可以产生极为广泛的影响。我们这里所谈的想法不仅仅局限于硬件技术上，也可以涉及管理方面甚至国家政策的制定层面。

开放存在的弊端包括：首先，在开放的环境下，本土企业有可能无法面对进口品的竞争而导致自身破产，进而对本国就业造成压力；其次，在海外资本和热钱的左右下，本土金融风险可能会显著上升，国际金融危机更容易传播到本国。最后，开放还有可能使国内资源过度开发，环境污染进一步恶化。

开放的利弊在两相权衡后最终对经济增长产生什么样的影响呢？这个问题需要实证研究来予以回答。总体上，认为开放对经济增长有正面作用的文章占主导地位，我在下面将介绍几个比较典型的研究，同时也着重介绍一篇批评性文章——《贸易政策和经济增长：跨国证据的怀疑指南》（Trade Policy and Economic Growth: A Skeptic's Guide to the Cross-National Evidence），该文对我下面介绍的结论逐个提出质疑，非常值得一读。我之所以将正反两方面的证据都摆出来就是想告诉大家实证分析之不易，它需要对细节有切实的把握。

要对开放做实证分析，首先就要明确怎样度量开放。就度量问题，学者们各自提出了好几种见解。世界银行的杜大伟（David Dollar）在他于 1992 年发表的文章中提出了两种度量指标，两种都与实际汇率有关。第一种是实际汇率扭曲度，简称扭曲度。第二种是实际汇率波幅，简称波幅。杜大伟认为，扭曲度或波幅越大，说明贸易政策上的限制越大，也就是开放度越小。他对 95 个发展中国家 1976 年至 1985 年间的数据进行分析后得出结论，越开放的国家经济增长率越高。罗德里格斯（Rodriguez）和罗德里克（2000）批评杜大伟对开放的度量。他们认为以实际汇率扭曲度作为开放的度量是有问题的，比如，在这一度量下，那些在限制进口同时对出口征税的撒哈拉以南的非洲国家的开放程度要比那些只限制进口的国家的更高。此外，依据这一度量，亚洲发展中经济体内最不开放的居然是韩国和中国台湾地区，这一结论显然与我们的认知不符。以实际汇率波幅来度量开放度也是存在问题的。他们认为实际汇率波幅更多的是度量了经济的不稳定性，而与贸易开放度并没有什么特别的联系。

第二篇影响较大的相关文章为杰弗里·萨克斯和安德鲁·瓦尔纳（Andrew Warner）于 1995 年发表的《经济改革与全球一体化进程》（Economic Reform and the Process of Global Integration）。他们将一个经济体的开放程度定义为取值 0 或 1。如果一个经济体出现下面 5 种情况中的任何一种，那么它的开放程度取值便为 0，也就是不开放。这 5 种情况分别是：平均关税高于 40%；非关税壁垒覆盖 40% 的进口品；社会主义经济体制；主要出口部门的国家垄断；黑市汇率溢价超过 20%。他们发现，那些取值为 1 的开放型经济体的经济增长率比那些不开放的经济体的经济增长率平均高出 2.44%。罗德里格斯和罗德里克（2000）在对杰弗里·萨克斯和瓦尔纳（1995）的文章进行仔细分析后发现，这 5 种情况中最关键的是主要出口部门的国家垄断和黑市汇率溢价超过 20% 这两种。国家垄断从世界银行的数据库来看几乎与撒哈拉以南非洲哑变量等同，使用国家垄断来判定开放与否会造成选择性偏差，高估开放对经济增长的影响。另外，他们还发现，黑市汇率溢价如果不是以 20% 来切分而是以连续变量形式纳入回归方程的话，则会失去其统计显著性。

第三篇文章是塞巴斯蒂安·爱德华兹（Sebastian Edwards）于 1998 年发表的《开放、生产率与增长：我们到底弄懂了什么？》（Openness, Productivity and Growth: What do We Really Know ?）。爱德华兹搜罗了相关文献中使用的 9 种度量开放的指标，包括上面介绍的两篇文章中的指标以及其他一些学者提出的指标，再加上诸如世界银行或联合国等机构开发的指标。然后他分别利用这些指标去做了加权最小二乘法以及工具变量加权最小二乘法回归分析，另加上主元素法的回归分析，共计 19 次。19 个估计中系数符号与设想相违背的情况只出现了一次，也就是说结论几乎全部都是"开放促进经济增长"，而且绝大多数情况下这些系数都具有统计显著性。罗德里格斯和罗德里克（2000）对爱德华兹的批评是他使用了加权最小二乘法。加权虽然有一定的理由，比如发达国家与发展中国家的数据质量不一致，因此误差项存在异方差现象，但爱德华兹用的权重是人均 GDP。由于发达国家与发展中国家人均 GDP 差距巨大，这一权重安排容易导出很夸张的结论。如果用更为合理的取对数的人均 GDP 来做权重，那么爱德华兹的结论摆出来就不是那么理直气壮的了。他们发现 18 个方程的系数中有 6 个符号与设想相违背。统计显著性也大为降低。18 个系数中有 7 个不显著。第 19 个方程，也就是用主元素法的方程，系数也不显著。

我们在介绍萨拉伊马丁教授的《我刚做了四百万个回归分析》这篇文章时也提到了他的一个结论：如果以经济开放的年数作为对开放的度量的话，那么开放对经济增长起正面作用。

另外一个比较直观的佐证来自卢卡斯于 2009 年发表的一篇文章。这篇文章研究了趋同的问题，我们先看源自该文的图 15-5。

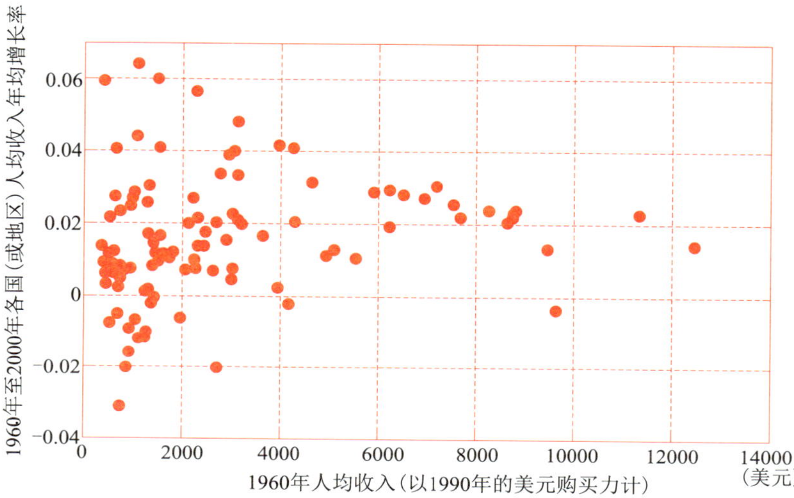

图 15-5　1960 年至 2000 年 112 个国家（或地区）的趋同现象

图 15-5 涉及 112 个国家（或地区），横轴是各国（或地区）1960 年的初始人均收入，纵轴是各国（或地区）1960 年至 2000 年间的人均收入的年均增长率。那么，在随后的 40 年内，1960 年相对贫穷的国家（或地区）的经济增速是否快过富有国家（或地区）的，以形成追赶的局面呢？也就是说，“趋同假说”是否成立呢？由于图中的点看上去是杂乱无章的而不是呈现出向下倾斜的规律的，因此将这 112 个国家（或地区）当作一个群体时“趋同假说”是不成立的。

可是，当卢卡斯将这 112 个国家（或地区）中那些被认为是开放的经济体（实心点）与非开放的经济体（空心点）分开时，则得到了图 15-6。

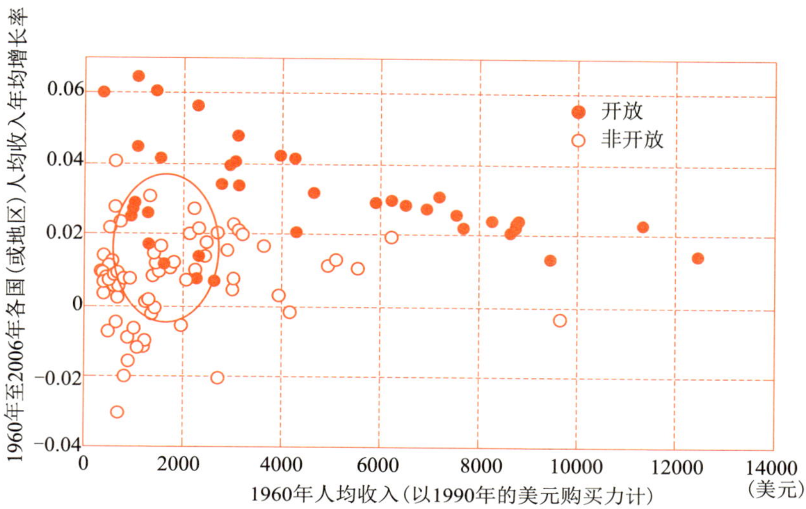

图 15-6　开放型经济体与非开放型经济体的不同趋同现象

在图 15-6 中，在开放型经济体之间的穷国追赶现象就比较清晰了，如果将圆圈中的那些受亚洲金融危机影响的国家当作特例排除掉的话，那趋同就会更明显。这两张图的对比简单地说明了坚持开放有助于落后国家的追赶和发展。

2012 年 4 月，中国第一次发布了各省市的开放指数，因此我们可以沿着卢卡斯的思路，也来看一下中国各省市之间的趋同与开放的关系。

在图 15-7 中，横轴为 1978 年各省市实际人均 GDP（以 1990 年人民币购买力计），纵轴为 1978 年至 2010 年各省市实际人均 GDP 年均增长率。

图 15-7 与图 15-5 有惊人的相似之处，即这些点是杂乱无章的，我们从图中看不出任何趋同。

在图 15-8 中，我们将开放指数较高（得分大于 20）的那些省市以实心点标出，以区分那些得分小于 20 的省市（空心点）。可以看到，这幅图和图 15-6 也惊人地吻合。

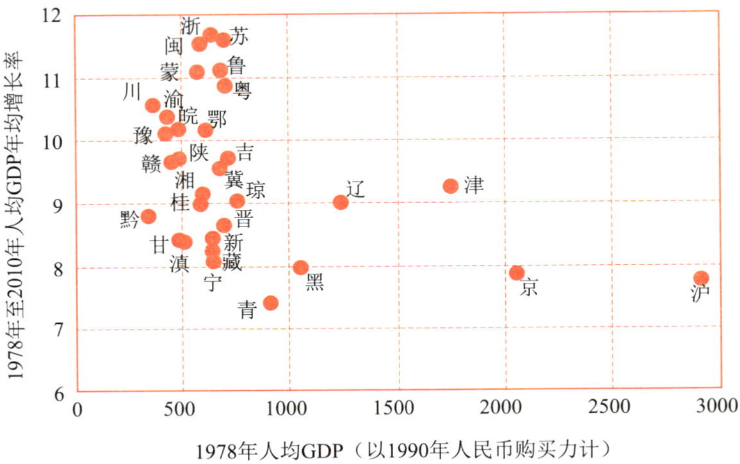

图 15-7 1978 年至 2010 年中国各省市的趋同现象

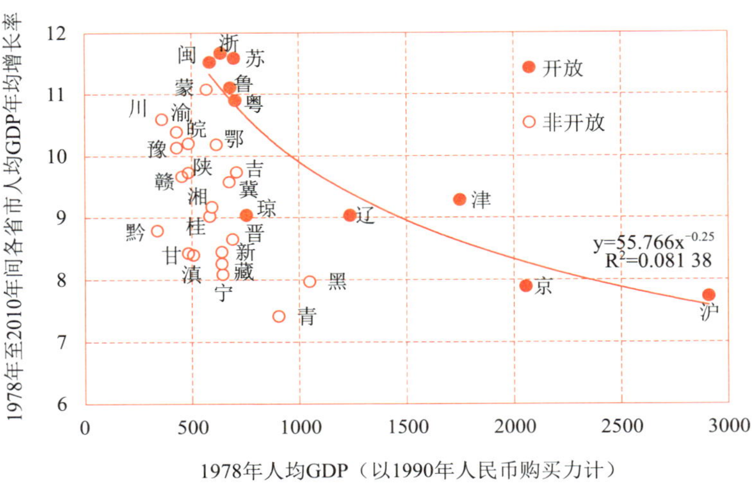

数据来源：CEIC、国家发改委国际合作中心以及瑞安经管中心。

注：海南（琼）因为1978年尚未建省，其当时人口数据为估算。

图 15-8 中国开放度较高的省市与开放度较低的省市的不同趋同情况

图 15-7 和图 15-8 说明，以中国各省市为研究单位，开放度高的省市之间存在追赶现象，即开放是追赶的前提。

但上面两幅图存在两个问题。第一，中国发布的开放指标似乎主要衡量的是对国外的开放，而如果我们在这两幅图里讨论的是中国地区间的趋同，那么开放指标还应当包括本省市对其他省市的开放程度的度量；第二，为了各省市间的可比性，应当使用购买力平价下的人均 GDP 概念。

上节在介绍柯成兴的文章时我们提到他关于开放的一个结论，即一个经济体要想加入发达国家俱乐部则必须同这个俱乐部的成员国开展国际贸易。如果你思考一下中国过去 40 多年的飞速发展，也许你会同意，中国逐渐向发达国家收入水平靠近的过程也是一个不断同发达国家开展贸易的过程。落后经济体需要的不仅是开放，还要看向哪些经济体开放。

开放是否是经济发展的万灵药呢？也不尽然。明尼苏达大学蒂莫西·基欧（Timothy Kehoe）教授和纽约大学金·鲁尔（Kim Ruhl）教授于 2011 年 11 月撰文指出中国应当深化金融体制改革、改善合约执行（contract enforcement）。他们认为，当一个经济体的科技水平远远落后的时候，即使它的金融体制比较僵化，也不会对它引进国外技术的决策造成太大偏差。这就解释了为什么中国自改革开放以来能维持很高的经济增长率。但他们提醒说，墨西哥也曾在金融体制落后的情况下维持了将近 30 年的高增长（1953 年至 1981 年），随后则遭遇到经济停滞——“失去的 20 年”。这类由于体制上的僵化而造成经济停滞的现象不仅可见于墨西哥，也可见于 20 世纪 70 年代的欧洲、20 世纪 90 年代早期的日本和 20 世纪 90 年代后期的智利。中国应当吸取这些国家的教训。我认为中国在开拓债券市场、改革新股发行机制、打破银行垄断、建立存款保险制度、推行人民币国际化等方面的努力都将有利于中国进一步发展。但需要注意的是配套的法制法规方面的建设，比如在建立存款保险制度的同时必须加强银行监管，否则难以控制银行道德风险。

其实我觉得开放带来的最大好处是解放思想，但要想通过实证分析来证明这一观点却很不容易。如何度量解放思想本身就是一大难题，这值得我们进一步思考。

思考题

要对开放做实证分析，首先就要明确怎样度量开放。请问，本节提到的度量开放的指标包括哪些？

中国开放的下一步

中国在过去40多年里飞速发展的过程是一个不断开放和学习的过程。上节谈到的开放的好处和弊端在中国都相继出现，但总体而言显然是利大于弊。中国经济通过出口导向型政策得以发展壮大，中国的宏观政策和法律法规也逐渐与世界接轨。

中国的经济腾飞起家于制造品加工贸易，这一点是毋庸置疑的。在全球价值链分工体系中，中国最初能够参与的仅仅是低技术、劳动密集型的低端制造与组装环节。随着时间的推移，中国出口品的技术含量通过转型升级有所提高。罗德里克曾于2006年撰文指出中国的出口产品相对于其他处于类似发展阶段的国家的出口产品而言更为精致、精密和复杂（sophisticated）。杨汝岱、姚洋于2008年发表在《经济研究》上的文章也认为中国的出口品技术含量高于以比较优势为基础的国际劳动分工所决定的水平，他们将这一现象称为有限赶超并为112个国家编列了有限赶超指数。他们实证分析的结论是：实行有限赶超有利于一国的经济增长。这篇文章的结论与林毅夫的有所不同。林毅夫等人（1994）认为，中国在过去20多年之所以取得高速经济增长，是因为采取了比较优势发展战略，即我们的产品技术含量符合国际劳动分工所确定的水平，也就是劳动密集技术水平。而杨汝岱与姚洋认为，参照最近的研究成果，林毅夫的这一判断需要进行修正。他们在这篇文章的结尾处试图淡化两者之间的差异而将之表述为短期与长期的差异，“赶超和比较优势并不矛盾：在短期，一个国家有必要实行一定程度的赶超，以缩小与世界技术前沿的差距；而在长期，每个国家都将收敛于比较优势”。

另一些文章，比如玛丽·阿米蒂（Mary Amiti）和卡罗琳·弗罗因德（Caroline Freund）于2008年发表的《对中国出口增长的剖析》（The Anatomy of China's Export Growth）以及陈晓华、黄先海和刘慧于2011年发表的《中国出口技术结构演进的机理与实证研究》，[①] 陈晓华等人认为罗德里克用出口流量来衡量出口技术结构的做法是有失偏颇的，他高估了中国出口产品的技术含量。他们建议要么在考虑中国出口技术含量时剔除加工贸易，要么将加工贸易中的“国外成分”从传统的出口技术结构测度方法中剔除。如此处理后，中国出口产品的技术含量仍属正常范围，但并非那么突出。我个人对这些文献的解读是，现有的出口技术含量指标或复杂度指数（Sophistication Index）仍存在各种问题，中国的实际情况可能介于罗德里克的结论和他的批评者的结论之间。有一点我认为是明确的，那就是中国制造的技术水平毫无疑问是在不断提高的，但能堪称独霸一方的中国技术恐怕是屈指可数的。中国仍需借鉴和学习，并加强自主创新。自主创新在中美贸易摩擦和科技摩擦的大背景下显得日益重要。

除了进一步提高技术水平之外，我认为中国开放的下一步在于服务业出口贸易。为了促进服务业出口，中国需进一步放开服务业进口。这与我们发展制造业出口的思路是一样的。只有让国外的先进产品或服务

① 陈晓华、黄先海、刘慧的测度结果表明，在考虑了剔除加工贸易的区域发展的差异后，中国的出口技术含量并没有表现出异常的高，罗德里克（2006）的结论乃“统计假象”。

进来，我们才能更快、更系统地学习和掌握经验，以便将来在国际出口市场上占有一定的份额。虽然国外金融、会计、零售巨头的进入在短期内会对我国同业造成冲击，但从长远来讲这仍然是利大于弊的。

这里所讨论的服务业贸易不是传统的旅游、运输和建筑上的贸易，而是现代服务贸易，包括金融、会计、法律、广告、文化、后台服务、研发、医疗等。为什么说现代服务业是一个发展方向呢？我在2016年曾做过一个简单的跨国比较。就服务业出口占总出口的百分比而言，美国和印度在2015年超过30%，欧元区在25%左右，日本超过20%，而中国只有9.2%。中国这一占比到2018年进一步下降到8.8%。从服务业出口构成来看，中国现代服务业出口在服务业出口中的占比虽然由2015年的42%上升至2018年的48%，但仍然大幅低于印度——印度于2018年的相应占比为65%。从这些角度来看，中国现代服务业有很大的赶超空间。中国应当从基于廉价劳动力的贸易战略和世界制造中心逐步过渡到基于廉价人力资本的贸易战略和世界知识中心。过去我们在国际市场中争夺蓝领工作，将来我们还要进一步争夺白领工作。中国可以从承接西方发达国家服务外包开始，与西方发达国家开展此类业务的贸易有助于中国进一步靠近富国俱乐部。也许这意味着中国需要和印度在这一外包市场上展开竞争，但我并不觉得印度具有不可超越的优势。服务外包市场是相当庞大的，2018年这一市场规模为856亿美元，其中信息与科技服务外包市场所占份额最大，规模达620亿美元。另据Global Market Insights（全球市场洞察公司）的研究报告显示，法律服务外包市场规模在2016年达30亿美元，至2024年更将上升至330亿美元。服务外包市场前景广阔，现代服务业出口市场当然更为广阔。

中国应如何布局发展现代服务业出口？这里我提一个看法，供大家讨论。我觉得应该考虑“三城联动、辐射内陆”。三个城市指的是香港、深圳和武汉。我在很多场合包括国际研讨会上都在讲这个观点。为什么香港、深圳和武汉的联动可以带动内陆大力发展现代服务业出口呢？

香港服务业基础十分雄厚，服务业在其GDP中的占比高达92%，同时有充足的金融资本和人力资本，还有完善的法律法规与良好的国际化的环境。最近的一系列事件或多或少将影响香港的安全形象，但我认为这些问题都是暂时的。从法国的黄背心运动来看，当马克龙政府对民众诉求做出了适当回应后，参与游行的人数才逐渐下降。香港政府也应当切实回应市民的诉求，重新赢得民众的信任。香港在过去的几十年里对内地制造业出口的崛起做出了很大的贡献，在帮助内地发展现代服务业出口方面它也同样可以起到积极的作用，担当重要的角色，这也许是解决香港社会问题的新思路和促进香港繁荣发展的新机遇。

深圳是一座富有创新精神的城市，也是一座富有企业家精神的城市，同时还拥有开明和勇于试错的政府。武汉的实力体现在哪些方面呢？第一，武汉拥有众多知名学府和优秀学生。据福布斯人才排行榜显示，武汉的人才指数在全国居首；第二，高铁时代的到来彻底改变了武汉的地位。当国家的经济发展战略以制造品出口为导向时，沿海城市由于运输成本低廉而拥有独特的优势；但如果今后服务业出口一旦提升，物品运输成本的优势则并不重要，此时更突出的是内陆地区廉价的办公物业和廉价的人力资本的优势。而且，就服务业尤其是创新型服务而言，人与人面对面交流变得非常重要，武汉地处高铁枢纽给了它得天独厚的便利。我个人认为经过一代人的努力，到2040年武汉有能力成为国际大都市，有能力成为国际人才汇聚地，也有能力成为国际友人访华的第一站。武汉作为高铁枢纽和人力资本丰富的城市，可以适当地被打造为科技创新和现代服务业出口重镇，并带动中部地区在现代服务业的国际舞台上崭露头角。

开放发展的基础是什么？我认为首先是互利共赢。中国提出的"一带一路"倡议应充分强调互利共赢。"一带一路"既不是中国对贫穷国家的捐助，也不是为了输出中国的过剩产能，更不是为了攫取他国的资源。中国的工作重心不在短期利益的争夺上，而是在互利共赢的同时做强自己上，剩下的就是时间问题。其次，制度建设和文化交流对于开放发展也很重要，其中的关键是要增进理解、增强互信。如果说中国想成为世界知识中心的话，那么我们就需要完善知识产权保护制度。现代服务业出口要求企业、个人和政府在诚信方面有大幅度地提高。现代服务业出口对政府治理的效率也很敏感。西方发达国家崇尚保持“一臂之遥”的政商关系，政商界人士既不是互相不挨边，又不是特别亲热，维持“一臂之遥”的距离，避免出现利益输送。当然这并不是说西方发达国家就不存在利益输送，但在西方发达国家，利益输送一旦坐实，即使涉及的金额很低，惩罚也是非常严厉的。在过去 10 年内，美国州议员以上的官员出现经济问题的，包括收受贿赂、利益输送等也有百多人，其中有一些人因为涉案金额区区数千美元便丢了饭碗甚至蹲牢房。

最后，文化交流也非常有必要。“一带一路”倡议能否取得预期成果在相当大的程度上取决于各国能否做到相互尊敬和理解。坚持文化共存则大家共同繁荣，如果各国陷入塞缪尔·亨廷顿所宣扬的文明的冲突而相互猜忌，那么这势必影响合作进程。

开放发展的具体着力点之一是粤港澳大湾区的发展。个人认为这是接下来的大事件！中国正式将大湾区的发展提升到国家战略层面，令人振奋。但大湾区发展到底是一个什么概念？它该如何定位？我们在后面再进行讨论。

思考题

在发展现代服务业上，中国可以从承接西方发达国家服务外包开始，这有助于中国进一步靠近富国俱乐部。请问，你认为这些现代服务贸易涉及的业务包括哪些？

本章要点总结

1 利用新古典索洛增长模型我们可推出落后经济体会比先进经济体增长得更快，从而形成追赶，最终这些经济体间会出现趋同现象。针对趋同现象所采取的分析方法包括截面数据分析、时间序列分析、面板数据分析以及分析经济体收入水平的分布状况随时间的变化而变化。

2 对所有国家而言，若初始年份较穷的国家其随后的经济增长率相对较高，我们称这一情形为无条件趋同或绝对趋同。研究表明绝对趋同并不存在，但有条件趋同是存在的，即在加入了储蓄率等一系列控制变量后，各国经济确实存在趋同。

3 基于面板数据分析方法，伊斯拉姆教授认为各国间收入差别的主要原因来自技术水平的持久差别。基于第四类分析方法，柯成兴教授发现经济体收入水平的差异不会自然消失，且其分布趋于凸显“双峰”特征。

4 新古典索洛增长模型将趋同归因于落后国家相对较快的资本积累，而内生经济增长理论则认为趋同是落后国家从发达国家引进技术和复制体制机制的结果。

5 从理论上来看，开放可以使一国引进先进技术、利用外资，以及促进该国产业专业化、提升企业效率、引进先进观念和思想。同时，开放也会带来本国就业压力上升、金融风险加剧、环境污染恶化等弊端。

6 在有关开放对经济增长影响的研究中，认为开放对经济增长有正面作用的实证研究占主导地位，例如杜大伟（1992）、萨克斯和瓦尔纳（1995）以及塞巴斯蒂安·爱德华兹（1998），这些学者之间主要的研究差异在于对开放指标的不同度量。

7 卢卡斯（2009）研究发现，开放经济体之间的趋同现象更为明显，这说明坚持开放有助于落后国家的追赶和发展。以中国各省市为研究对象，进行类似地分析可得到相同的结论，即开放是追赶的前提。

8 落后国家需要的不仅是开放，还要看向哪些国家开放。开放不是经济发展的万灵药。中国应当深化金融体制改革、改善合约执行并吸取其他国家因体制僵化而造成经济停滞的教训，在开拓债券市场、推进人民币国际化的同时加强配套法律法规的建设。

9 在过去40多年中，中国经济通过出口导向型政策得以发展壮大。不同于最初的低技术制造品加工贸易，如今中国出口品的技术含量在不断提高，但我们仍需要进一步加强自主创新。

10 中国开放的下一步在于发展现代服务业出口贸易，包括金融、会计、法律等。中国应当从基于廉价劳动力的贸易战略和世界制造中心，逐步过渡到基于廉价人力资本的贸易战略和世界知识中心。

11 为发展中国的现代服务业出口，本章提出了“三城联动、辐射内陆”的布局方案。“三城”指的是香港、深圳、武汉。中国在发展现代服务业出口时可以一方面借助香港雄厚的服务业基础和充足的金融资本、人力资本，另一方面发挥深圳的创新精神以及武汉的人才优势、高铁枢纽优势。

12 开放发展的基础首先是互利共赢，其次是制度建设，包括完善知识产权保护制度、提升诚信建设、提高政府治理效率等，再者是文化交流。因此“一带一路”倡议应充分强调互利共赢，坚持文化共存，做到相互尊敬理解。

第十六章 经济增长理论与实践

内生经济增长理论要义

内生经济增长理论是自 20 世纪 80 年代以来宏观经济学的一大重要分支。这一分支的主要创始人保罗·罗默教授于 2018 年获得诺贝尔经济学奖。下面我们来谈谈什么是内生经济增长理论以及它有哪些政策含义。

在过去的几百年间，发达国家的人均收入水平急剧上升。安格斯·麦迪逊（Angus Maddison）在其 2006 年的一份报告中指出，美国和西欧国家的当时平均实际收入是它们一个世纪以前的 10 到 30 倍，是两个世纪以前的 50 到 300 倍。在这期间，虽然整个世界经历了很多次战争，且经济、金融危机也一再重现，但在战争和危机过后世界总是能回到增长的主旋律上。

在这样的事实背景下，我们很容易提出一个问题——既然物质资源是有限的，那么为什么经济还能长期保持持续地增长呢？这也就是内生经济增长理论过去半个世纪以来研究的核心问题。罗默承认物质资源的有限性、稀缺性，但是他认为诸如罗马俱乐部所提倡的“增长的极限”这类悲观的看法实际上是错误的。有限物质资源的创新组合方式会导致富有更高需求、更高价值的新产品的出现，而且这种创新可以是无穷尽的。

无论从国别经验来看，还是从全球发展来看，长久持续的经济增长都已是不争的事实。问题是，经济学家提出过哪些有说服力并能指导我们实践的增长理论呢？毕竟，各国的经济增长还是有快慢之分的。发展至今，各国的经济实力还是天差地别的。经济增长理论按大致发展顺序至少涵盖如下几个：亚当·斯密的劳动分工和专业化理论、李嘉图的比较优势理论和资本积累、保罗·罗森斯坦·罗丹的“大推进”理论、刘易斯的结构主义、熊彼得的创造性毁灭、阿罗的“干中学”（Learning by Doing）、索洛的外生技术进步、加里·贝克尔和舒尔茨的人力资本、保罗·罗默的外部性和收益递增以及内生技术进步、卢卡斯的人力资本积累（Learning by Schooling）、巴罗和萨拉伊马丁的追赶和趋同理论以及道格拉斯·诺斯（Douglas North）、保罗·罗默和达龙·阿西莫格鲁（Daron Acemoglu）等人所强调的“制度”（Institutions）。

在经济增长理论的上述重要思想中不乏脍炙人口的表述，诸如亚当·斯密的“大头针工厂”（Pin Factory）和李嘉图的比较优势理论。这些类似寓言形式的表述虽然使提出者的思想传播甚广并深入人心，但却不利于进行严格的数学表达，更不可能指导定量的分析。现代经济增长理论的一大贡献便是将上述思想用更加严格的数学语言来表达。

在 20 世纪 40 年代前后，以哈罗德－多玛模型为起点，经济学界开启了对长期经济增长问题的数理化讨论。该模型认为资本和劳动是不可互相替代的要素，因此假定经济的实际产出 Y 等于某个常数 a 乘以资本存量 k。这样一来，实际产出的增长率就由储蓄率 s 与技术参数 a 唯一决定。如果 a 这一参数是外生给定的话，那么影响经济增长的政策变量便是储蓄率 s。落后国家如想加快追赶步伐，则只有提高储蓄率。

以索洛模型为基础的新古典增长理论我们在前文做过介绍。索洛的核心思想是：资本与劳动是可以互相替代的要素，如果以 A 来代表技术水平，那么资本存量 K 与有效劳动（$A \times L$）的比值最终将趋向于一个稳定值。经济的产出 Y 和资本存量 K 的增长率就等于外生技术进步与人口增长率之和，因此与储蓄率无关。这一增长理论的优点是它可以被用来讨论以资本积累为主线的追赶和趋同，缺点是该理论假设技术进步是外生的，从而无法讨论决定技术进步的因素。

技术进步到底由什么决定？技术进步作为经济增长的一大引擎，最引人注目的内生性刻画来自罗默分别于 1986 年和 1990 年发表的两篇文章。第一篇强调的是知识的收益递增效应，第二篇强调的是经济个体为追逐利润而创新。

罗默（1986）首先阐述了单个厂商的产出不仅是厂商本身的资本品和雇佣的劳动的增函数，而且还应当是经济体中的平均资本存量的增函数。换句话说，一个经济体的平均资本存量越高，其平均知识存量相应也就越高，而我们知道知识是有溢出效应的，所以个体厂商也受惠于这一溢出效应从而有更高的产出。

罗默证明了如果这一溢出效应足够强，那么经济总体的生产函数将体现出资本和知识边际收益递增的特征，从而使得经济增长即使在劳动效率不变的情形下仍能得以持续。这一理论的一个重要的政策含义是：由于个体厂商在决策时不会考虑到对其他厂商的溢出效应，因此市场竞争机制将导致次优结果。政府应当通过征税和补贴等组合手段对市场进行干预，将这些溢出效应内生化，以利于达至社会最优。

从规模收益不变到规模收益递增虽是简单的一步，但要使整个模型做到逻辑自洽，并非易事，因为规模收益递增与完全竞争市场是矛盾的。罗默使用溢出效应这一概念解决了这一矛盾。需要指出的是，罗默在其后的一些文章中表达了对自己在 1986 年将实体资本与知识综合为一个变量的做法感到遗憾，认为这可能给部分读者带来了困惑。尽管罗默1986年的那篇文章不够完美，但它做的毕竟是开创性的工作，所以那篇文章还是吸引了大批学者们的追随，一时间各种类型的内生经济增长理论蜂拥而至。

紧随罗默（1986）的另一篇内生增长理论的代表作是卢卡斯于1988年发表的。1987年卢卡斯教授曾到罗彻斯特大学做Lionel McKenzie（莱昂内尔·麦肯齐）讲座，罗彻斯特大学的Lionel McKenzie讲座于1986年设立，以纪念麦肯齐教授对经济学领域的杰出贡献和他对罗彻斯特大学经济系博士项目的不断关怀。从1986年开始，每年罗彻斯特大学经济系博士生投票选出他们“最希望见到的学者”。我于1985年开始在罗彻斯特大学经济系攻读博士，1987年好像投票给了卢卡斯，结果卢卡斯真的现身了，他讲的正是这篇内生经济增长理论中的经典文章《论经济发展机制》（On the Mechanics of Economic Development）①。此文将内生增长理论研究推向了高潮。卢卡斯在该文中强调了人力资本积累对经济增长的影响。在人力资本这一研究领域，芝加哥大学的贝克尔和舒尔茨在20世纪60年代初都分别做出过杰出的贡献。而将人力资本纳入动态一般均衡模型则是卢卡斯首创的。卢卡斯（1988）强调了人力资本通过受教育而获得积累的过程对经济增长起关键作用。

罗默虽然同意人力资本积累促进经济增长这一观点，但他认为即使在总体人力资本不变的情况下经济仍然可以持续增长。他强调人力资本与知识有着本质的区别，二者以不同的方式对经济增长产生影响。罗默（1990）写出了刻画这一差异的经典之作。

① 这篇文章发表于《货币经济学杂志》（*Journal of Monetary Economics*，简写为JME），JME的两位主编罗伯特·金（Robert King）和查尔斯·普罗索（Charles Plosser）当时都在罗彻斯特大学，这两位成功地游说卢卡斯将该文在JME上发表。该文给JME带来6000多次引用，也是卢卡斯所有文章中引用率最高的一篇。卢卡斯于1995年获得诺贝尔经济学奖。

为了探讨人力资本与知识到底有什么差异，我们得先厘清公共财政理论中的两个概念：非竞争性和排他性。

非竞争性是指一个经济主体在使用某物的时候，并不妨碍他人对该物的使用。显然，人力资本是具有竞争性的，因为它是指劳动者所拥有的技能，无法脱离劳动者本身被他人同时使用。例如，一名航天员不能同时驾驶两艘飞船，一名外科医生无法同时为两个病人进行手术。相反，知识则是具有非竞争性的，因为知识可以被任意多的人同时使用，并且在所有使用者中没有人会因为知识被共享而受到损失。例如，当你使用数学归纳法去证明某个公式时，他人也可以运用该方法。一个创意一旦出现，就可以被无数人复制和使用。罗默甚至提出“创意经济学”（Economics of Ideas）的概念。他认为从经济增长这个角度来看，“创意经济学”比“物品经济学”（Economics of Goods）更为关键。

排他性是指某产品的所有者可以阻止其他人对该产品的使用。人力资本是具有排他性的，因为除非得到劳动者本人的同意，否则其他人不能无偿使用他的特殊能力。相比而言，知识即使在有知识产权保护的条件下，也仍然无法完全排他。比如，某些软件程序可以受到专利保护，即你如果不支付一定的费用去购买使用权限则无法使用它。即便如此，人们也可以通过学习该软件的代码来获取灵感和知识，这些代码中承载了他人在创造该软件时的想法和思路，可能会给其他研究开发人员以启迪。所以，以软件程序为例的知识只是部分排他的。

罗默认为，正是这些具有非竞争性和部分排他性的知识积累使经济增长得以持续。部分排他性当然也意味着部分非排他性。部分排他性，给予私有研究开发部门追逐利润从而创造新型产品的动力；部分非排他性和非竞争性，使我们能站在巨人的肩膀上从事进一步研究，通过将知识不断总结更新、融会贯通来实现创新的积累，为长期增长注入动力。

毫无疑问，人力资本的积累和知识的积累对经济增长都存在巨大的影响，但要想将人力资本和知识同时纳入一般均衡模型却是极其困难的。罗默（1990）通过一系列手段克服了这一困难。罗默认为经济增长体现在创新上，即新的产品设计的不断出现。这一行为可以放在研发部门中，为了简便，他假设研发只需要研发人员（人力资本）参与即可。其中更为重要的两个假设是：第一，新的产品设计个数与现有产品设计的总数成正比，因此研究开发是站在巨人肩膀上完成的；第二，最终制造业部门的产出取决于该部门人力资本（管理者）、从事生产的低技能劳动力以及专业化资本品。这里面的关键是不同的专业化资本品互相之间不能完全替代，因此新设计的资本品会面对一条向下倾斜的需求曲线，垄断利润从而产生。这种垄断竞争的机会使研发部门具有存在的意义。专业化资本品的创新由于企业逐利行为的存在而成为可能。

该模型的政策含义在于：一方面，由于研发部门中存在“巨人的肩膀”这一效应，政府应该向私营企业的研发活动提供补贴，同时对高校等公共研发部门的基础科研活动加大支持力度；另一方面，政府应当加强知识产权保护，以激发创新的内在动力，同时改进本国为获得世界其他地区的现有知识所做出的体制性安排。进而，利用该模型可以很方便地讨论经济一体化的益处以及哪些税收和补贴政策可以提高经济增长率、改善社会福利等问题。

与罗默（1990）同时期的研究包括吉恩·格罗斯曼（Gene Grossman）和埃尔赫南·赫尔普曼（Elhanan Helpman）的一系列文章、菲利普·阿格因（Philippe Aghion）和彼得·豪伊特（Peter Howitt）以及其他众多学者的工作，这些研究相互借鉴、相互补充、相互促进。

思考题

保罗·罗默认为知识积累使经济增长得以持续。请问，你认为经济增长得以持续的原因在于知识具有哪些性质呢？

中国经济特区实践的启示[①]

在改革开放初期，中国市场经济的力量还比较弱小，计划经济体制如何成功转型是一大难题。为此，中央政府拟定了渐进的改革措施，于1979年7月决定在广东和福建两省试行对外开放政策。1980年8月，深圳、珠海和汕头成为经济特区；同年10月，厦门也成为经济特区。设立第一批特区城市的目标是让它们大胆尝试合适的改革开放政策，从而积累经验和教训以便为其他城市和地区的发展提供借鉴。从中国随后40多年的发展来看，这一思路是非常成功的。1988年，海南成为第五个经济特区。上海浦东新区和天津滨海新区也分别于1989年和2006年开始建设。除此之外，中国还推出一系列国家经济技术开发区、国家高新技术产业开发区、自贸区、出口加工区等特色开发区。这些特色开发区的成立是分期分批的，一般遵循先沿海后内地的规律，符合我国渐进式改革的理念。即便如此，地方政府盲目扩张的情形也还是难以避免，比如在2004年，中国各地的工业园区有7000多个，两年后，资质较差和经营不善的被关闭，剩下1500多个。渐进式改革使成功的政策迅速得到普及，错误的举措不久便得以纠正。总之，经济特区和特色开发区的设立是中国摸索出一条切合自身条件的发展道路的关键。

经济特区和特色开发区到底为我们乃至发展中国家提供了哪些

① 本节关于经济特区的讨论参考了世界银行曾志华编辑的报告，名为“打造中国经济增长和竞争力的引擎：特区和产业集群的经验”（Building Engines for Growth and Competitiveness in China: Experience with Special Economic Zones and Industrial Clusters）以及王瑾的文章《经济特区的影响——来自中国城市的证据》（The Economic Impact of Special Economic Zones Evidence from Chinese Municipalities）。曾志华在其编辑的报告中还突出了中国在产业集群方面的成功，认为产业集群有效地提升了中国企业的国际竞争力。21世纪初，广东已有100多个产业集群，浙江更甚之，拥有300多个产业集群。报告中讨论了作为这方面成功案例的浙江温州鞋都和广东西樵纺织。

经验呢？

第一，“发展才是硬道理”，改革必须务实。改革当中的具体措施可以通过试错来加以修正，但开放发展的大方向是坚定不移的。

第二，要想吸引外资、吸收海外先进技术和先进管理经验，地方政府需提供各种优惠政策。部分人士认为中国的优惠政策显得过于慷慨，比如给予外资企业税收减免和提供廉价土地。是的，确实存在这些情况，而且在发展的后期可能并没有这个必要，但在改革开放的初期，这些优惠政策是必不可少的，否则很难打开改革开放的局面。

第三，经济特区重建劳工市场的经验。计划经济体制下的劳工分配体制非常僵化，劳动效率低下。经济特区允许企业对劳工实行奖惩制度，根据贡献大小调整收入分配。劳工市场的灵活度对一个经济体而言是至关重要的。劳工市场灵活度越高，失业率则越低。美国的劳工市场比欧洲国家的要灵活很多。美国的失业率一般要比欧洲国家的平均失业率低 3 到 4 个百分点。劳工市场的灵活度不仅体现在报酬的弹性上，也包括劳工在不同工作之间的流动性。纽约大学马伦（Marron）城市管理研究院的阿兰·伯图（Alain Bertaud）教授甚至认为“城市主要就是个劳工市场”，一座城市是否有活力在于它是否拥有各色各样的企业，是否提供充足的职场上升空间，是否能通过不断地自我更新来创造出更多更有价值的工作机遇。要想实现这些，这座城市在就业方面的法律法规必须要适应市场需求。

第四，政府需对经济特区提供支持。这些支持体现在道路、供水、电力、港口等基础设施建设上，体现在简化行政手续上，体现在政府补贴等激励措施上。深圳市政府在建设初期也曾发展过一些国企工业，但后来将精力集中在为民营企业提供良好的基础设施和打造高效的营商环境上。

第五，从第一批的四个经济特区的发展历史来看，深圳显然是最为成功的。除了上述原因之外，文化上的包容也许是深圳成为创新型城市的另一关键因素。深圳人口绝大部分都是外来的，大家来自五湖四海，有着不同的文化和思考方式。正因为如此，深圳更能够突破传统思维，更容易接受先进理念，更敢于尝试新的发展模式。

中国渐进式改革的做法也为经济学家们研究经济特区的效果提供了便利。香港科技大学的王瑾教授对312个地/县级市的数据做了考察，研究了这些地/县级市在获得国家级或省级特区待遇之后的变化。她发现特区项目带来了外国直接投资的增加，而且这并未挤占本国投资。特区产生集聚效应，提升工人实际工资水平。她还注意到，后期特区发展所带来的益处不及早期特区发展所带来的。由于特区设置的顺序取决于这些地/县级市的发展水平和周边发展状况，因此该顺序本身具有内生性，所以实证研究需要非常仔细地通过各种手段去处理这些内生性。

中国在正式提出"一带一路"倡议之前就已经在非洲帮助一些国家建设经济合作区。2011年[①]有一篇学术文章对中国的这些努力从政治、经济和社会等方面做了客观地分析。这篇文章题为"非洲深圳：论中国在非洲的经济特区"（African Shenzhen：China's Special Economic Zones in Africa）。文章认为，尽管这一中非合作提供了一个很有前景的新型工业化模式，但它在非洲还是产生了一系列问题和挑战。非洲当地在这些合作中欠缺学习和参与，这不利于它们实现真正意义上的工业化。有些合作只有部分在正常进行，有一些项目已被放弃。非洲政府、中国企业和中国政府这三者之间的协同还需要磨合。总之，中

① 当时与中国开展经济合作区的非洲国家包括阿尔及利亚、埃及、埃塞俄比亚、毛里求斯、尼日利亚、赞比亚。毛里求斯发展得非常好，埃塞俄比亚近些年的增速惊人。

国经济特区的经验还必须与非洲当地的文化和经济特性妥善结合，这样才能产生理想的效果。

下面我来谈谈个人对粤港澳大湾区的看法，大湾区发展到底是一个什么概念？它该如何定位呢？

第一，大湾区应当是体制创新的湾区。制度经济学家达龙·阿西莫格鲁和琼·罗宾逊（Joan Robinson）教授以及内生经济增长理论创始人保罗·罗默都一致认为，不良的规章制度会使一些双赢的局面无法实现。大湾区要想有美好的前景，首先需要在法律和规章制度安排上有创意，要以便民利民为根本出发点去理顺规章制度、促进多赢局面。在这一方面，粤港澳要有一盘棋的大局意识，比如推出学位、学历、资质的互认，以及人才流动，企业法、投资法的融合，行业仲裁制度的建立，车辆行驶权以及跨境电子货币的通用等措施。中央于2009年批准澳门大学在广东横琴岛建设新校区，并授权由澳门特别行政区依照澳门特区的法律实施管辖。这就是在大局意识下促进多赢局面的创举。个人认为中央可以进一步考虑将横琴甚至珠海全部划给澳门管辖，从而增加澳门的体量，促使依靠单一的博彩业发展的澳门成为更全面的国际都市，实现粤港澳均衡发展和快速提升粤港澳对外开放力度。总之，大湾区应该是“一国两制”前提下法制法规取长补短的融合试验区。

第二，大湾区应该是开放、包容和关怀的湾区。我认为经济体犹如人体。人体活动分为体力和脑力活动。体力活动通常遵从收益递减规律，人越用体力越疲劳。脑力活动通常遵从收益递增规律，人越用则越兴奋、越灵活。经济活动也是这样，布莱恩·阿瑟（Brian Arthur）教授认为它包括并存的两个世界，一个是马歇尔1890于年在《经济学原理》这本传世著作中观察到的世界，它符合收益递减，接近于完全竞争。这些导致规模趋同和收入趋同；另一个世界是新经济下的世界，也即保罗·罗默阐述的世界，它符合收益递增规律。收益递增主要源于网络效应、知识外溢、模式推广、声誉积累等因素，这些因素会导致赢者通吃和两极分化。新经济下的竞争在于创新型人才的争夺，而创新型人才有其独特的偏好和习性。为此，我们必须在文化、宗教和意识形态上有所包容，才能海纳百川。同时，赢者通吃意味着两极分化，所以我们对中小企业和弱势群体要充分关怀。

第三，大湾区是胸怀世界的湾区。大湾区如果要像旧金山湾区和纽约湾区那样汇集国际性人才，并成为世界年轻人向往的地方，那么丰富多彩的娱乐活动必不可少，教育和医疗资源也很重要。咖啡厅和茶室文化对创新和创业而言尤为重要，它们便于人们加强面对面交流、降低信息不对称和增进互信。这些大部分都可以交给市场，有一些则有赖于政府的人才政策。凭借这些条件和广阔的发展前景，大湾区有可能会吸引一些研发中心从发达国家迁移过来。目前全球1200多个成果被引率高的科学家，有三分之二居住在美国、五分之一居住在欧盟国家，其中不乏华人背景或被中国文化所吸引的科学家。为此，大湾区可以建设成中英双语区，建设成胸怀世界的湾区，方便国际人才为“中国世纪”做贡献。

总之，我认为大湾区的概念和定位是：体制创新的湾区，开放、包容和关怀的湾区，胸怀世界的湾区。港珠澳大桥和香港高铁的开通所带来的交通和物流成本的下降意味着大湾区企业重新布局和进一步的专业化集聚。假以时日，大湾区将聚集一系列具有国际影响力的品牌，产生大量新型企业，新创众多工作机遇。我预计大湾区人口将从目前的6000多万增加到2040年的过亿。届时，大湾区人均GDP将接近纽约湾区的70%，GDP总量将是纽约湾区的两倍以上。如此规模的经济体量对周边地区的辐射作用将是巨大的。前景值得期待！

思考题

在改革开放初期，中国除了设立经济特区，还推出了一系列国家经济技术开发区、国家高新技术产业开发区、自贸区、出口加工区等特色工业区。请问，你认为这些特色工业区的成立特点和规律是什么呢？

本章要点总结

1 无论从国别经验来看，还是从全球发展来看，长久持续的经济增长都是不争的事实。增长理论过去半个世纪以来研究的核心问题是：既然物质资源有限，为何经济还能长期保持持续增长？

2 在 20 世纪 40 年代前后，以哈罗德－多玛模型为起点，经济界开启了对长期经济增长问题的数理化讨论。以索洛（1956）模型为基础的新古典增长理论指出技术进步决定经济增长，但这一理论的缺陷在于其对技术进步的外生假定。

3 内生增长理论的开山之作是罗默于 1986 年发表的文章。罗默将技术进步内生化，强调了知识的收益递增效应。随后卢卡斯（1988）强调了人力资本积累对经济增长的影响。

4 内生增长理论的另一代表作——罗默于 1990 年发表的文章，用非竞争性和排他性的概念刻画了人力资本与知识的差异。罗默将人力资本和知识同时纳入一般均衡模型，强调经济个体为追逐利润而创新。

5 罗默在其 1990 年的文章中所归纳的模型的政策含义在于：政府应该向私营企业及公共部门的研发活动提供补贴支持，同时应当加强知识产权保护，激发创新的内在动力。

6 在改革开放初期，我国计划经济体制急需转型。为此，中央政府拟定了渐进式改革措施，包括设立经济特区和推出一系列特色开发区。这一渐进式改革举措是我国获得快速发展的关键。

7 中国经济特区的成功经验包括：第一，“发展才是硬道理”，必须坚持开放发展；第二，吸引外资，吸纳先进技术和经验；第三，重建劳工市场；第四，政府提供支持；第五，文化包容。

8 王瑾教授在关于经济特区效果的实证研究中发现：特区项目带来了外国直接投资的增加，而且这并未挤占本国投资；特区产生集聚效应，提升工人实际工资水平；后期特区发展所带来的益处不及早期特区发展所带来的。

9 中国在非洲帮助一些国家建设经济合作区的一系列实践启示我们：中国经济特区的经验还必须与非洲当地的文化和经济特性妥善结合，这样才能产生理想的效果。

10 粤港澳大湾区的概念和定位是：体制创新的湾区，开放、包容和关怀的湾区，胸怀世界的湾区。

小　结

如果我们要研判一个国家的宏观经济状况，那我们应该怎么着手呢？

我们可以去国际货币基金组织的网站上下载该国最新的第四条款磋商报告，找到该报告的第一个表，即主要经济指标表。该表的制作虽然不是百分之百标准化的，但一般来讲应包含下列内容：（1）内部均衡，包括实际 GDP、消费、投资、净出口的增长趋势，还有通胀率和失业率等;（2）外部均衡，包括经常账户余额、外汇储备、外债总额等;（3）财政状况，包括政府收入、支出、赤字以及政府债务占 GDP 的比值;（4）货币环境与银行，包括利率水平、M2 的增速等。该表通常还包括汇率走势，有时还包括房价和股票指数的走势，近些年还将一些社会和人口指标也列入其中。总之，通过仔细研读该表我们将能对该国的宏观经济状况做一个初步判断。我们不妨以墨西哥第四条款磋商报告中的主要经济指标表为例来过一遍，该表如下图所示。

先看内部均衡情况，也即 GDP 增速是否处于合理水平？通胀率和失业率是否可控？从图表来看，墨西哥 GDP 年均增速从 2014 年至 2016 年的 3% 下降到 2017 年的 2%，这一下降体现在消费增长的疲弱和投资的下跌：私人投资和公共投资两者都在下跌。通胀率则从前三年年均 3.2% 大幅上升至 2017 年的 6.8%。失业率从 2014 年的 4.8% 下降到 2017 年的 3.4%。

总体而言，2017 年墨西哥的失业率有所改善，但经济增速有所放缓，通货膨胀大幅上升。通货膨胀上升的部分原因来自前三年广义货币的快速增长以及相伴随的汇率的大幅贬值。由此可以看出，2017 年墨西哥的货币政策需要从紧，但又不能太紧，否则 GDP 增速会进一步放缓。

Table 1. Mexico: Selected Economic, Financial, and Social Indicators

I. Social and Demographic Indicators

GDP per capita (U.S. dollars, 2017)	9,318.8	Poverty headcount ratio (% of population, 2016) 1/	43.6
Population (millions, 2017)	123.5	Income share of highest 20 perc. / lowest 20 perc. (2016)	8.8
Life expectancy at birth (years, 2016)	77.1	Adult illiteracy rate (2015)	94.5
Infant mortality rate (per thousand, 2016)	12.6	Gross primary education enrollment rate (2016) 2/	103.9

II. Economic Indicators

					Proj.	
	2014	2015	2016	2017	2018	2019
	(Annual percentage change, unless otherwise indicated)					
National accounts (in real terms)						
GDP	2.8	3.3	2.9	2.0	2.1	2.3
Consumption	2.2	2.6	3.6	2.6	2.9	2.6
Private	2.1	2.7	3.8	3.0	3.0	2.6
Public	2.6	1.9	2.3	0.1	2.5	2.6
Investment	1.7	4.3	1.3	-1.6	1.5	1.9
Fixed	3.1	5.0	1.1	-1.5	1.5	2.0
Private	4.5	8.9	2.0	-0.5	1.4	2.0
Public	-2.3	-10.7	-3.4	-6.6	2.2	2.7
Inventories 3/	-0.3	-0.1	0.1	0.0	0.0	0.0
Exports of goods and services	7.0	8.4	3.5	3.8	6.3	4.0
Imports of goods and services	5.9	5.9	2.9	6.5	5.0	3.8
GDP per capita	1.7	2.2	1.8	1.0	1.1	1.3
External sector						
External current account balance (in percent of GDP)	-1.9	-2.6	-2.2	-1.7	-1.7	-1.8
Exports of goods, f.o.b. 4/	4.4	-4.1	-1.7	9.5	9.6	5.8
Export volume	6.5	7.6	2.3	3.7	6.3	4.0
Imports of goods, f.o.b. 4/	4.9	-1.2	-2.1	8.6	9.6	6.6
Import volume	6.2	6.2	2.9	6.5	5.0	3.8
Net capital inflows (in percent of GDP)	-4.5	-2.3	-3.0	-2.2	-1.9	-1.9
Terms of trade (improvement +)	-0.7	-4.2	0.9	3.4	-1.2	-1.0
Exchange rates						
Real effective exchange rate (CPI based, IFS) (average, appreciation +)	-1.0	-10.0	-13.4	2.4	...	...
Nominal exchange rate (MXN/USD) (end of period, appreciation +)	-12.6	-16.9	-20.5	4.6	...	...
Employment and inflation						
Consumer prices (end-of-period)	4.1	2.1	3.4	6.8	4.4	3.1
Core consumer prices (end-of-period)	3.2	2.4	3.4	4.9	3.4	3.1
Formal sector employment, IMSS-insured workers (average)	3.5	4.3	3.8	4.4	4.5	...
National unemployment rate (annual average)	4.8	4.3	3.9	3.4	3.5	3.6
Unit labor costs: manufacturing (real terms, average)	-1.2	1.6	3.5	0.7	...	...
Money and credit						
Bank credit to non-financial private sector	6.1	15.6	17.7	13.0	14.0	12.0
Broad money	12.2	12.3	12.5	11.1	9.6	7.9
Public sector finances (in percent of GDP) 5/						
General government revenue	23.4	23.5	24.6	24.8	23.5	21.7
General government expenditure	28.0	27.5	27.4	25.9	26.0	24.2
Overall fiscal balance	-4.5	-4.0	-2.8	-1.1	-2.5	-2.5
Gross public sector debt	48.9	52.8	56.8	54.3	53.1	53.2
Memorandum items						
Nominal GDP (billions of pesos)	17,473.8	18,551.5	20,115.8	21,785.3	23,386.7	24,762.5
Output gap	-0.1	0.7	1.0	0.4	-0.1	-0.4

Sources: World Bank Development Indicators, CONEVAL, National Institute of Statistics and Geography, National Council of Population, Bank of Mexico, Secretariat of Finance and Public Credit, and Fund staff estimates.

1/ CONEVAL uses a multi-dimensional approach to measuring poverty based on a "social deprivation index," which takes into account the level of income; education; access to health services; to social security; to food; and quality, size, and access to basic services in the dwelling.

2/ Percent of population enrolled in primary school regardless of age as a share of the population of official primary education age.

3/ Contribution to growth. Excludes statistical discrepancy.

4/ Excludes goods procured in ports by carriers.

5/ Data exclude state and local governments and include state-owned enterprises and public development banks.

再来看外部均衡与否，也即经常账户是否出现赤字？如果出现赤字，是否可持续？这里我们一般考察经常账户余额占 GDP 的比值。墨西哥经常账户这些年来一直是赤字，其占 GDP 的比重平均为 2.3%，不算太高。如果经常账户赤字高于 4%，则我们需给予特别关注。无论如何，持续的经常账户赤字通常意味着外债的不断累积。事实上，墨西哥外债占 GDP 的比重从 2015 年的 35.7% 上升至 2017 年的 38.1%。这两个数字应该也放在主要经济指标表中，但墨西哥的此报告将它们放在第六个表中，可能是因为外债占比并不算太高。需要注意的是：如果墨西哥比索大幅贬值的话，那么外债占 GDP 的比重将会显著加大。主要经济指标表还有国际货币基金组织团队的预测，这些预测仅供参考，我们必须认识到形势是千变万化的。比如该团队认为 2018 年和 2019 年墨西哥经常账户赤字占 GDP 的比重将维持在 1.7% 和 1.8%，而如今特朗普总统重新修订与墨西哥和加拿大的贸易协定，这对墨西哥的贸易赤字会产生负面影响，但中美贸易摩擦有可能对墨西哥贸易赤字产生正面影响，故需综合考量。

第三项需要考察的是财政健康状况。2014 年与 2015 年，墨西哥政府赤字占 GDP 的比重较高，分别为 4.5% 和 4%。2016 与 2017 年政府赤字更为健康一些，相应占比分别为 2.8% 和 1.1%。政府债务占 GDP 的比重这 4 年间有所反复，平均达 53%，不算太危险。需要注意的是该表的脚注 5。脚注 5 表明这些财政数据没有包含州政府和地方政府但包含了国企和公共开发银行，而我们知道地方政府债务是一个普遍存在的问题。报告指出，墨西哥应当力争将地方政府的财政与中央政府财政并表，提升财政透明度。也许是出于对政府债务可持续性的顾虑，墨西哥政府过去两年明显缩减了政府开支，降低了赤字占比。这些都反映在公共投资的下降和经济增速的回调上。如果货币政策继续从紧以控制通货膨胀的话，那么政府财政政策收紧的空间就很小了，否则实体经济可能承受不了紧货币和紧财政的双管齐下的政策。

第四项需考察的是货币与银行。这部分通常应包含利率水平以及信贷和广义货币增速，但墨西哥的这张表格中缺失利率水平。我们来看看信贷和广义货币。2015 年和 2016 年的银行信贷非常宽松，信贷增长率年均为 16.6%。广义货币增速分别为 12.3% 和 12.5%，相对于 3% 上下的实际 GDP 增长率而言实属非常宽松，通胀率于 2017 年上升至 6.8% 以及比索于 2014 年至 2016 年间的大幅贬值都是不难理解的。前面我们已提到，在这样的宏观背景下，货币政策需适量从紧。

总之，这张表提供了相当多的信息，我们在分析之后应当对墨西哥未来的货币政策和财政政策走势有一个判断。同时，我们也应当密切关注墨西哥在国际贸易上的表现，尤其是在特朗普主导下签署的美国、墨西哥和加拿大的贸易协定的影响。

国际货币基金组织的第四条款磋商报告一般都有一定的滞后期，我这里只是用它来说明如何解读报告中的主要经济指标。大家如果需要研究和跟踪某个国家或地区经济的话，应该自己整理一张表格，并利用最新发布的信息和新近发生的重大事件对该表格进行更新。国际政治和经济形势是瞬息万变的，只有意识到这一点并不断检查自己以往的判断，才能提高自己对宏观政策的预见力。

在前文，我提到自己曾于 2012 年 5 月讨论过黄金的价格，并给出一个基本结论：如果美国利率正常化步伐符合预期，地缘政治方面不出现重大事件的话，黄金作为抵抗通胀和避险的投资工具而言，价格即使到 2020 年仍将维持在每盎司 1500 美元以下。实际上，美联储于 2019 年 7 月底的减息反映了美国利率正常化的步伐已受阻，而且地缘政治上的重大事件也层出不穷，包括美国单方面退出与伊朗的核协定等。黄金价格于 2019 年 8 月 7 日升破每盎司 1500 美元。按理说，这些地缘政治重大事件，也应刺激油价上涨，但油价的涨幅却是比较温和的。为什么会如此呢？这是因为贸易摩擦的不确定性大大增加了全球经济衰退的概率，削弱了各国对石油等能源的需求。铜价自贸易摩擦以来则在低位徘徊。

也许大家会问，为什么以上的这些讨论都没有用到我们讲解过的模型呢？学这些模型有意义吗？美联储或中国人民银行的报告中是不会出现 IS 曲线和 LM 曲线的，更不会出现索洛增长模型，各大基金的报告中也不会出现这些模型，但这些模型是基础。我们在对宏观经济政策做前瞻性分析的时候其实是以这些模型为背景的。最简单的 IS-LM 模型是基础之基础，必须牢牢掌握，IS-LM-PC 模型是理解滞胀这一现象必须要掌握的 IS-LM 模型的改良版。熟悉了这两个模型，其他的模型诸如加入风险溢价的进阶模型和加入国际贸易的开放型经济体 IS-LM 模型也都不是太难。IS-LM 模型最大的功劳是它可以让大家养成思考某个政策或事件如何移动相应曲线的习惯，从而能将各种相互影响的逻辑理清。

如果用一句话来总结的话，那就是本书可以让大家知道如何从四个方面研读主要经济指标，如何以 IS-LM 和 IS-LM-PC 这两个基本模型以及其他拓展版本的模型作为思考依据，如何通过索洛增长模型以及保罗·罗默等人倡导的内生增长理论来指导经济发展的实践。外生增长模型强调趋同，内生增长模型强调体制机制的重要性。

后　记

写作这本书的目的是希望帮助你研判宏观大势，辨识经济周期，从而发现机遇、避免损失，培养对宏观调控政策的预见力。我们既要密切关注当前的热点问题，同时也要牢记长远趋势，以及判断哪些突发事件将改变长远趋势。

毫无疑问，当下最重要的热点问题关乎疫情的前景。我觉得现在经济学家发声还为时过早：我们完全不清楚疫情从医学上来讲到底能否得到有效控制和缓解。经济学家应该在复工的效率数据出来之后再做评价。这次疫情，可以说是人类的灾难，尤其是对那些不幸被击中的家庭而言。但对于宏观经济学的研究来讲是一次特别好的机会，这几乎是一组完美的试验，使我们得以检测在各个国家在面临同样的外部冲击时所采取的不同政策与措施，并观察到底哪一种能够产生更加理想的结果。此外，这次疫情也会推动大量的科技创新，政府监管机构也会更加配合，提高批复效率，比如在医药和生命科学领域。甚至在其他领域创新落地也会加速，诸如无人驾驶、无人快递、无人送餐、机器人搬运、机器人酒店以及增强现实和虚拟现实（通过这些来感受现场球赛，感受朋友聚会等）。从我们教育界来看，疫情大幅加速了线上教育、线上办公的步伐。将来回过头来看这段经历，我们会发现，这一疫情危机激发了人类极大的创造力。

疫情的出现让所有金融和决策机构过去所做的预测成为一张废纸。面对这一突发事件，我们毫无疑问要对预测做出大幅调整，宏观政策也需出台应对措施。美联储立刻采取了一系列的行动。它通过两次快速降息将政策利率降到零的边缘，同时推出无限量的量化宽松，用于购买国债、市政债、企业债，甚至垃圾债券，可以说是放手一搏！这些行动最主要的作用是缓解资金市场的恐慌。我们观察到穆迪利差指数（美国投资级企业债与10年期美国国债的利差）从4.3%迅速降到3.3%，资金市场渐趋镇定。尽管目前债券市场利差比去年同期高出一个百分点，但比起2008年的6%而言还是要低很多。可以认为，美联储从2008年的危机处理当中吸取了有益的教训。事实上，全球各国面对疫情均采取了某种程度上的货币宽松与财政刺激的纾困政策。

疫情的发展还导致了前所未有的金融乱象，石油期货价格居然出现负值，而且一度为负的每桶40美元！这又如何解释呢？

首先，不要相信阴谋论。网络媒体里充斥的阴谋论会让大家觉得这又是美国金融大鳄刻意算计全世界，尤其是算计中国的一幕。实际上，美国也有大量的金融机构在这一轮油价暴跌之中输得倾家荡产，美国页岩油企业同样受到重创，股价普遍暴跌60%，可以说美国得不到任何好处。还有阴谋论将沙特阿拉伯王子描写的深谋远虑，称其先行做空美股然后挑起石油价格争端，多管齐下、一战成名。难道沙特阿拉伯不担心会遭到美国和其他西方发达国家的集体报复？

真相其实很简单，油价暴跌起始于沙特阿拉伯和俄罗斯的石油价格摩擦，但后期的波动更多是因为大家对疫情的发展无法做出清晰的判断。那些认为疫情会逐渐平稳下来的投资者认为前段时间的油价暴跌过了头，尤其是在沙特阿拉伯与俄罗斯达成巨幅减产的情况下，于是买入石油期货。他们的对手方当然是看空者，而看空者认为疫情拐点远未到来。油价自然随着疫情的起伏而波动。当然，石油期货出现负值也确实是前所未有的，芝加哥商品交易所于 2020 年 4 月 15 日完成测试成功修改计算机系统允许负值出现也属实。如果不允许出现负值，或许 5 月期货根本没有任何买家愿意接盘。投资者将无法脱手，如果一时间找不到真正的石油用户和买家，那就只有租用管道或仓储来接货。试想：那些拥有管道和仓储的企业，面临如此巨大的结算需求，将租用价格提高十倍乃至百倍都是有可能的。到了这个地步，那些买入石油期货的投资者只有任人宰割了。这背后是否存在精明投机者做空石油，同时抢先控制了石油接收管道和仓储资源，我不敢绝对否认这一可能，我只敢说这背后不存在国家势力和国家行为（否则我们只能用“利令智昏”来形容这一行为）。这些行为均为市场操纵。如属于个人行为，个人负有刑事责任。如属于机构行为，机构将被严惩。芝加哥商品交易所市值为 660 亿美元，犯不着冒着被严惩的风险和某一方合作去算计另一方（又一阴谋论版本）。

总之，油价波动仍会持续，但这无关阴谋。阴谋论当然不是我们国产的，美国也有阴谋论。大家如果读读白邦瑞（Michael Pillsbury）的《百年马拉松》（*The Hundred-Year Marathon*：*China's Secret Strategy to Replace America as the Global Superpower*），那简直将咱们中国人的智商夸上了天，恨不得说咱们用几千年的智慧早就将美国算死了。而不少中国人却正好相反，认为美国人，尤其是总统特朗普高瞻远瞩，早就将我们算计了，中美之间必有一战等。这些在我看来都很可笑，都是因为双方民众互不了解所造成的错觉。尽管我痛恨阴谋论，但我们必须意识到各个国家都有类似的专业人士从事这方面的工作，而且阴谋论也有它的建设性和可以被政府利用的一面。政府的国际事务决策机构中有鹰派、鸽派和中间派。这几大派别各司其职，缺一不可，这些不同派别的共存可以极大地提高大国博弈当中对手方的决策难度，同时也提高本国决策灵活度和双方最终解决国际争端的成功率。

疫情会否导致中美科技脱钩呢？中美脱钩并非新的议题，是“逆全球化”思维的一个环节。就这一议题，2019 年中国国际经济交流中心美欧所首席研究员张茉楠先生有一篇细致的分析，他的主要观点是：“中国制造”+“中国市场”造就中国难以复制的综合比较优势，美国高科技公司如想和中国脱钩，不是那么容易。即便是在美国政府推出种种有利的税收政策之后，制造业回流美国的速度并未如期加速。我同意这一判断，而且我们不要忘记，虽然美国工人希望制造业回流，但资本是逐利的，而且在西方它是主导政府决策的，资本之所以不断来到中国，看上的还是中国多方面的优势：要素成本、产业配套、基础设施（包括数字新基建）、政府扶持以及巨大的消费市场。另外一点我们也不能忘记，美国政府已经是寅吃卯粮，债务占 GDP 的比重超过 100%，它虽然能够付得起美国企业的搬迁费用，但是没有能力长期资助下去。所以，除非疫情进一步恶化从而大幅提高贸易成本、彻底改写贸易格局，否则，中美科技脱钩论雷声大、雨点小。我认为，全球化的道路虽然不平坦，但将在更为包容的前提下强势归来。尽管如此，从中国本身而言，我们应当加强高科技创新能力，进一步推动产业升级，提高自身的应变能力。

2020 年 5 月 2 日于香港

附　录

中国国际收支平衡表（年度表）

（单位：亿 SDR）

项　　目	2016 年	2017 年
1. 经常账户	1448	1183
贷方	17663	19514
借方	−16216	−18332
1. A 货物和服务	1838	1511
贷方	15819	17452
借方	−13981	−15942
1. A.a 货物	3516	3425
贷方	14319	15964
借方	−10802	−12539
1. A.b 服务	−1679	−1915
贷方	1500	1488
借方	−3179	−3403
1. A.b.1 加工服务	132	129
贷方	133	131
借方	−1	−1
1. A.b.2 维护和维修服务	23	27
贷方	37	43
借方	−14	−16

续表

项　　目	2016 年	2017 年
1. A.b.3 运输	-336	-404
贷方	244	268
借方	-580	-672
1. A.b.4 旅行	-1481	-1624
贷方	320	235
借方	-1801	-1860
1. A.b.5 建设	30	26
贷方	91	88
借方	-61	-62
1. A.b.6 保险和养老金服务	-64	-53
贷方	29	29
借方	-93	-83
1. A.b.7 金融服务	8	13
贷方	23	24
借方	-15	-12
1. A.b.8 知识产权使用费	-164	-172
贷方	8	34
借方	-172	-207
1. A.b.9 电信、计算机和信息服务	91	55
贷方	183	195
借方	-92	-139
1. A.b.10 其他商业服务	106	116
贷方	417	423
借方	-311	-307
1. A.b.11 个人、文化和娱乐服务	-10	-14
贷方	5	5
借方	-15	-20
1. A.b.12 别处未提及的政府服务	-14	-13
贷方	9	12
借方	-23	-25

续表

项　　目	2016 年	2017 年
1. B 初次收入	–321	–246
贷方	1623	1855
借方	–1944	–2101
1. B.1 雇员报酬	149	108
贷方	193	157
借方	–45	–48
1. B.2 投资收益	–472	–357
贷方	1425	1694
借方	–1898	–2051
1. B.3 其他初次收入	2	3
贷方	4	5
借方	–2	–2
1. C 二次收入	–69	–82
贷方	222	206
借方	–291	–289
1. C.1 个人转移	/	–18
贷方	/	50
借方	/	–69
1. C.2 其他二次收入	/	–64
贷方	/	156
借方	/	–220
2. 资本和金融账户	205	417
2.1 资本账户	–2	–1
贷方	2	2
借方	–5	–2
2.2 金融账户	208	417
资产	–1662	–2719
负债	1870	3136
2.2.1 非储备性质的金融账户	–2996	1072

续表

项　　目	2016 年	2017 年
资产	-4866	-2065
负债	1870	3136
2.2.1.1 直接投资	-292	474
2.2.1.1.1 资产	-1554	-733
2.2.1.1.1.1 股权	-1054	-717
2.2.1.1.1.2 关联企业债务	-499	-15
2.2.1.1.1.a 金融部门	/	-135
2.2.1.1.1.1.a 股权	/	-134
2.2.1.1.1.2.a 关联企业债务	/	-1
2.2.1.1.1.b 非金融部门	/	-598
2.2.1.1.1.1.b 股权	/	-584
2.2.1.1.1.2.b 关联企业债务	/	-14
2.2.1.1.2 负债	1262	1207
2.2.1.1.2.1 股权	1191	1021
2.2.1.1.2.2 关联企业债务	71	186
2.2.1.1.2.a 金融部门	/	103
2.2.1.1.2.1.a 股权	/	76
2.2.1.1.2.2.a 关联企业债务	/	27
2.2.1.1.2.b 非金融部门	/	1104
2.2.1.1.2.1.b 股权	/	945
2.2.1.1.2.2.b 关联企业债务	/	158
2.2.1.2 证券投资	-379	52
2.2.1.2.1 资产	-741	-785
2.2.1.2.1.1 股权	-275	-271
2.2.1.2.1.2 债券	-466	-514
2.2.1.2.2 负债	363	836
2.2.1.2.2.1 股权	168	244
2.2.1.2.2.2 债券	194	592
2.2.1.3 金融衍生工具	-39	3

续表

项　　目	2016 年	2017 年
2.2.1.3.1 资产	–47	11
2.2.1.3.2 负债	8	–7
2.2.1.4 其他投资	–2287	542
2.2.1.4.1 资产	–2524	–558
2.2.1.4.1.1 其他股权	0	0
2.2.1.4.1.2 货币和存款	–463	–265
2.2.1.4.1.3 贷款	–794	–297
2.2.1.4.1.4 保险和养老金	–3	0
2.2.1.4.1.5 贸易信贷	–731	–131
2.2.1.4.1.6 其他	–534	135
2.2.1.4.2 负债	237	1101
2.2.1.4.2.1 其他股权	0	0
2.2.1.4.2.2 货币和存款	62	769
2.2.1.4.2.3 贷款	–124	363
2.2.1.4.2.4 保险和养老金	–5	5
2.2.1.4.2.5 贸易信贷	118	–15
2.2.1.4.2.6 其他	187	–22
2.2.1.4.2.7 特别提款权	0	0
2.2.2 储备资产	3204	–654
2.2.2.1 货币黄金	0	0
2.2.2.2 特别提款权	2	–5
2.2.2.3 在国际货币基金组织的储备头寸	–38	16
2.2.2.4 外汇储备	3240	–665
2.2.2.5 其他储备资产	0	0
3. 净误差与遗漏	–1653	–1599

备注：三项相加应等于零，即经常账户 + 资本和金融账户 + 净误差与遗漏 = 0。

参考文献

1 白重恩，钱震杰．国民收入的要素分配：统计数据背后的故事 [EB/OL]. 爱思想网，2009-09-02. http://www.aisixiang.com/data/29871.html.

2 陈抗，Arye L. Hillman，顾清扬．财政集权与地方政府行为变化——从援助之手到攫取之手 [J]. 经济学：季刊，2002(04):116-135.

3 陈晓华，黄先海，刘慧．中国出口技术结构演进的机理与实证研究 [J]. 管理世界，2011(03):44-57.

4 傅高义．日本第一：对美国的启示 [M]. 上海：上海译文出版社，2016.

5 封北麟．中国政府债务历史、现状、成因、预测与风险研判 [EB/OL]. 日本财务综合政策研究所，2017. https: //www.mof.go.jp/pri/international_exchange/kouryu/fy2017/2_3_ch_ paper.pdf.

6 郭庆旺，贾俊雪．地方政府间策略互动行为、财政支出竞争与地区经济增长 [J]. 管理世界，2009(10):17-27+187.

7 行业频道．2018 年中国铜行业发展现状分析及未来发展前景预测 [EB/OL]. 中国产业信息网，2018-03-6. http://www.chyxx.com/industry/201803/619801.html.

8 贾俊雪，郭庆旺，宁静．财政分权、政府治理结构与县级财政解困 [J]. 管理世界，2011(1):30-9.

9 贾康，白景明．县乡财政解困与财政体制创新 [J]. 经济研究，2002(02):3-9.

10 刘亚琳，茅锐，姚洋．结构转型、金融危机与中国劳动收入份额的变化 [J]. 经济学（季刊）2018, 17(02):165-188.

11 李奇霖．深度解析地方政府债务 [EB/OL]. 新浪网，2019-03-07.

12 牛慕鸿，张黎娜，张翔．利率走廊、利率稳定性和调控成本 [J]. 金融研究，2017,000(007):16-28.

13 任泽平，罗志恒．是该减税了，中美税负和基础性成本比较 [EB/OL]. 智通财经网，2018-09. https: //www.zhitongcaijing.com/content/detail/149577.html.

14 孙华妤，马跃．中国货币政策与股票市场的关系 [J]. 经济研究，2003(07):44-53+91.

15 吴敬琏 . 当代中国经济改革 [M]. 上海：上海远东出版社，2004.
16 王志刚 . 中国财政政策可持续性分析 [EB/OL]. 日本财务综合政策研究所，2017. https://www.mof.go.jp/pri/international_exchange/kouryu/fy2017/1_2_ch_paper.pdf.
17 沈炳熙 . 关于规范地方政府发债方式的思考 [J]. 中国债券，2011(8):12-16.
18 西蒙 · 康斯特勃 . 读懂华尔街的 50 个经济指标 [M]. 海南：南方出版社，2014.
19 徐现祥，李郇 . 中国城市经济增长的趋同分析 [J]. 经济研究，2004(05):40-48.
20 谢获宝，李从文 ."营改增"对企业税负水平与公司价值的影响研究 [J]. 证券市场导报，2016(10):35-41.
21 肖立晟，袁野 . 从省级到市级：全国地方政府隐性债务测算 [EB/OL]. 2018-08. https://wallstreetcn.com/articles/3398979.
22 谢丹阳，周泽茜 . 经济增长理论的变迁与未来：生产函数演变的视角 [J]. 经济评论，2019(03):30-39.
23 易纲，王召 . 货币政策与金融资产价格 [J]. 经济研究，2002(03):13-20+92.
24 余永定，肖立晟 . 解读中国的资本外逃 [EB/OL]. 财新网，2017-09-22. http://opinion.caixin.com/2017-09-22/101148734.html.
25 张晏，龚六堂 . 分税制改革、财政分权与中国经济增长 [J]. 经济学 (季刊)，2005，5(1):75-108.
26 中国人民银行货币政策司 . 二〇〇六年第二季度中国货币政策执行报告 [R/OL]. 2006-08-10. http://www.pbc.gov.cn/zhengcehuobisi/125207/125227/125957/126012/2877308/index.html.
27 中华人民共和国财政部 . 2009 年第 13 号：代理发行 2019 年四川省政府债券 (一期) [EB/OL]. 中国政府网 ,2009-04-07. http://www.gov.cn/govweb/zwgk/2009-04/07/content_1279588.htm.
28 中华人民共和国财政部 . 2015 年全国土地出让收支情况 [EB/OL]. 中国政府网，2016-04-05. http://www.gov.cn/xinwen/2016-04/05/content_5061328.htm.
29 中华人民共和国财政部 . 关于印发《地方政府债务信息公开办法 (试行)》的通知 [EB/OL]. 中国政府网，2018-12-20. http: //yss.mof.gov.cn/zhuantilanmu/dfzgl/zcfg/201812/t20181229_3111512.html.
30 中华人民共和国财政部 . 2019 年 4 月地方政府债券发行和债务余额情况 [EB/OL]. 中国政府网，2019-05-26. http: //yss.mof.gov.cn/zhuantilanmu/dfzgl/sjtj/201905/t20190516_3259191.html.
31 张军，范子英 . 再论中国经济改革 [J]. 经济学动态，2018，690(08):20-29.
32 Abramovitz M. Resource and Output Trends in the United States Since 1870[J]. American Economic Review, 1956, 46 (2): 5–23.
33 Aghion P, Howitt P. A Model of Growth Through Creative Destruction[J]. Econometrica, 1992, 60(2): 323-351.
34 Ahearne A G, Ammer J, Doyle B M, Kole L S, and Martin R F. House Prices and

Monetary Policy: A Cross-Country Study[R/OL].Board of Governors of the Federal Reserve System, Number 841, September 2005. https: //www.federalreserve.gov/Pubs/Ifdp/2005/841/ifdp841.htm.

35 Alesina A, Summers L. Central Bank Independence and Macroeconomic Performance: Some Comparative Evidence[J].Journal of Money, Credit and Banking, 1993, 65(2):151-162.

36 Alesina A, Wacziarg R. Openness,Country Size and Government[J].Journal of Public Economics, 1998, 69(3):305-321.

37 Alesina A, Devleeschauwer A, Easterly W, Kurlat S, and Romain Wacziarg. Fractionalization[J].Journal of Economic Growth, 2003.

38 Amiti M, Freund C. The Anatomy of China's Export Growth[J].Policy Research Working Paper, No. 4628, World Bank, 2008.

39 Ang A, Piazzesi M, and Wei M. What Does the Yield Curve Tell us about GDP Growth?[J].Journal of Econometrics, 2006, 131(1-2):359-403.

40 Baer H. Foreign Competition in U.S. Banking Industry[J].Economic Perspectives, 1990:22-29.

41 Barro R J. Are Government Bonds Net Wealth?[J].Journal of Political Economy, 1974, 82(6): 1095-1117.

42 Barro R J. Government Spending in a Simple Model of Endogenous Growth[J]. Journal of Political Economy, 1990, 98(S5): 103-125.

43 Barro R J, Sala-i-Martin X. Convergence[J].Journal of Political Economy, 1992, 100(2):223-251.

44 Becker G S. Investment in Human Capital: A Theoretical Analysis [J].Journal of Political Economy, 1962, 70(5): 9-49.

45 Benhabib J, Perli R. Uniqueness and Indeterminacy: On the Dynamics of Endogenous Growth[J].Journal of Economic Theory, 1994, 63(1):113-142.

46 Benhabib J, Perli R, and Xie D Y. Monopolistic Competition,Indeterminacy and Growth[J].Ricerche Economiche, 1994, 48(4):279-298.

47 Bernanke B S. "Great Moderation",Remarks by Governor Ben S. Bernanke[EB/OL]. Federal Reserve Board, 2004-02-20. https://www.federalreserve.gov/BOARDDOCS/SPEECHES/2004/20040220/default.htm.

48 Blanchard O. Macroeconomics (7th Edition) [M]. Pearson, 2017.

49 Blanchard O, Simon J. The Long and Large Decline in U. S. Output Volatility[J]. Brookings Papers on Economic Activity, 2001(1):135-174.

50 Board of Governors of the Federal Reserve System. Monetary Policy Report(July 13,2018) [R/OL].2018-07-13. https://www.federalreserve.gov/monetarypolicy/files/20180713_mprfullreport.pdf.

51 Bodie Z, Kane A, and Marcus A. Investments(10th Edition)[M].McGraw-Hill Education, 2013.
52 Bräutigam D, and Tang X Y. African Shenzhen: China' s Special Economic Zones in Africa [J].Journal of Modern African Studies, 2011, 49(1):27-54.
53 Bruno V , Shin H S . Capital Flows and the Risk-taking Channel of Monetary Policy[J].Journal of Monetary Economics, 2015, 71:119-132.
54 Buckley R P. The Facilitation of the Brady Plan: Emerging Markets Debt Trading From 1989 to 1993[J].Fordham International Law Journal, 1997.
55 Bureau of Labor Statistics. Estimating the U.S. Labor Share[EB/OL].https://www.bls.gov/opub/mlr/2017/article/estimating-the-us-labor-share.htm.
56 Burg D. A World History of Tax Rebellion [M].Routledge, 2004.
57 Cameron, David R. The Expansion of the Public Economy: A Comparative Analysis[J].American Political Science Review, 1987, 72(4):1243-1261.
58 Campillo M, Miron J A. "Why does inflation differ across countries?", C.D. Romer and D. H. Romer (eds) Reducing Inflation: Motivation and Strategy[C]. Chicago: University of Chicago Press, 1997.
59 Chiodo A J, Owyang M T. A Case Study of a Currency Crisis: The Russian Default of 1998[J].Review, 2002, 84(6):7-17.
60 Christiano L J, Eichenbaum M. Current Real-Business-Cycle The ories anc Aggregate Labor-Market Fluctuations [J]. The Ameri can Economic Review, 1992:430-450.
61 Clarida R, Davis J, Pedersen N. Currency Carry Trade Regimes：Beyond the Fama Regression[J].Journal of International Money and Finance, 2009, 28(8): 1375-1389.
62 Codey T F, Hasen G D. The Inflation Tax in a Real Business Eycle Modle [J]. The American Economic Review, 1989:733-748.
63 Constable S. Wall Street Journal to 50 Economic Indicators that Really Matter [M]. HarperCollins, 2011.
64 Dell'Ariccia G, Zettelmeyer J, and Schnabel I . Moral Hazard and International Crisis Lending:A Test[J]. IMF Working Papers, 2002, 02(181).
65 Devarajan S, Swaroop V, and Zou H F. The Composition of Public Expenditure and Economic Growth[J]. Journal of Monetary Economics, 1996, 37(2): 313-344.
66 Devarajan S, Xie D Y, and Zou H F. Should Public Capital be Subsidized or Provided? [J].Journal of Monetary Economics, 1998, 41(2):319-331.
67 Devereux M B. A Tale of Two Currencies: the Asian Crisis and the Exchange Rate Regimes of Hong Kong and Singapore[J].Review of International Economics, 2003, 11(1):38-54.
68 Easterly W, Levine R. It's Not Factor Accumulation :Stylized Facts and Growth Models[C].World Bank Economic Review, 2001.

69 Ethier W. National and International Returns to Scale in the Modern Theory of International Trade[J].American Economic Review, 1982, 72(3):389-405.

70 Fama E F. Forward and Spot Exchange Rates[J].Journal of Monetary Economics, 1984, 14(3):319-338.

71 Fisman R J, Wei S J. Tax Rates and Tax Evasion: Evidence from Missing Imports in China[J]. Journal of Political Economy, 2004, 112(2): 471-496.

72 Gertler M, Karadi P. A Model of Unconventional Monetary Policy[J].Journal of Monetary Economics, 2011, 58(1):17-34.

73 Gourinchas P O, Obstfeld M. Stories of the Twentieth Century for the Twenty-First[J]. American Economic Journal: Macroeconomics, 2012, 4(1):226-265.

74 Grossman G M, Helpman E. Quality Ladders and Product Cycles[J].The Quarterly Journal of Economics, 1991, 106(2):557-586.

75 Guestpost. Correlation Laughter FOMC Meetings.ZeroHedge[EB/OL]. https://www.zerohedge.com/news/guestpost-correlation-laughter-fomc-meetings.

76 Gurkaynak R S, Sack B, and Swanson E T . Do Actions Speak Louder Than Words? The Response of Asset Prices to Monetary Policy Actions and Statements[J].MPRA Paper, 2005, 1(1):55-93.

77 Hu Z ,Khan M S. Why is China Growing So Fast?[C].IMF Staff Papers 44, No.1, 1997.

78 Huang Y, Pagano M, Panizza U. Pubic Debt and Private Investment in China[EB/OL]. VOX, CERR Policy Portal, 2016-12-03. https://voxeu.org/article/public-debt-and-private-investment-china.

79 Hulten C R,Dean E R,and Harper M J(eds). “Total Factor Productivity: A Short Biography”,in New Developments in Productivity Analysis[M].University of Chicago Press, 2001:1-54.

80 IMF. Unproductive Public Expenditures: A Pragmatic Approach to Policy Analysis [EB/OL].IMF pamphlet Series-NO.48. https://www.imf.org/external/pubs/ft/pam/pam48/pam4805.htm.

81 Islam N. What have We Learnt from the Convergence Debate?[J]. Journal of Economic Surveys, 2003, 17(3):309-362.

82 Jones C I. R&D-Based Models of Economic Growth[J].Journal of Political Economy, 1995, 103(4):759-784.

83 Klenow P J, Rodríguez-Clare A. The Neoclassical Revival in Growth Economics: Has It Gone Too Far?[J].NBER Macroeconomics Annual, 1997(12):73-103.

84 Landsburg S. The Armchair Economist[M].Free Press, 1995.

85 Lin, Justin Yifu, and Liu Z Q. Fiscal Decentralization and Economic Growth in China[J].Economic Development and Cultural Change, 2000, 49(1): 1-21.

86 Lin S, Ye H C. Does Inflation Targeting Really Make a Difference? Evaluating the

Treatment Effect of Inflation Targeting in Seven Industrial Countries[J]. Journal of Monetary Economics, 2007, 54(8):2521-2533.

87 Lin S, Ye H C. Does Inflation Targeting Make a Difference in Developing Countries?[J]. Journal of Development Economics, 2009, 89(1):118-123.

88 Lucas R E. On the Mechanics of Economic Development[J].Journal of Monetary Economics, 1988, 22(1):3-42.

89 Lucas R E. Making a Miracle[J].Econometrica, 1993.

90 Ma J. Intergovernmental Relations and Economic Management in China [M]. St.Martin’s Press, 1997.

91 Maddison A. The World Economy[M].Paris: OECD Development Centre, 2006.

92 Mankiw N G , Romer D , and Weil D N. A Contribution to the Empirics of Economic Growth[J].The Quarterly Journal of Economics, 1992, 107(2):407-437.

93 Martin E, and Evans C L. Some Empirical Evidence on the Effect of Shocks to Monetary Policy on Exchange Rate[J].Quarterly Journal of Economics, 1995, 110(4):975-1009.

94 Mauro P, Romeu R, Binder A, and Zaman A. A Modern History of Fiscal Prudence and Profligacy[J].Journal of Monetary Economics, 2015(76): 55-70.

95 McClintick D. How Harvard lost Russia[J].Institutional Investor Magazine, 2006.

96 Miao Y L. China's Quiet Central Banking Revolution [EB/OL].Project Syndicate, 2019.

97 Mishkin F S, Schmidt-Hebbel K. Monetary Policy under Inflation Targeting[M]. Central Bank of Chile, 2007.

98 Ortiz-Ospina E, Poser M.Government Sepending[EB/OL].Our World in Data.org. https://ourworldindata.org/government-spending

99 Rebelo S. Long Run Policy Analysis and Long Run Growth [J].Journal of Political Economy, 1991, 99(3): 500-521.

100 Rivera-Batiz L, Romer P. Economic Integration and Endogenous Growth [J].The Quarterly Journal of Economics, 1991, 106(2):531-555.

101 Rodrik D. What’s So Special About China’s Exports?[J].China & World Economy, 2006, 14(5):1-19.

102 Roger S. Inflation Targeting at 20: Achievements and Challenges[C].IMF Working Papers, 2009.

103 Romer P. Increasing Returns and Long-Run Growth [J].Journal of Political Economy, 1986, 94(5):1002-1037.

104 Romer P. Endogenous Technological Change[J].Journal of Political Economy, 1990, 98(5):S71-S102.

105 Sachs J, Huizinga H. U.S. Commercial Banks and the Developing-Country Debt Crisis[J].Brookings Papers on Economic Activity, 1987(2):555-606.

106 Schultz T W. Investment in Human Capital [J].The American Economic Review, 1961, 51(1):1-17.

107 Shelton C A . The Size and Composition of Government Expenditure[J].Journal of Public Economics, 2007, 91(11-12):2230-2260.

108 Skousen M. The Big Three in Economics[M].Routledge, 2007.

109 Soff R. Baker, Bloom Nicholas, and Davis S J. Measaring Economic Policy Unlertainty[C]. CEPR Discussion Paper, 2015.

110 Solow R M. “A Contribution to the Theory of Economic Growth[J].Quarterly Journal of Economics, 1956, 70(1):65-94.

111 Stock J, Watson M. Has the Business Cycle Changed and Why?[J].NBER Macroeconomics Annual, 2002, 17:159-218.

112 Sturm J E. Determinants of Public Capital Spending in Less-developed Countries[M]. Groningen: University of Groningen, 2001.

113 Svensson L. Inflation Targeting [C].NBER Working Paper16654, 2010.

114 Taylor J B. The Monetary Transmission Mechanism: An Empirical Framework[J]. Journal of Economic Perspectives, 1995, 9(4):11-26.

115 Thorsten Beck, Chen T, Lin C, and Song Frank M. Financial Innovation：The Bright and the Dark Sides[J].Journal of Banking & Finance, 2016, 72:28-51.

116 Tufano P. “Financial Innovation”, Handbook of the Economics of Finance(Volume 1A)[C].North Holland, 2003.

117 Uolcker P. History of the Eighties,Lessons for the Future[M]. FDIC, 1997.

118 Wang J. The Economic Impact of Special Economic Zones Evidence from Chinese Municipalities[J].Journal of Development Economics, 2013, 101:133-147.

119 Warsh D. Economic Principals [M].Free press, 1993.

120 Xie D Y. Increasing Returns and Increasing Rates of Growth[J].Journal of Political Economy, 1991, 99(2):429-435.

121 Xie D Y. Divergence in Economic Performance: Transitional Dynamics with Multiple Equilibria [J].Journal of Economic Theor, 1994, 63(1):97-112.

122 Xie D Y. An Endogenous Growth Model with Expanding Ranges of Consumer Goods and Producer Durables[J]. International Economic Review, 1998, 39(2):439-460.

123 Xie D Y, Zou H F ,and Davoodi H. Fiscal Decentralization and Economic Growth in the United States[J]. Journal of Urban Economics, 1999, 45(2):228-239.

124 Ylmaz Akyüz, Korkut Boratav. The Making of the Turkish Financial Crisis[C].United Nations Conference on Trade and Development, 2002.

125 Young A . A Tale of Two Cities: Factor Accumulation and Technical Change in Hong Kong and Singapore[J].NBER Macroeconomics Annual, 1992, 7:13-54.

126 Zeng Z H. Building Engines for Growth and Competitiveness in China: Experience

with Special Economic Zones and Industrial Clusters[M].Washington, D.C.: World Bank, 2010.

127 Zhang T, Zou H F. Fiscal Decentralization, Public Spending, and Economic Growth in China[J].Journal of Public Economics, 1998: 67.